RAINER GRIES / VOLKER ILGEN / DIRK SCHINDELBECK

„INS GEHIRN DER MASSE KRIECHEN!"

RAINER GRIES/VOLKER ILGEN/DIRK SCHINDELBECK

„INS GEHIRN
DER MASSE KRIECHEN!"

Werbung und Mentalitätsgeschichte

WISSENSCHAFTLICHE BUCHGESELLSCHAFT
DARMSTADT

Einbandgestaltung: Neil McBeath, Stuttgart.

Die Deutsche Bibliothek – CIP-Einheitsaufnahme

Gries, Rainer:
„Ins Gehirn der Masse kriechen!": Werbung und
Mentalitätsgeschichte / Rainer Gries/Volker Ilgen/
Dirk Schindelbeck. – Darmstadt: Wiss. Buchges.,
1995
  ISBN 3-534-12675-0
NE: Ilgen, Volker:; Schindelbeck, Dirk:

Bestellnummer 12675-0

© 1995 by Wissenschaftliche Buchgesellschaft, Darmstadt
Gedruckt auf säurefreiem und alterungsbeständigem Werkdruckpapier
Satz: Fotosatz Janß, Pfungstadt
Druck und Einband: Wissenschaftliche Buchgesellschaft, Darmstadt
Printed in Germany
Schrift: Sabon, 9.5/11

ISBN 3-534-12675-0

Inhalt

Einleitung

Kursorische Überlegungen zu einer Werbegeschichte als Mentalitätsgeschichte

Im September 1956 hält der Werbeberater Hans Domizlaff vor Kollegen einen Vortrag mit dem Titel 'Ethik im Werbefach': „Wir haben doch einen sehr merkwürdigen Beruf", stellt er fest, „wir sollen von unserem persönlichen Geschmack, von unseren eigenen privaten Ansichten, Neigungen und Interessen erst einmal ganz und gar absehen. Wir sollen auch den persönlichen Geschmack unserer Auftraggeber mißachten, damit wir ganz vorurteilslos in das Gehirn der Masse kriechen können, auf die wir Einfluß gewinnen möchten!"

Was der Werbefachmann gleich einem berufsethischen Katechismus der Zunft ins Gewissen schreibt, offenbart zugleich einen fast intim zu nennenden Einblick in das tägliche Problem des Praktikers der Massenbeeinflussung, der „sich langsam in die Seele des Publikums hineinzufühlen und dabei (...) die richtige Schwingung zu finden" hofft.[1]

Das Bild, das der Werbemann von sich selbst und seiner Arbeit entwirft, verblüfft durch seine Zwiespältigkeit. Einerseits präsentiert er sich als geradezu willfähriges Instrument in der Hand seiner Auftraggeber, andererseits maßt er sich die Stellung des absoluten Souveräns im Kommunikationsprozeß an, der sowohl auf der Seite der Sender wie der Empfänger operiert, radikal jede Privatmeinung ausmerzt, virtuos die Seiten zu wechseln versteht, als einziger alle am Beeinflussungsvorgang beteiligten Faktoren überblickt, ausgleicht und zur Synthese im Sinne optimaler Werbewirkung vereinigt.

Solcherlei Aussagen sind bislang weder von der Kommunikationswissenschaft noch von der historischen Biographieforschung oder der Alltagsgeschichte zur Kenntnis genommen worden; die Berufserfahrung der kleinen, aber wirkungsmächtigen Gruppe der Werbe-, Public-Relations- und Propagandafachleute als den unmittelbar am Kommunikationsprozeß Beteiligten ist eine Terra incognita geblieben.[2] Doch die wenigen Worte erzählen von einem nach innen wie außen überaus komplexen Verhältnis: Das sollte wenigstens Anlaß zum Nachdenken sein, mindestens aber doch eine Ah-

nung davon vermitteln, wie schmal und abschüssig die Wege erfolgreicher
Massenkommunikation sind, wie fragil und plötzlichen Stimmungsum-
schwüngen unterworfen ihre so leicht hingeworfen anmutenden Bilder und
Botschaften, wie bedroht die ihnen zugrunde liegenden Kommunikationsstrategien und -konzepte selbst.[3]

Sosehr die Öffentlichkeit allgegenwärtiger Wirtschaftswerbung ausgesetzt ist, über die oft sehr begrenzte Reichweite und Resonanz einzelner
Stimmen in diesem großen Konzert macht sie sich falsche Vorstellungen.
Aus der Sicht einzelner Produzenten und Anbieter stellt gelungene Beeinflussung des Publikums trotz ausgefeilter Marktforschungsinstrumente und
filigraner Kommunikationskonzepte immer noch eher den Ausnahmefall
als die Regel dar. Anhand einiger Zahlen aus jener Branche, die seit jeher
als die Hohe Schule aller Werbung gilt, sei dies demonstriert: „Von 1970
bis 1980 wurden von den nationalen und internationalen Konzernen 202
neue Zigarettenmarken auf den bundesdeutschen Markt gebracht. 1981
waren von den Neueinführungen der siebziger Jahre noch die Hälfte,
knapp 102 Marken, übrig. Echte Erfolge waren von den 202 Neueinführungen nur 2 Marken."[4] Interpretiert man dieses Ergebnis quantitativ,
müßte man Eva Heller durchaus zustimmen, die damit einen Beleg für die
Wirkungslosigkeit werblicher Bemühungen generell geben wollte. Eine
qualitative Interpretation des Verbraucherplebiszits fördert womöglich
ganz andere Resultate zutage; auf jeden Fall hat sie den Blick zunächst auf
die beiden erfolgreichen Marken zu richten. Worin bestand ihre besondere
Attraktivität? Warum und mit welchen Mitteln haben gerade sie die Menschen erreicht und für sich gewonnen?

In einem offenen Markt, auf welchem das Angebot an Waren die Nachfrage seit langem übersteigt, auf welchem immer mehr und einander immer
ähnlicher werdende Produkte um die Gunst der Käufer ringen, ihre jeweilige Bedeutung als Mittel rein materiell aufzufassender Bedarfsdeckung
kontinuierlich sinkt, müssen diese zwangsläufig verstärkt als Kommunika-
tionsrivalen auftreten, dokumentieren sie zunehmend das Bedürfnis des
Publikums nach treffsicherer und zeitgemäßer Ansprache. Eine erfolgreich
werbende Ware oder Botschaft kann schon aus diesem Grunde nicht ausschließlich den Intentionen der Sender und Produzenten huldigen, sondern
muß auch die kollektiven Bewußtseinsbestände der Verbraucher, Wähler
und Rezipienten enthalten und widergeben. Damit aber wird sie unversehens zum Repräsentanten einer sozialpsychologisch faßbaren Kommunikationssituation, spiegelt sie Zustände der Gesellschaft zu einem bestimmten historischen Zeitpunkt wider.

Ein historisches Forschungsinteresse, das auf die Rekonstruktion des
Lebensalltags und der Mentalität der Menschen zielt, könnte nun hier

ansetzen und die von der Wirtschaftswerbung produzierten Bilder und Botschaften als potentielle Quelle für die Geschichtsschreibung des Alltags in den Blick nehmen. Das hieße, über geeignete Methoden nachzudenken, die es möglich machten, dieses Material als Echolot oder Sonde für das kollektive Bewußtsein der Menschen und seiner Zeitverhaftung zu nutzen. An der Hand des Werbefachmanns könnte sich der Historiker auf den Weg ins kollektive Gedächtnis machen und mit diesem „ins Gehirn der Masse kriechen", freilich mit einem ganz anderen Ziel. In Anlehnung an eine berühmte Antrittsvorlesung ließe sich sein Interesse auf die Frage verdichten: Was ist und zu welchem Ende studiert man Werbegeschichte?

Daß Wirtschaftswerbung die Geschichtswissenschaft bislang noch kaum beschäftigt hat, mag angesichts der nur angerissenen Komplexität, mit der sie schon als potentielle Quelle aufzuwarten scheint, wenig verwundern. Aber auch als Gegenstand und Thema etwa in wirtschaftsgeschichtlichen Gesamtdarstellungen – wo sie noch am ehesten zu vermuten wäre – sucht man Werbung bislang vergebens, wird eine Beschäftigung mit diesem im 20. Jahrhundert zunehmend wichtiger werdenden Aspekt der Wirtschaftsgeschichte gemeinhin noch nicht für nötig befunden.[5] Auf der anderen Seite steht diesem Vakuum eine beeindruckende Anzahl von Büchern und Aufsätzen wissenschaftlicher Laien gegenüber, in denen immer wieder die „Historizität" von Werbung herausgestellt und mit Belegen und Beispielen „bewiesen" wird.[6] So notwendig und überfällig also eine Beschäftigung mit Werbung aus geschichtswissenschaftlichem Blickwinkel geworden ist, so unverzichtbar erscheint es, zunächst den Problemhorizont aufzureißen, in den sich eine mit diesem Thema befaßte historische Disziplin gestellt sieht.

Welchen Ort kann 'Werbegeschichte' innerhalb der Historiographie einnehmen? Wie und in welcher Form läßt sich Werbegeschichte schreiben? Welche Methoden stehen zur Verfügung, welche kommen in Betracht? Welche Ergebnisse sind von ihr zu erhoffen und wie können sich diese schließlich verwerten und einordnen lassen? Schon eine erste Reflexion über mögliche Formen von Werbegeschichte eröffnet fünf verschiedene Möglichkeiten, Werbegeschichte zu schreiben, und zwar als
– Sub- oder Teildisziplin von Wirtschafts- und Sozialgeschichte,
– Sub- oder Teildisziplin von Kunst- und Kulturgeschichte,
– Sub- oder Teildisziplin einer Geschichte des Massenkonsums und der Gesellschaftskritik,
– Sub- oder Teildisziplin von Kommunikationsgeschichte,
– Sub- oder Teildisziplin von Mentalitätsgeschichte.
Dieser Katalog möglicher Varianten von Werbegeschichte erhebt keinerlei Anspruch auf Vollständigkeit – Werbegeschichte ist ja auch als Unterdisziplin von Ideologie- und Ideengeschichte denkbar –, sondern mag als

bloßer Orientierungsrahmen gelten. Über die im Einzelfall zur Debatte
stehenden Methoden, ihre Auswahl und ihren Einsatz sagt dieses Tableau
noch gar nichts aus; ebensowenig über das jeweils zu erwartende Leistungsvermögen.

Dennoch läßt sich der Eindruck kaum zurückweisen, daß jede nur einseitig als Wirtschafts-, Kommunikations- oder Kunstgeschichte ausgelegte
Werbegeschichte dem Gegenstand vielleicht gar nicht gerecht werden kann,
daß Werbegeschichte wohl immer auch oder zumindest streckenweise Wirt-
schafts- und Kultur- und Mentalitätsgeschichte sein muß, zugleich aber
immer auch in die Kommunikationswissenschaft und die Gesellschaftsphilosophie hinüberspielen sollte, da ihr – auch dieser Eindruck drängt sich
auf – von vornherein wohl keine genuine Methode zur Verfügung steht.
Wenigstens erscheint die Diskussion des Leistungsvermögens der einzelnen
Disziplinen innerhalb einer diese Namen verdienenden Werbegeschichte
unerläßlich, bevor über deren innere Organisationsform überhaupt gesprochen werden kann.

Werbegeschichte als Wirtschafts- und Sozialgeschichte

Schon als Subdisziplin einer sich als Wirtschafts- und Sozialgeschichte
verstehenden Historiographie ist Werbegeschichte in zwei unterschiedli-
chen Ausprägungen denkbar. Einerseits läßt sie sich der allgemeinen Wirt-
schafts- und Sozialgeschichte angliedern als ein noch ausstehendes Kapitel.
In diesem Fall meint sie die Geschichte der 'Werbung im Wirtschaftspro-
zeß'. Damit freilich ist von vornherein ihr instrumenteller Charakter fest-
geschrieben, richtet sich das Augenmerk ganz auf ihre Stellung und Zuträ-
gerleistung im Geflecht ökonomischer Metaentwicklungen. Werbegeschichte läßt sich aber auch als ein Stück eigenständiger Wirtschafts- und
Sozialgeschichte schreiben, zumal Werbung spätestens seit der Jahrhundertwende beanspruchen kann, selbst ein bedeutender Wirtschaftsfaktor zu
sein.[7] In diesem Fall ist Werbegeschichte als 'Geschichte der Wirtschaftswerbung' zu verstehen.

Gegenstände einer der wirtschafts- und sozialhistorischen Sicht verpflichteten Werbegeschichte sind alle Ist-Bestände von Werbung, sozusagen
ihr sichtbarer Teil. Dazu gehören beispielsweise der Aufstieg und Niedergang der großen Annoncenexpeditionen, die Herausbildung des Agentur-
wesens in den zwanziger und dreißiger Jahren in den USA und ihr Sieges-
zug nach dem Zweiten Weltkrieg in der Bundesrepublik, die Entwicklung
eigener Berufs- und Standesorganisationen, die Entstehung und Veränderung der Werbemittel von den Affichen, Plakaten, Lichtreklamen, Sand-

wichmännern, Verbraucherbroschüren bis hin zu Radio- und Fernsehspots, aber auch deren Einsatz und Streuung in einer sich ständig verändernden Medienlandschaft, ebenso die begünstigenden und hemmenden Einflüsse auf das Werbewesen von seiten des Staates und der Gesellschaft wie schließlich auch die Entwicklung der Werbefachpresse.

Entsprechend zielt eine wirtschafts- und sozialhistorisch ausgerichtete Werbegeschichte auf die Rekonstruktion der über das Phänomen erfolgten Veränderung ökonomischer und sozialer Strukturen. Sie muß die entscheidenden Ereignisse nachzeichnen, die herausragenden Entscheidungsträger in den Blick nehmen, die epochemachenden Kampagnen rekonstruieren, den Innovationsschüben und ihren Auswirkungen etwa im Bereich der Druckgraphik oder der Informationsübermittlung nachgehen. Auch die Entwicklung der Werbeabteilungen als betriebliche und soziale Gebilde ist ihr Gegenstand und Thema. Deren Kompetenzen, Leistungen und Etats hat sie aufzuzeichnen, deren Verhältnis zu den anderen Betriebsteilen zu durchleuchten, deren Außenkontakte zu Agenturen, Agenten, Künstlern, Medien und Multiplikatoren zu beschreiben und zu bewerten. Zudem hat sie die von der Werbebranche ausgehenden als auch die sie betreffenden technischen, wirtschaftlichen und sozialen Entwicklungen samt ihren internationalen und nationalen, regionalen und betrieblichen Auswirkungen zu erfassen, darzustellen und mit sozialstatistischem Datenmaterial über Budgets und Etats, Marktanteile, Reichweiten und Umsätze zu untermauern und abzusichern. Diese Offenheit für die Methoden und Ergebnisse quantitativ vorgehender, empirischer Sozialwissenschaft teilt eine aus der Wirtschafts- und Sozialgeschichte abgeleitete Werbegeschichte mit ihrer Mutterdisziplin, worin zweifellos eine ihrer größten Stärken liegt.

Eben darin aber offenbart sich auch ihre Begrenztheit, kann doch eine der Wirtschafts- und Sozialgeschichtsschreibung verpflichtete Werbegeschichte mit ihren Gegenständen kaum anders verfahren wie es das Gros der Werbelehrbücher[8] auch tut. So verwundert es nicht, daß auch die meisten vorliegenden werbegeschichtlichen Arbeiten nicht von Historikern, sondern von Werbefachleuten verfaßt worden sind, die jedoch – ohne daß dies explizit gesagt wird – einen starken wirtschaftsgeschichtlichen Charakter tragen. Zu ihnen zählen beispielsweise Rudolf Cronaus ›Buch der Reklame‹ von 1887, Erwin Paneths ›Entwicklung der Reklame vom Altertum bis zur Gegenwart‹ aus dem Jahr 1926 oder Johannes Schmiedchens ›Kurze Geschichte der deutschen Wirtschaftswerbung, ihrer Männer, ihrer Organisationen, ihrer Presse‹ von 1953. Wenngleich ihren Verfassern so etwas wie eine „echte allgemeine Werbegeschichte"[9] vorschwebte, über die Aufzählung des rein Faktischen kommen solche Arbeiten kaum hinaus. Auch die vielen autobiographischen Berichte von Werbefachleuten sind hierunter zu rechnen, die als Mikrogeschichten handelnder Wirtschaftssubjekte angelegt sind wie etwa Claude C. Hopkins' ›Propaganda. Meine Lebensarbeit‹ oder Harry Damrows ›Ich war kein geheimer Verführer‹.

Qua definitione muß das Schwergewicht einer als Wirtschaftsgeschichte ausgelegten Werbegeschichte auf der Produzentenseite liegen. Schon um die in allen Werbevorgängen enthaltenen kommunikativen Prozesse herauszuarbeiten, fehlen ihr die Methoden. Fremd sind ihr auch die im Vollsinn des Wortes ästhetischen Dimensionen des Phänomens; blind für jeden Verweischarakter und alle Zeichenhaftigkeit, sind ihr ikonographische, semiotische, hermeneutische und linguistische Zugangsmöglichkeiten verschlossen. Auch die positivistische Grundposition, die eine nur wirtschaftsgeschichtlich angelegte Werbegeschichte zwangsläufig einnimmt, bringt ihr Defizite ein. Nicht nur, daß sie von vornherein – damit in diametralem Gegensatz zu einer Werbegeschichte als Geschichte der Gesellschafts- und Konsumkritik – immer die Hypothek eines tendenziell affirmativen Verhältnisses zu ihren Gegenständen mitschleppt: ein Instrument, Werbung nicht nur als Impuls in die Gesellschaft, sondern auch als Reflex eben dieser Gesellschaft zu begreifen, steht ihr nicht zur Verfügung.

Wie auch immer aber die Forderung nach einer Werbegeschichte einzulösen ist – auf die Zuträgerleistungen einer wirtschafts- und sozialgeschichtlich ausgerichteten Werbehistorik wird am wenigsten verzichtet werden können. Dazu sind allein schon die im engeren Sinne werbehistorischen Fakten und Ereignisse zu unbekannt, ruhen die sie bedingenden Strukturen und Prozesse, die ja zum Teil bestens gehütete Firmengeheimnisse sind, noch zu sehr im Verborgenen. Eine als Wirtschafts- und Sozialgeschichte aufgefaßte Werbegeschichte hat die Aufgabe, diese Gegenstände in ihrer wirtschafts- und sozialgeschichtlichen Dimension herauszuarbeiten, um das Fundament zu legen, auf dem sich das verzweigte Gebäude einer umfassenden Werbegeschichte errichten läßt. Solche Arbeiten sind etwa Hanns Buchlis dreibändiges Werk ›6000 Jahre Werbung. Geschichte der Wirtschaftswerbung und Propaganda‹ aus dem Jahre 1966 oder Dirk Reinhardts unlängst erschienene ›Geschichte der Wirtschaftswerbung in Deutschland‹[10], eine der wenigen ernstzunehmenden Arbeiten aus der Feder eines Wirtschafts- und Sozialhistorikers.

Werbegeschichte als Kunst- und Kulturgeschichte

Unter gänzlich anderen Prämissen geht eine aus kultur- und kunsthistorischen Traditionen erwachsene Werbegeschichte das Thema an. Ihr ist es keineswegs ein nur abgeleitetes Phänomen ökonomischer und sozialer

Lebensbereiche, sondern ein Stück Ausdrucksqualität der Moderne selbst, ein legitimer Teil ihrer Alltagskultur. Schon mit diesem Bekenntnis begibt sie sich in den schärfsten Gegensatz zu einer Werbegeschichte als Geschichte der Gesellschaftskritik und des Massenkonsums, die den ästhetischen Wert jedweder aus kapitalistischer Produktionsweise hervorgegangenen Ware bestreitet und darin nur ein Dokument falschen Scheins erblickt. Auch muß eine kunst- und kulturhistorisch ausgerichtete Werbegeschichte immer noch auf Kritik aus dem eigenen Lager der etablierten Kunsthistorie rechnen, der es Probleme bereitet, Gegenstände serieller Ästhetik den Werken der 'hohen' Kunst gleichgestellt und mit ähnlich hohem Interpretationsaufwand gewürdigt zu sehen. Auf der anderen Seite hat es schon früh nicht an Bestrebungen gefehlt, auch der Werbung einen angemessenen Platz im Kanon kunsthistorischer Themen zu erkämpfen. Stellvertretend für eine ganze Reihe Veröffentlichungen in dieser Absicht seien hier Walter von zur Westens bereits 1925 erschienene ›Reklamekunst aus zwei Jahrtausenden‹ oder Eduard Grosses ›100 Jahre Werbung in Europa‹ genannt. Auch die Geschichte einzelner Werbemittel ist immer wieder Gegenstand kunsthistorischer Betrachtungen gewesen wie in Axel Riepenhausens ›Blechplakate. Die Geschichte der emaillierten Werbeschilder‹ oder Anton Sailers ›Plakatgeschichte‹. Wenn in jüngster Zeit auch innerhalb der Kunstgeschichte eine steigende Akzeptanz des Themas Werbung zu verzeichnen ist, so dürfte dies nicht zuletzt der kontinuierlichen Hinwendung vieler Museen zu diesem Ausdrucksmittel der Moderne zu danken sein.[11]

Der andere Strang, der gewissermaßen von unten zu einer Geschichte der Alltagsästhetik, die auch Werbung angemessen berücksichtigt, vorstößt, leitet sich von der klassischen Kulturgeschichtsschreibung her, die um Erweiterung ihrer Themen und Fragestellungen bemüht ist. Dazu sind beispielsweise Wolfgang Schivelbuschs ›Das Paradies, der Geschmack und die Vernunft‹ zu rechnen oder das auch heute noch als Klassiker geltende Buch Willi Bongards ›Fetische des Konsums‹ aus dem Jahr 1964. 1977 erschien mit Christa Murken-Altrogges ›Werbung, Kunst und Coca-Cola‹ ein Buch, das ebenfalls Schule machen sollte. Seither ist eine kaum mehr zu überschauende Zahl kulturgeschichtlich ausgerichteter Produkt-Biographien erschienen. Ob Motorroller, Waschmaschinen oder Klapptische: es gibt kaum einen Gebrauchsgegenstand, der inzwischen nicht auch als historisch gewachsenes Designphänomen (an)erkannt worden wäre.[12] Schließlich bedeutete die Öffnung der innerdeutschen Grenzen auch für die Designgeschichte ein neues Kapitel. Durch die plötzlich gegebene Möglichkeit, die Alltagsästhetik eines anderen Wirtschaftssystems unmittelbar erfahren zu können, ist sicherlich die Sensibilität dafür gestiegen, in der Formung und der Präsentation von Produkten ästhetisch-symbolische Abbreviaturen des

Zustands der Gesellschaft selbst zu erkennen; Dokumentationen wie ›SED, schönes Einheits-Design‹[13] oder ›Spurensicherung‹[14] geben davon beredte Kunde.

Gegenstand einer Werbegeschichte unter dem Fokus 'Kunst- und Kulturgeschichte' ist die gesamte Werbeproduktion in all ihren Erscheinungsformen wie Plakaten, Anzeigen, Filmen, Verpackungen oder Werbefiguren. Daneben sind auch ihre Erzeuger als die künstlerisch Verantwortlichen interessant: die Graphiker, Designer und Werbeschriftsteller samt ihren Ideen, Konzepten, Traditionen und Fertigkeiten. Ist eine der Sozialgeschichte verpflichtete Werbegeschichte bestrebt, die großen Strukturen und Prozesse herauszuarbeiten, so gewinnt eine aus der Kunstgeschichte entfaltete Werbegeschichte den Zugang stets über die sinnliche Anschauung ihrer Gegenstände. Grundsätzlich wird eine solche Werbegeschichte immer morphologisch an- und einsetzen, werden die meisten ihrer Methoden der Hermeneutik verwandt, wenn nicht gar verpflichtet sein. Ausgehend von formalästhetischen Analysen – wobei ihr die Kenntnis von Mustern und Motiven, Stoffen und Stilen den Interpretationsweg sowohl eröffnet als auch kanalisiert – gelangt sie bald auf die Metasprache der Symbole und Zeichen, wie sie ja auch von der Seite der Produzenten und Hersteller in Konzepten wie der 'Product Semantics'[15], der 'Corporate Identity'[16] oder der 'Bildkommunikation'[17] verwirklicht worden sind.

Schon um die Genese, Qualität und Wirkung visueller und verbaler Codes auszuloten, deren Traditionen und Transformationen in Bildern und Slogans nachspüren zu können, ist eine kunst- und kulturhistorisch ausgerichtete Werbegeschichte auf die Instrumente der Zeichentheorie, der Literaturwissenschaft und Linguistik angewiesen. So verwundert es nicht, wenn die in den letzten zwanzig Jahren spürbare Hinwendung der Kunstgeschichte zu Gegenständen des Alltags zugleich eine verstärkte Rezeption einschlägiger Zeichentheoretiker wie Charles Sanders Peirce, William Morris, Roland Barthes oder Umberto Eco[18] nach sich gezogen hat. Aber auch ikonographische Methoden, wie sie von Erwin Panofsky angewandt, Foto- und Bildtheorien, wie sie von Siegfried Kracauer, Gisèle Freund oder Pierre Bourdieu entwickelt worden sind, haben inzwischen ihren angestammten Platz in einer Werbegeschichte, die auf ihren Gegenstand immer zuerst als Kunstprodukt und -phänomen zielt.

Spätestens seit Ruth Römers Untersuchung aus dem Jahre 1968 ›Die Sprache der Anzeigenwerbung‹ ist Werbung auch zum Gegenstand literaturwissenschaftlicher und linguistischer Analyse avanciert – etwa in André Heiz' ›Wie argumentiert Werbung?‹. Insgesamt stellt das Arsenal von Hilfswissenschaften, das einer kunsthistorisch ausgerichteten Werbegeschichte zur Verfügung steht, reichhaltig bestückte Instrumentenkästen zur Verfügung, deren Möglichkeiten noch keineswegs ausgeschöpft sind. Zwei von Kunsthistorikern verfaßte, aus der ästhetischen Faszination am Gegenstand erwachsene Werbegeschichten seien erwähnt: Uwe Westphals ›Werbung im Dritten Reich‹ und ›Werbung in Deutschland 1945–1965‹ von Michael Kriegeskorte.

Zweifellos liegt die Stärke einer mit dem ästhetischen Fokus arbeitenden Werbegeschichte in der großen Intensität und Sensibilität, mit der sie sich ihrem Gegenstand und seinen Details zu widmen vermag, ihr Manko hingegen im oft fehlenden oder gar nicht erst gesuchten Bezugsrahmen. Was sie unter Ästhetik versteht, meint tendenziell eher die Kunstgestalt in ihrer Figuration als Bild-Wort-Komposition,[19] weniger den über sie eingeleiteten ästhetisch-kommunikativen Vermittlungsprozeß. Gerade hierin aber sähe eine als Kommunikationsgeschichte gefaßte Werbegeschichte den entscheidenden methodischen Ansatz.

Werbegeschichte als Geschichte der Konsum- und Gesellschaftskritik

„Werbung, als ein Ausdruck immanenter Gesetzmäßigkeit der kapitalistischen Warenproduktion, ist nur dann allseitig zu erfassen, wenn begriffen worden ist, daß sie ein ökonomisches Instrument darstellt, das seine Aufgabe im Reproduktionsprozeß des Kapitals auf dem Wege der ideellen Beeinflussung erfüllt."[20] Diese Äußerung Rolf Lindners aus dem Jahr 1975 ist symptomatisch für einen Umgang mit dem Gegenstand Werbung, der aus der Fundamentalkritik gesellschaftlicher Machtverhältnisse erwachsen ist. Unter diesen Vorzeichen kann Werbegeschichte gar nichts anderes beinhalten als die Geschichte der Verführung und Manipulation breiter Bevölkerungskreise. Freilich setzt eine solche Position zwangsläufig aus sich heraus schon ihren (utopischen) Gegenentwurf, wie er etwa in der Vision „herrschaftsfreier" Kommunikation und „echter" Bedürfnisbefriedigung zum Ausdruck gebracht worden ist.

Zwei Stränge ideologisch fundierter Kritiktradition lassen sich unterscheiden. Der eine leitet sich aus dem orthodoxen Marxismus her und versucht, das Theoriegebäude des historischen Materialismus ohne Abstriche auf moderne Verhältnisse zu übertragen. Eine solche Position wurde von Wolfgang Fritz Haug vertreten; für ihn ist Werbung das unmittelbar aus privatwirtschaftlicher Produktionsweise entsprungene Herrschaftsparadigma der bürgerlichen Gesellschaft im Spätkapitalismus. Dementsprechend adaptiert Haug in seiner ›Kritik der Warenästhetik‹ nicht nur die selbstlaufende Gedankenfigur marxistischer Dialektik von Arbeit und Kapital, sondern hält auch die daraus generierten Begrifflichkeiten von „Tauschwert" versus „Gebrauchswert"[21] für angemessen und ausreichend.

Der andere Strang ist um eine Weiterentwicklung der orthodoxen Theorie bemüht, die er vor allem durch Einbeziehung psychoanalytischer und kommunikationstheoretischer Erkenntnisse zu aktualisieren hofft. Für ihn ist die Kritik der Warenästhetik nicht mehr als ein Teilstück der Kritik der Bewußtseinsindustrie insgesamt. An einem solchen Konzept haben bereits in den dreißiger und vierziger Jahren in den USA die Mitglieder des damaligen Instituts für Sozialforschung, Theodor W. Adorno, Max Horkheimer, Walter Benjamin und Leo Löwenthal, gearbeitet[22]. Die Wirkung ihrer Reflexionen war ebenso weitreichend wie anhaltend, und ihr Sammelbecken, die berühmte „Frankfurter Schule"[23], bekam in den sechziger Jahren geradezu den Charakter einer philosophisch-moralischen Instanz. Zu den vielen von ihr inspirierten Arbeiten gehören beispielsweise Hans Magnus Enzensbergers ›Bewußtseinsindustrie. Einzelheiten I‹ oder Mario Erdheims ›Gesellschaftliche Produktion von Unbewußtheit‹, um nur zwei Titel zu nennen.

Doch es gab und gibt auch ideologisch eher indifferente Kritiker der Werbung. In diese Tradition fällt etwa Werner Sombart, der Luxusgegner par excellence[24], oder Günther Anders mit seiner anthropologisch zentrierten Kritik des industriellen Zeitalters der „Schonungslosigkeit"[25], aber auch alle diejenigen, die sich wie die Naturschützer lediglich gegen die Auswüchse der Werbung wehren und gegen übermäßige Verschandelung der Landschaft zu Felde ziehen. Zu dieser Gruppe sind schließlich auch die Dissidenten der Branche selbst zu rechnen. Nach wie vor berühmtestes Beispiel ist Vance Packard mit seinem wohl für alle Zeiten unerreichten Bestseller ›The Hidden Persuaders‹. Solcherart Nachrichten aus den Hexenküchen der Werbeindustrie haben dem Unbehagen am Gegenstand immer wieder neue Nahrung geliefert und dazu verleitet, die Kritik an der Werbung zum unmittelbaren Ausgangspunkt einer Kritik am Zustand der Gesellschaft selbst zu machen und deren „Konsumterror" anzuprangern. Bücher wie ›Strategie im Reich der Wünsche‹ des Motivforschers Ernest Dichter oder John Kenneth Galbraiths Reflexionen über die ›Gesellschaft des Überflusses‹ in den sechziger Jahren bis hin zur jüngst erschienenen ›Werbelawine‹ Ulrich Eickes gehören hierzu.

So fraglos eine wirtschaftshistorisch orientierte Werbegeschichte die Sicht der Produzenten und Sender von Werbung einnimmt, so entschieden macht sich eine als Geschichte der Gesellschafts- und Konsumkritik aufgefaßte Werbegeschichte zum Anwalt der Betroffenen, die ihrer Ansicht nach unter den ökonomischen und kommunikativen Verhältnissen zu leiden haben. Indem sie sich bewußt in die Tradition der Aufklärung zu stellen versucht, begibt sie sich automatisch in den schärfsten Antagonismus zu gerade diesem Gegenstand, den sie als geschickt angelegtes Desinformations- und Täuschungssystem mit politischer Disziplinierungsabsicht zu enttarnen sucht. Ihr Gegenstand ist insofern gar nicht die Werbung selbst, sondern das via Werbung zutage tretende (Miß-)Verhältnis zwischen den gesellschaftlichen Gruppen der Hersteller und der Verbraucher. Ziel kann deshalb auch nicht eine Geschichte der Werbung sein, sondern eine anhand von Werbung entfaltete historische Gesellschaftsphilosophie. Ihre Methode ist, vor allem in ihrer marxistischen Variante, so hermetisch wie ausschließend: Zuträgerleistungen der Wirtschafts- und Sozialgeschichte muß sie ebenso kategorisch ablehnen wie den kunstgeschichtlichen Diskurs, gilt ihr doch Werbung von vornherein als „Reduktion der ästhetischen Struktur" und „marktkonforme Ästhetik"[26].

Eine als Geschichte der Gesellschafts- und Konsumkritik angelegte Werbegeschichte argumentiert so sehr aus makrohistorischer Sicht, daß sie der einzelnen Botschaft kaum noch Aufmerksamkeit schenkt. Daß jeder Werbungsversuch gegen Konkurrenz arbeitet und ein Kommunikationsrisiko birgt, damit zunächst nur als Prozeß intentionaler Kommunikation, nicht aber schon jeweils als faktisches Beeinflussungsergebnis anzusehen ist, ignoriert sie. Infolgedessen bleibt Werbekritik als Gesellschaftskritik immer der Stimulus-Response-Theorie nah, wenn nicht verhaftet. An diesem Punkt setzen auch die Kritiker der Werbekritik ein und bestreiten heftig, daß Werbung überhaupt in der Lage sei, „unterschwellig" zu beeinflussen oder gar die menschliche Willensfreiheit zu untergraben. In diesem Sinne argumentieren Horst W. Brand in seinem Buch ›Die Legende von den 'geheimen Verführern'‹ oder zuletzt Dankwart Rost: ›Pawlows Hunde. Die Legende von der beliebigen Verführbarkeit des Menschen‹.

Schließlich hat sich in den letzten Jahren auch eine von der Grundsatzdiskussion abzweigende Kritiktradition herausgebildet, die zunehmend auf die von der Werbung vermittelten Inhalte oder deren Präsentationsqualitäten zielt. Sie prangert – wie dies die Verbraucherverbände schon seit den siebziger Jahren tun – den falschen oder übertriebenen Einsatz von Werbung etwa bei gesundheitsgefährdenden Produkten wie Zigaretten oder Spirituosen an oder wendet sich aus einer ethischen oder gesellschaftspolitischen Position heraus gegen diskriminierende Botschaften und Leitvorstellungen. Zielscheibe der Kritik ist in der jüngeren Zeit immer wieder das Frauenbild gewesen: Einen der vielen Beiträge dieser Art bietet etwa Christiane Schmerls' ›Frauenzoo der Werbung‹.

Werbegeschichte als Kommunikationsgeschichte

Eine als Wirtschafts- und Sozialgeschichte ausgeformte Werbegeschichte kann auf das erprobte Arsenal strukturgeschichtlicher Methoden zurückgreifen und sich die Zuträgerleistungen der empirischen Sozialwissenschaft zunutze machen. Über diesen Vorteil eines klaren und eingespielten Rollenverhältnisses zu ihrer Nachbar- oder Hilfswissenschaft verfügt eine als Kommunikationsgeschichte angelegte Werbegeschichte nicht. Bis heute fehlt ihr ein konsistenter theoretischer Unterbau, der sowohl den Anforderungen der Geschichts- wie der Kommunikationswissenschaft genügen könnte und darüber hinaus ihr Zusammenspiel regelte. Insofern kann von einer Kommunikationsgeschichtsschreibung im Sinne des Wortes noch kaum die Rede sein. Dies gilt trotz einer ständig steigenden Zahl von Arbeiten über die Geschichte einzelner Medien wie Flugblatt, Zeitung, Rundfunk, Film, Fernsehen, verschiedener Kanäle, Sendungen, Serien, Stars und Figuren, trotz vieler Biographien über Kommunikatoren wie Willi Münzenberg oder Joseph Goebbels oder ganze Institutionen, trotz zunehmender Erforschung auch der Kommunikationsinhalte, der Rezipienten und Mediennutzer oder gar deren Wahrnehmungsgeschichte.

Schon die immer wieder anstehende Verknüpfung von qualitativen und quantitativen Methoden bereitet Schwierigkeiten, zumal auch immer noch nicht entschieden ist, welche Disziplin die Rolle der Mutter-, welche diejenige der Hilfswissenschaft einnehmen soll und ob ihre Verbindung auf eher kooperativem oder eher integrativem Wege bewerkstelligt werden kann.[27] Die Anfänge dieser Diskussion reichen bis in die Mitte der siebziger Jahre zurück, als Winfrid Lerg die „Integration der publizistischen Geschichtsschreibung in der Kommunikationswissenschaft als 'Kommunikationsgeschichte'"[28] anregte, Kurt Koszyk dagegen eher eine „Sozialgeschichte der Massenkommunikation"[29] favorisierte.

Dem Reiz, mit dem das Projekt einer Kommunikationsgeschichte behaftet ist, entspricht noch immer die Angst, die es macht. Eine Schlußfolgerung, wie sie etwa der Wirtschaftshistoriker Hans Pohl noch 1989 zog, ist bis heute nicht einmal untypisch geblieben: „Insgesamt sind aber Rolle und Bedeutung der Kommunikation bisher noch kaum systematisch von historischer Seite untersucht worden. Auch die Sozial- und Wirtschaftsgeschichte hat auf diesem Feld eine gewisse Abstinenz bewahrt."[30]

Auf der anderen Seite befindet sich die Kommunikationswissenschaft schon seit Wilhelm Bauers Buch aus dem Jahre 1914 ›Die öffentliche Meinung und ihre geschichtlichen Grundlagen‹ in einem stetigen Annäherungsprozeß an die Geschichtswissenschaft, wird immer wieder einmal, wie etwa von Elisabeth Noelle-Neumann 1963, die Verknüpfung von „Empirie und

Historie" herbeigesehnt oder schlicht über den „Zusammenhang zwischen Kommunikation und Zeit" (Günter Bentele) nachgedacht. 1986 schien auf einem Kongreß in Wien der Durchbruch geschafft, der Pakt zwischen beiden Disziplinen besiegelt, wie die euphorische Einschätzung Wolfgang Langenbuchers, die „Historiophobie" seiner Zunft gehöre endgültig der Vergangenheit an, bekundet.[31] Allzu deutlich führe die Entwicklung ja auch von der traditionellen Zeitungs- über die Medien- hin zur Kommunikationsgeschichtsschreibung. Da werde es sicherlich bald möglich sein, von der „einen Seite die Theorien und von der anderen die Methoden"[32] beizubringen. Gerade für die deutsche Nachkriegsgeschichtsschreibung werde sich der zweigleisige Ansatz schon bald als fruchtbar erweisen, wie Siegfried Quandt auf demselben Kongreß mutmaßte: „Unterschiedliche mentale und kommunikative Verarbeitungen von Erfahrungen – insbesondere Umbrucherfahrungen – stellen dokumentarische und fiktionale Texte dar. Dabei sind die Geschichts- und die Literaturwissenschaft gefordert."[33] Ausschlaggebend für die Kommunikations- und Beziehungsentwicklung seien ja weniger die 'Fakten' als die 'Images', vor allem „die reziprok aufeinander bezogenen Selbst- und Fremdbilder, die in Stereotypen gerinnen und in Ideologien systematisiert werden können".

Die Praxis freilich hält mit solchen Hoffnungen kaum Schritt. Da mangelt es nicht nur immer wieder am notwendigen methodischen Verständnis für den Ansatz der jeweils anderen Disziplin, vielfach auch schlicht an Kenntnissen. Unlängst erst richtete Winfrid Lerg einen unmißverständlichen Appell an die Adresse der Historikerkollegen, doch wenigstens den Unterschied zwischen „Basis-" und „Vermittlungsfaktoren" zu beachten. Zu den Basisfaktoren zählt Lerg Kommunikatorgeschichte, Aussagegeschichte und Rezipientengeschichte; Vermittlungsfaktoren sind die Geschichte des Kommunikationsrechts, der Kommunikationswirtschaft, -kultur, -technik und -politik.[34] Umgekehrt mutet es aus der Sicht des Historikers erstaunlich an, daß eine so entscheidende Frage, ob und wie sich Kommunikationsprozesse und -produkte als Quellen in einer Geschichtsschreibung des Alltags integrieren und nutzen lassen, erst in jüngster Zeit überhaupt gestellt worden ist. „Mediengeschichte", so Harry Pross weitsichtig, „müßte eine Art Universalgeschichtsschreibung werden, wenn sie die konstitutive Macht der Kommunikation für die Gesellschaft interpretieren wollte."[35]

Gegenstand einer als Kommunikationsgeschichte angelegten Werbegeschichte sind alle werblichen Aktivitäten, Phänomene und Wirkungen in ihrer Qualität als massenmediale Vermittlungsprozesse. Diese faßt sie als symbolische Interaktionen[36] zwischen Kommunikationspartnern innerhalb eines auf wechselseitigen Austausch gegründeten Kommunikationssystems.

Da sie also schon vom Ansatz her ihren Gegenstand Werbung als kommu-
nikatives Handeln[37] auffaßt und in all seinen Wechselwirkungen und -be-
zügen untersucht, ist sie gegen allzu einseitig ausgerichtete Urteile besser
gefeit als eine auf ihre Ideologie fixierte Werbekritik, die die Rezipienten
kategorisch nur als Opfer begreifen kann. Im Gegenteil: im kommunika-
tionshistorischen Diskurs wird auch Werbung zum integralen Bestandteil
einer aus der Kommunikationstheorie begründeten und entwickelten
selbstregulativen Gesellschafts- und Systemtheorie im Sinne Niklas Luh-
manns.[38]

In eine kommunikationshistorisch ausgerichtete Werbegeschichte lassen
sich insofern alle innerhalb des kommunikativen Regelkreises einsatzfähi-
gen Modelle, wie sie etwa die Kybernetik, die Funktionalismus-, die Grup-
pen- oder die Dialog-Theorien liefern, integrieren. Naturgemäß stellt dessen interessantestes Teilstück die Seite der Rezipienten bzw. Wirkungen dar,
zumal – spätestens seit der berühmten Studie der Lazarsfeld-Gruppe über
die Phänomene selektiver Wahrnehmung[39] – auch Verarbeitungsmechanis-
men und Einstellungsmuster[40] als interaktive Qualitäten (an)erkannt werden. Von Interesse sind hier sowohl die auf psychologischer Wahrneh-
mungsdynamik aufbauenden Modelle der Meinungsbildung wie die in den
USA entwickelten Theorien der Konsistenz, Balance oder Stabilität als
auch beispielsweise die Theorie der kognitiven Dissonanz Leon Festin-
gers[41], die Assimilations-Kontrast-Theorie[42], die Ansätze der Konformi-
tätsforschung, des „Sleeper-Effect" verzögerter Wirkungen und (Be-)Wer-
tungen von Kommunikationsinhalten oder die Modelle mehrstufiger Kommunikationsprozesse über Meinungsführer („Opinion-Leaders"), um nur
einige der bekannteren zu nennen. Gestützt werden solche Ansätze aus dem
Methodenfundus empirischer Sozialwissenschaft, wie sie etwa in der mit
Inhaltsanalyse, Umfrage und Experiment vorgehenden Meinungs- und
Werbewirkungsforschung[43] seit langem Anwendung finden. Darüber hinaus sind natürlich auch die Fragestellungen und Zuträgerleistungen der
Soziologie und Sozialpsychologie[44] in einer mit dem Fokus 'Kommunikation' arbeitenden Werbegeschichte mehr als nur erwünscht.

Dennoch gehört Werbung, kommunikationstheoretisch gesehen, zum
Typ „kategorialer Massenkommunikationssysteme"[45]. In ihnen stehen die
Rezipienten nicht in unmittelbarem sozialem Kontakt untereinander, sondern sind lediglich durch gemeinsame soziologische Merkmale, wie sie
beispielsweise im „Lifestyle"-Verbrauchertypenschema wiederkehren, als
Zielgruppe definiert. Aus der Sicht der Geschichtswissenschaft präsentiert
sich Werbegeschichte mithin neben Propagandageschichte[46] und Geschichte
der Public Relations[47] als ein Sonderfall von Beeinflussungsgeschichte.
Wenn schon damit der unterschiedliche Ort zwischen Sender und Empfän-

ger betont wird, auf der Senderseite eher Intentionen und Inhalte, auf der
Empfängerseite eher Wirkungen zur Debatte stehen, so wird die bekannte,
auf dem Reiz-Reaktions-Schema basierende, Lasswell-Formel „Who says
what in which channel to whom with what effect?"[48] noch immer eine
brauchbare Ausgangsfrage und -position bieten können. Innerhalb der
Werbetheorie findet sich ihr Äquivalent ja sogar als praktische Handlungs-
anweisung in der berühmten AIDA-Formel wieder, deren Attention-Inter-
est-Desire-Action-Wirkungsmodell der geradezu kategorische Imperativ
ganzer Generationen von Werbefachleuten gewesen ist.

So groß die Orientierungs- wie Handhabungsprobleme immer noch sind,
so unausgeschöpft erscheinen die Entwicklungsmöglichkeiten einer auf
Kommunikationstheorien gründenden Werbegeschichte, deren Legitimität
und Sinn niemand mehr ernsthaft in Abrede stellen kann. Mit den Worten
des Mannheimer Literaturwissenschaftlers Rolf Kloepfer: „Die dominanten
Werte der Gegenwart werden primär kommunikativ, über Sympraxis vermittelt, genauer: Sie entwickeln sich in kommunikativen Praxen, wovon
Werbung eine ist."[49]

Werbegeschichte als Mentalitätsgeschichte

Eine als Kommunikationsgeschichte verstandene Werbegeschichte beob-
achtet also die Prozesse und Wechselwirkungen, also die Strukturen innerhalb kommunikativer Regelkreise, und versucht sie freizulegen. Diese Erkenntnisse kann sich eine mit dem Fokus 'Mentalität' operierende Werbegeschichte als Orientierungshilfe zunutze machen. Ihr Ziel muß es sein, die
via Werbung initiierten und geronnenen Kommunikationsinhalte und -pro-
zesse – durchaus in der Tradition und im Sinne Max Webers[50] – als Chiffren und Bewußtseinsäußerungen teil- oder gar gesamtgesellschaftlicher Dimension verstehen und deuten zu lernen. Werbebilder und -botschaften
interessieren als symbolische Repräsentanten psychosozialer Verfaßtheit,
ihre visuellen und verbalen Formulierungsleistungen als potentielle Quellen
im Rahmen einer Geschichtsschreibung kollektiver Befindlichkeiten. Damit
ist Werbung nicht nur zum Gegenstand des mentalitätsgeschichtlichen Diskurses geworden, sondern hat die Funktion und den Rang eines Schlüssel-
instruments zugesprochen bekommen, mit dessen Hilfe sich Wege zu kollektiven Vorstellungswelten eröffnen lassen sollen.

Schon in den siebziger und frühen achtziger Jahren ist die Lebenswelt
der 'kleinen Leute' mitsamt ihrem Fundus an Erfahrungen, Konventionen
und Haltungen das bevorzugte Feld der Alltagsgeschichtsschreibung[51] gewesen. Sind Zugänge zu den Beständen kollektiver Erinnerungen gesucht

worden, so hat man sich dabei gern des Mittels zeitgeschichtlicher Interviews bedient. In der sogenannten Geschichte von unten sind solche Oral-History-Verfahren insbesondere durch Lutz Niethammer[52] in Deutschland bekannt gemacht, angewandt und perfektioniert worden. Wenn hier jetzt auch Werbung – die ja einen bedeutenden Teil der Lebenswelt von (freilich nicht nur) 'kleinen Leuten' darstellt – zum Gegenstand alltags- und mentalitätshistorischer Diskurse wird, so ist zum einen zu fragen, was Werbegeschichte als Mentalitätsgeschichte sein und leisten kann und wie sie sich operationalisieren läßt, zum anderen ist zu erörtern, welche Relevanz und Beschaffenheit dieser neuen Quelle 'Werbung' zukommt.

In Deutschland fand der Begriff 'Mentalität' zunächst nur in der Soziologie – und dort insbesondere in der Wirtschaftssoziologie – ein Zuhause. Schon der Nationalökonom Joseph Schumpeter sprach 1919 von der „Mentalität der kapitalistischen Lebensform". Französischen Sozial- und Wirtschaftshistorikern der Annales-Schule blieb es in den zwanziger und dreißiger Jahren vorbehalten, den Terminus in die Geschichtswissenschaft einzuführen. Über die Konstruktion der „langen Dauer" („longue durée")[53] erhofften sie sich Aufschlüsse bei der Analyse sehr langer Zeiträume als geschichtsmächtiger Struktureinheiten. Deren Profil und Signatur verdanke sich, wie die Historiker herausfanden, sowohl formenden wie geformten Denkstrukturen, den „geistigen Werkzeugen" („outillage mental")[54] der Epoche selbst, wie Lucien Fèbvre sie bezeichnete. Was in dieser Hinsicht als Mentalität faßbar wurde, fand sich in den alltäglichen Ausdrücken und Darstellungsweisen des Kollektivs gewissermaßen in Sedimenten wieder: in Sprichwörtern etwa, in Redensarten, Klischees, Stereotypen, aber auch in Mythen, Symbolen, Ritualen oder sozialen Bräuchen. Schon Emile Durkheim hatte um die Jahrhundertwende dafür den Sammelbegriff 'représentations collectives' gebraucht. Sie zeichneten sich insbesondere dadurch aus, daß sie eine auf das Individuum Zwang ausübende Macht darstellten – etwa als bewußt kaum wahrgenommener Konformitätsdruck.

So faszinierend und verlockend ganzen Generationen von Historikern der Zugriff auf die Mächte kollektiven Denkens und Fühlens immer wieder erschienen ist – bis heute ist noch keine allgemein akzeptierte Definition von Mentalität aufgestellt worden, die einer nach ihr benannten Disziplin der Geschichtsschreibung die Inhalte hätte präzise angeben können. Dafür wurde immer wieder 'Mentalität' als Gegensatz von 'Ideologie' entwickelt, so beispielsweise von dem deutschen Soziologen Theodor Geiger, dessen Definition ebensogut für 'Lebenswelt' stehen könnte: „Lebenshaltung, Gewohnheiten des Konsums und der sonstigen Lebensgestaltung, Freizeitverwendung, Lesegeschmack, Formen des Familienlebens und der Geselligkeit

– tausend Einzelheiten des Alltagslebens bilden im Ensemble den Typ des Lebensduktus, und dieser ist Ausdruck der Mentalität."[55] Verständlicherweise zielten Historiker bei ihren Definitionsversuchen von vornherein stärker auf die zeitlichen Aspekte des Begriffs. Hagen Schulze beispielsweise versteht unter 'Mentalität' „das besondere geistige Klima (einer Zeit), die Form des gesellschaftlichen Fühlens, die kollektiven Vorstellungen von Wirklichkeit, die Weltbilder, in denen sich die Rechtsformen und sozialen Gewohnheiten (...) ausbilden".[56] Folglich ist es kaum verwunderlich, wenn die Mentalitätengeschichtsschreibung (noch?) über kein methodisches Gerüst verfügt und vor allem für das zwanzigste Jahrhundert noch kaum Standarduntersuchungen vorliegen[57]. Immerhin herrscht über Ansatz und Ziel der Mentalitätengeschichtsschreibung im Grundsatz Einigkeit: Es sind kollektive Erinnerungen, Erfahrungen und Haltungen, auf welche der Diskurs zielt und deren formierende und sinnstiftende Strukturen er herausfiltern möchte; aufzeigen kann der mentalitätshistorische Zugriff dabei mehr als beweisen, bedient er sich doch vorzugsweise qualitativer und narrativer Methoden, insbesondere der dichten Beschreibung („thick description").[58]

Schon in Geigers – übrigens bis heute nachwirkender – Definition steckt als Inhalt und Gegenstand von Mentalität unausgesprochen Werbung. Wird sie hier nun zur Quelle erhoben, gelten für sie im Prinzip dieselben Überlegungen wie für die oben genannten Konventionen und sozialen Bräuche auch. So hat schon Ulrich Raulff auf das methodische Problem hingewiesen, „daß sich 'Mentalität' als (...) Disposition nicht fassen läßt, sondern erst dann, wenn sie sich auf dem Schirm der symbolischen Praktiken (kognitiver, affektiver, ethischer Art) projiziert".[59] Zweifellos ist Werbung ebenfalls ein solcher Projektionsschirm, auf dem mentale Dispositionen in verschlüsselter Form zur Abbildung gelangen. Was oder wen sie dabei repräsentieren und in welcher Qualität und Intensität dies geschieht, ist eine Frage, die hier nur angerissen werden kann.

Schon über die Janusgesichtigkeit ihres Stellvertretertums darf man sich nicht täuschen: Sosehr Werbebotschaften beanspruchen, kollektiven Vorstellungen Ausdruck zu geben, sie bleiben doch immer Kunstprodukte, die durch einen hohen, von Individuen geleisteten Bearbeitungsgrad so geformt sind, daß sie eben beides miteinander verschmolzen dokumentieren: Absatzinteressen der Auftraggeber und Akzeptanzdruck des anvisierten Kollektivs. Insofern stellen Werbebilder und -botschaften hochsensible Quellen mit geradezu prismatischen Eigenschaften dar. In ihnen treffen, akkumulieren oder negieren sich Intentionen und Einstellungen von Sendern und Empfängern, kreuzen und überlagern sich Reflexe aus der Gesellschaft mit Impulsen in die Gesellschaft, kommen Selbstverständnis und

Code von Epochen und Zeiten in mancherlei Akzentuierungen, Verdich-
tungen, aber auch Ausblendungen zur Sprache und gewinnen Symbol-
macht. Jede Interpretation, die diese Vielschichtigkeiten nicht berücksichtigt, birgt die Gefahr von Fehldeutungen in sich, so wenn beispielsweise
über dem Nachweis eines gelungenen Kommunikationsversuchs die Kommunikationskonzepte der Konkurrenz nicht oder zu wenig beachtet werden. Ebenso können auch wenig erfolgreich werbende Botschaften aufschlußreiche Quellen hinsichtlich der mentalen Verfassung vor allem der
Senderseite sein. Der Idealfall freilich scheint die durch Werbung zustande
gekommene sinnfällige oder gar sinnstiftende Abbreviatur gesamtgesell-
schaftlichen Selbstverständnisses – als griffige und formelhafte Bewußt-
seinsmünze.

Hubert Strauf, der vielleicht profilierteste Werbeberater der Nachkriegszeit, hat uns einmal das allen Werbebemühungen zugrunde liegende see-
lisch-mentale Kommunikationsproblem sehr anschaulich geschildert:

„Werbeleute dürfen keine Ich-Menschen, sie müssen Wir-Menschen sein. Sie müssen fragen können: Was begegnet dem anderen gern? Man muß den Bedarf und
das Bedürfnis kennen und muß wissen: Bewegt sich das auf deine Ware zu. Es
muß die Verbindung mit dem Leben da sein: Wenn du aber alles nur durch Werbung und Kommunikation erreichen willst, wie das heute oft geschieht, dir aber
nichts entgegen kommt, dann bist du ein ganz armer Hund. Wenn ich einen
Auftrag angenommen habe, habe ich denn auch keine Bücher gelesen, sondern bin
auf den Markt gegangen und habe geschaut, was wird in dieser Weise angeboten
oder nicht angeboten und warum und weshalb und in welcher Weise. Und dann
hab' ich versucht, das für mich darzustellen, nachzuempfinden und zu überprüfen,
habe in der Sozialstruktur herumgeschnüffelt und bin in die Leute hineingekro-
chen."[60]

Basale Voraussetzung für jede wirksame Beeinflussung ist also, um ein
Wort Domizlaffs aufzunehmen, „Publikumskunde". Dazu gehört natürlich
auch das Ausforschen kollektiver Neigungen und Reaktionsmöglichkeiten
samt ihrem langsamen Wandel. „Die tragende Idee", so Strauf schon Ende
der fünfziger Jahre, „muß in die Zeit passen und für die Empfängerkreise,
in denen sie vor allem wirken soll, resonanzfähig sein."[61] Einen solchen
Resonanz-Detektor meinen Werbefachleute vermöge ihrer „Wir-Mensch"-
Qualifikation zu besitzen; er soll sie befähigen, kollektiven Stimmungen
und Neigungen nachzuspüren und ihnen im Gegenzug den treffenden Ausdruck zu verleihen. Kurzum: Werbefachleute sehen sich als Mentalitäts-
fachleute. Aus der Sicht des Mentalitätshistorikers kann das wiederum nur
bedeuten: Je besser es jenen gelingt, „in die Leute" oder das „Gehirn der
Masse" hineinzukriechen und dort – jetzt gewissermaßen als Mundstücke
des Volksempfindens – vorhandene Resonanzräume in Schwingung zu ver-

setzen, je mehr kommt ihren Werbebotschaften auch die Qualität von 'représentations collectives' zu.

Diese Überlegungen können hier nicht weiter ausgeführt werden, sie mögen immerhin eines verdeutlichen: Werbegeschichte ist keine Geschichte der Werbung. Was von ihr allerdings erwartet werden kann, sind Beiträge zur Mentalitätsgeschichte sowie Beiträge zur Geschichte der Massenkommunikation und Massenbeeinflussung. Insofern mag es vielleicht sogar ein Vorteil sein, wenn der mentalitätshistorische Diskurs keine fertige Methode darstellt, sondern eher eine Disposition ist und einen Rahmen bietet. Darin sind alle Zuträgerleistungen willkommen, welche die auf dem Projektionsschirm 'Werbung' sich abbildenden mentalen Muster und Figuren erfassen und deuten helfen. Dies können wirtschaftsgeschichtliche Teiluntersuchungen sein, womöglich durch sozialstatistisches Material untermauert, detaillierte kunsthistorische Form- und Zeichenanalysen, kommunikationswissenschaftliche Befunde, aber auch Betrachtungen kulturhistorischer oder volkskundlicher Art. Breiten Raum können soziologische[62] und alltagsgeschichtliche Diskurse einnehmen, natürlich Konsumgeschichte[63] im engeren Sinne und die Geschichte der Produkte[64] samt ihren Konnotationen. Zu ihrer Analyse wiederum können die Theorien der Archetypen und Symbole, wie sie etwa von C. G. Jung oder Ernst Cassirer[65] entwickelt worden sind, durchaus ergiebig sein. Gewichtige Zuträgerleistungen, vor allem hinsichtlich aller am werblichen Kommunikationsprozeß Beteiligten, dürfen von der historischen Anthropologie und der kollektiven Biographieforschung erwartet werden. Auch auf die Erklärungsleistungen der Sozialoder Wahrnehmungspsychologie[66] oder der durch Lloyd de Mause begründeten Psychohistorie[67] wird nicht verzichtet werden können. Selbst die unter Kommunikationswissenschaftlern so sehr in Mißkredit geratenen Ansätze der Massenpsychologie können den mentalitätsgeschichtlichen Diskurs bereichern[68], zumal nicht wenige Werbefachleute auf der Basis massenpsychologischer Erkenntnisse gearbeitet haben.

Sollen Werbeäußerungen historische Kommunikationssituationen teil- oder gar gesamtgesellschaftlicher Dimension abgeleitet und wiederhergestellt werden, erscheint der Einsatz so verschiedener Methoden nicht übertrieben, zumal wenn bedacht wird, daß es sich in der Regel bei den Quellen um isolierte, mitunter bruchstückhafte Überlieferungen handelt. Meist ist nur die in Bild und Wort ausgeprägte Werbebotschaft selbst vorhanden, oft nicht einmal mehr festzustellen, wer die gestaltenden und betreuenden Fachleute überhaupt waren. Einen seltenen Glücksfall bedeutet es schon, wenn sich über das Binnenverhältnis zwischen Herstellern und Werbefachleuten Angaben finden, so wenn noch Briefings, Skizzen oder Entwürfe die zugrunde liegenden Kommunikationsstrategien deutlich wer-

den lassen. Über die Höhe der Werbeetats und die darin dokumentierten
Intentionen der Senderseite müssen oft Schätzungen konkrete Zahlen ersetzen. Immerhin lassen sich verlorene Streupläne, in denen sich ebenfalls
Größe, Reichweite und Zielrichtung von Kampagnen widerspiegeln, durch
mühsames Abgleichen der Anzeigenabdrucke in der Tages- und Illustrier-
tenpresse wiederherstellen. Aber schon um die in den Werbebotschaften
eingegangenen mentalen Einstellungen und Motive der Sender herauszufil-
tern, muß häufig auf andere Quellen wie Firmengeschichten oder Unter-
nehmerporträts zurückgegriffen werden. Sehr ergiebige Aufschlüsse hinsichtlich der Diskussion unter Werbefachleuten über Beeinflussungszustände und -ziele bieten auch manche inzwischen historisch gewordene Titel
der Werbefachpresse wie ›Die Anzeige‹ oder ›Werberundschau‹. Geradezu
kriminalistisch anmutende Kleinarbeit und Spürsinn hingegen sind vonnö-
ten, wenn historische Werbewirkungen rekonstruiert werden sollen. Den
Weg werblicher Botschaften ins kollektive Bewußtsein der Gesellschaft
oder ihre Teilmilieus nachzuverfolgen gehört zu den wohl schwierigsten
und heikelsten Aufgaben, vor die eine sich als Mentalitätengeschichte ver-
stehende Werbegeschichte gestellt ist. Der Rückgriff auf sozialstatistisches
Material, wie es etwa in den Untersuchungen der Nürnberger Gesellschaft
für Konsumforschung, GfK, oder den seit 1947 vom Allensbacher Mei-
nungsforschungsinstitut publizierten „Jahrbüchern der öffentlichen Meinung" vorliegt, stellt dabei eine unverzichtbare Stütze dar. Darüber hinaus
ist es oft aufschlußreich, werbliche Äußerungen vor der Folie gleichzeitig
publizierter Redaktionsbeiträge zu erfassen und zu deuten. Wenn es – und
die Mentalitätsgeschichte teilt ja diese Überzeugung – eine große Erzählung
der Zeit im Sinne Lyotards gibt, so werden sich in den Redaktionsbeiträgen
dieselben Inhalte und Wertungsmuster wiederfinden, die auch von der Werbung aufgegriffen und kommuniziert werden.[69]

Angesichts dieser so komplexen Sachlage hängt die Ergiebigkeit des
mentalitätshistorischen Diskurses davon ab, ob Fragen wie die folgenden
angegangen und diskutiert werden:

– Wie genau läßt sich die werbliche Quelle in ihrer Beschaffenheit, Reich-
   weite und Signifikanz erfassen? Welche Defizite liegen vor? Für welche
   Unbekannte steht sie? Lassen sich Gegenüberlieferungen finden?
– Wo ist ihr Ort im kommunikativen Regelkreis? Welchen Stellenwert
   nimmt sie darin ein? Ist auf dieser Grundlage schon ein Diskurs möglich?
   Wie läßt er sich führen und über welche Stationen und zu welchem
   Ende?

Indem diese Fragen beantwortet werden, strukturiert sich das Forschungsinteresse und gewinnt seinen methodischen Weg. Das Ziel, Aufklärung auf
doppelte Art leisten zu können, mag ein Stück näherrücken: Sollte es dem

mentalitätshistorischen Diskurs gelingen, das wahre Leistungsprofil werblicher Bemühungen herauszuarbeiten, werden sich diese Botschaften in ihrer Aussagequalität hinsichtlich der psychosozialen und mentalen Verfaßtheit der Gesellschaft oder ihrer Teilmilieus entschlüsseln.

In diesem Sinne möchten die folgenden neun Beiträge als erste Einübungen zum Projekt einer Werbegeschichte als Mentalitätsgeschichte verstanden werden. Die Studien setzen mikrohistorisch ein, gelangen aber in ihrem Verlauf zumeist auf eine makrohistorische Ebene. Konkrete Phänomene und Aspekte von Werbung bilden den jeweiligen Ausgangspunkt. Von dort aus wird die historische Kommunikationssituation samt den Intentionen, Haltungen und Wirkungen auf Sender- wie Empfängerseite rekonstruiert, über die Analyse der entfalteten Botschaften und Bildwelten Code und Selbstverständnis der Zeit entwickelt und schließlich diese Formulierungs- und Interpretationsleistungen im Rahmen alltagsgeschichtlicher Fragestellungen diskutiert.

Die Untersuchungen gliedern sich in fünf Gruppen. Die erste Gruppe vollzieht den mentalitätshistorischen Diskurs über vornehmlich biographische Zugänge.

Mit dem Porträt des Markentechnikers und Schriftstellers Hans Domizlaff wird ein Stück Kommunikator-Geschichte vorgelegt, das zugleich einen ersten Baustein zu einer kollektiven Biographie der Werbefachleute liefert. Es ist das Schicksal dieser mitunter genialen Menschen hinter den Kulissen, daß ihre Arbeit keine öffentliche Anerkennung finden darf. Die sich daraus ergebenden fatalen, ja unheilvollen Züge des ganzen Berufsstandes kommen in der Person Domizlaffs konzentriert zum Ausdruck; in ihm verkörpern sich Glanz und Elend, Minderwertigkeitskomplex und Größenwahn des Werbefachmanns. Domizlaffs Zeit-Heimat war das „Zweite Deutsche Reich", sein prägendes Erlebnis die Spätzeit der Wilhelminischen Epoche, sein Werbe-Stil, mit ihm selbst zu reden, „reichstreu". In die mentalen Strukturen dieser Zeit arbeitete er sich so tief hinein, daß sie, nachdem sie mit dem Ende des Zweiten Weltkriegs endgültig überlebt waren, zu seinen geistigen Fesseln werden mußten, aus denen er nie mehr ausbrechen konnte.

Methoden kollektiver Biographiegeschichtsschreibung kommen auch im Heldenlied ›Sieger Marke Deutschland‹ zur Anwendung. Für die Bundesrepublik brachte der Gewinn der Fußballweltmeisterschaft 1954 neben einem gewaltigen Schub an Selbstbewußtsein auch erste ernsthafte Probleme aufkeimenden nationalen Überschwangs mit sich. Der Beitrag zeigt, vor dem Hintergrund der Auseinandersetzung zwischen dem Fußball- und dem Staatspräsidenten um die mentale Auslegung und Kodierung des Fußballsieges, wie die Transformation des gefährlichen mentalen Bestands

„Deutschland über alles!" in ein akzeptanzfähiges „Made in Germany" gelang, wie aus Sympathiefiguren zunächst politische Idolfiguren zu werden drohten, schließlich aber doch frühe Testimonials des Wirtschaftswunders werden konnten: die „Helden von Bern" präsentieren Musterarbeiter und -konsumenten zugleich.

Die zweite Gruppe, die sich mit verschiedenen Werbemitteln und -botschaften auseinandersetzt, ist durch drei vor allem der Aussagegeschichte verpflichtete Studien vertreten.

Auf den ersten Blick scheinen die Straßenkarten, wie sie der Shell-Mineralölkonzern schon seit Ende der zwanziger Jahre an seinen Tankstellen verteilen ließ, kaum mehr als schlichte Werbebeigaben zu sein. Gleichwohl stellen sie die sehr erfolgreiche Konzeptionierung und Implantierung eines Systems kognitiver Topographie im kollektiven Gedächtnis der Menschen dar. Vor allem in den Begleittexten der Karten wurde auf einen mentalen Bestand an Deutschlandbildern zurückgegriffen, der sich werblich überformen und als national getöntes Corporate-Identity-Konzept umsetzen ließ, wenn etwa unpolitisch-politisch und „über alle Zeiten" hinaus verkündet wurde: „Deutschland ist schön!" Das Konzept erwies sich als so erfolgreich, daß – nicht zuletzt aufgrund der im Krieg eingesetzten Generalstabskarten – in den fünfziger Jahren aus der einstigen Werbebeigabe mit dem Shell-Atlas ein eigenständiger Markenartikel erwuchs.

Ein Stück Aussagegeschichte bietet auch ›'Mach mal Pause' – 'Keine Experimente!': Zeitgeschichte im Werbeslogan‹. Wohl selten in der Geschichte der Bundesrepublik hat sich gesellschaftlicher Konsens so stringent auf die Formel bringen lassen wie in diesen von Hubert Strauf geprägten oder forcierten Slogans. Doch in ihnen dokumentiert sich nicht allein der sozialpsychologische Horizont der späten Adenauerzeit anhand seiner kleinsten und (all)gemeinsten Chiffren, sondern auch das neue Austauschverhältnis zwischen politischer Werbung und Wirtschaftswerbung, wie es seit dieser Zeit die Werbelandschaft der bundesrepublikanischen Konsumdemokratie nicht nur zu Wahlzeiten bestimmt hat. Der Beitrag verfolgt auch die Lebenszyklen dieser Slogans von ihrer Genese über die Hochzeiten ihrer Akzeptanz bis hin zu ihrer Redundanz innerhalb der „formierten Gesellschaft" der sechziger Jahre.

Daß lyrische Form, sobald sie zum Werbeeinsatz kommt, ein ganz anderes gesellschaftlich konnotiertes Zeichensystem darstellt als Autorenlyrik, führen die ›Hymnen des Konsums‹ vor: „Wohl dem, der dann im Goliath sitzt!" Diese Preislieder auf die Anschaffungskultur feiern die Ankunft in der schönen, neuen Warenwelt für breite Bevölkerungskreise Ende der fünfziger Jahre. In dieser Zeit des „motorisierten Biedermeier" (Erich Kästner) meinten nicht wenige Hersteller, ihre werbliche Ansprache nur über den gezielten Einsatz lyrischer Wohllautsysteme optimieren zu können. Der Beitrag analysiert die besonderen ökonomisch und mentalitätshistorisch faßbaren Produktions- und Kommunikationsbedingungen von Werbelyrik, wozu auch ein Blick auf ihre Autoren – die zum großen Teil Schriftsteller waren – und deren Verhältnis zur Wirtschaftswerbung gehört. In ›Der Duft des Goldes: Parfum ‘Amun’. Das Museum auf dem Frisiertisch‹ wird über geschichtskulturelle Zugänge Kommunikator- mit Aussagegeschichte kombiniert. Um wie vieles filigraner und komplexer als in den fünfziger Jahren die werbliche Ansprache anfangs der achtziger anmutet, macht die Bewerbung der Parfum-Serie „Amun" deutlich. Die Entwicklung, Umsetzung und Plazierung einer ganzen Produktlinie vor dem Hintergrund einer eigentümlichen Zeitgeist-Melange ist Thema dieses Beitrags. Ausgelöst durch die großen Tut-anch-Amun-Ausstellungen grassierte seinerzeit in der Bundesrepublik das Ägypten-Fieber; gleichzeitig machte die aufkeimende New-Age-Bewegung von sich reden. Einem offenbar vorhandenen Bedürfnis nach Geheimnisvoll-Exotischem versuchte die Firma 4711 mit ihrer Damenparfumserie „Amun" entgegenzukommen. Das Kommunikationskonzept intendierte die Verlängerung der Ausstellung auf die Nachttische der Konsumentinnen; alle Produkte der Serie bezogen sich nicht nur auf die Exponate, sondern gaben diese sogar auf den Umverpackungen oder Verschlüssen wieder. Auf welche mentalen Traditionen und Aneignungsmuster hinsichtlich des Umgangs mit Ägypten die Parfum-Produzenten dabei rekurrierten und wie und mit welchem Erfolg ihre Marketingstrategen sie umzusetzen verstanden, wird in diesem Diskurs erörtert.

Eine ganz andere Dimension hat die politische Indienstnahme der Mittel und Wege moderner Wirtschaftswerbung, wie sie die Studie über die ›Public Relations der Stärke‹ zeigt. In der Osterwoche des Jahres 1959 schaltete das Bundespresseamt eine Werbe-Kampagne für die NATO. Äußerer Anlaß war das zehnjährige Jubiläum des atlantischen Verteidigungsbündnisses. Wichtiger freilich waren aus Sicht der Sender die mentalen Implikationen, die der runde Geburtstag kommunizieren half: Eine Zeitspanne von „10 Jahren Sicherheit", als Garantieleistung mit Zukunftsoptionen beworben, ließ sich wahrnehmungspsychologisch kaum anders aufnehmen denn als Soliditätsausweis einer ehrenhaften Organisation. Insofern dokumentiert allein schon das Erscheinen der Anzeigen und Plakate einen erreichten Beeinflussungszustand. Erstmals konnte, ohne Unmut zu erregen, im öffentlichen Raum ein Thema publik gemacht werden, das in den zurückliegenden Jahren immer wieder für Zündstoff gesorgt hatte: die Wiederbewaffnung. Welcher Anteil an diesem Stimmungsumschwung einerseits äußeren Einflüssen wie dem Ungarn-Aufstand geschuldet war, welchen Stellenwert andererseits bewußter und an der

Wirtschaftswerbung geschulter Public-Relations-Arbeit zuzuschreiben war, arbeitet der Beitrag heraus.

Um höchst politische Dimensionen geht es auch in den beiden letzten Untersuchungen. Sie behandeln, mit einer starken Betonung der Rezipientenseite, Themen des deutschen Vereinigungsprozesses.

›Perfekte Panne, perfide Performance: 'Opel baut auf Eisenach'‹ ist als Tiefenstudie konzipiert, die mit Hilfe semiotischer, mentalitätsgeschichtlicher und sozialpsychologischer Methoden einer Public-Relations-Anzeige nachspürt und den mentalen Wurzelboden ihrer Entstehung freilegt. Ausgangspunkt ist die Analyse der Bild-Text-Komposition der Anzeige „An dieser Panne sind viele schuld. Aber sicher nicht unsere neuen Mitbürger", in der die Intentionen der Senderseite herausgearbeitet und hinsichtlich ihrer Glaubwürdigkeit und Umsetzungsqualität diskutiert werden. In einem geschichtskulturellen Diskurs wird sodann der Bild-Inhalt, der ostdeutsche Wartburg und seine Bedeutung im kollektiven Seelenhaushalt der ehemaligen DDR-Bürger, aufgerollt. Abschließend wird die mentale Verlaufskurve des deutschen Vereinigungsprozesses seit der Maueröffnung in groben Zügen rekonstruiert und die Anzeige in diesen Zusammenhang, den sie selbst ja nicht nur dokumentieren und interpretieren, sondern beeinflussen will, gestellt.

Der Verlaufskurve des Vereinigungsprozesses widmet sich auch der letzte Beitrag: ›Der Geschmack der Heimat – 'Hurra, ich lebe noch!': Bausteine zu einer Mentalitätsgeschichte der Ost-Produkte nach der Wende.‹ Wie wenig die Zusammenführung der beiden deutschen Gesellschaftssysteme zu einer staatlichen Einheit die mentalen Gegensätze zwischen West- und Ostdeutschen bislang hat überwinden können, davon geben unterschiedliche Produktlandschaften samt ihrer werblichen Präsentation und Publikumsansprache inzwischen beredte Zeugnisse ab. Das bemerkenswerte Revival der Ostprodukte wird zum Anlaß genommen, signifikante Strukturen einer Mentalitätsgeschichte der Nach-Wende-Zeit herauszumeißeln. Im Spiegelbild von Produktverpackungen und Anzeigen erweist sich, wie sehr Werbung immer wieder gezwungen ist, die Wertvorstellungen und Identitätsmuster der Verbraucher zu bedienen. Die Mißachtung von Lebenswelt und Geschichte ehemaliger DDR-Bürger anfangs der neunziger Jahre erfährt heute eine nachhaltige Kompensation, indem ihnen bewußt und erfolgreich Ost-Produkte als Identitäts- und Heimat-Spender offeriert werden können.

Auf dem sicherlich noch beschwerlichen Weg zu einer Werbegeschichte als Kommunikations- und Mentalitätsgeschichte kann im Augenblick kaum mehr getan werden als an Beispielen zu zeigen, welche Mittel und Möglichkeiten dem mentalitätshistorischen Zugriff zur Verfügung stehen und wie diese Diskurse aussehen können. Dazu möchten diese Studien einen ersten Beitrag leisten. Um sie sowohl in der Wissenschaftslandschaft zu verankern als auch ihre Ansätze und Intentionen zu verdeutlichen, wurde ihnen dieser kursorische Überblick voranstellt. Wir haben hier einige der wichtigsten Publikationen am Schnittpunkt von Werbung und Geschichte aufgeführt, so daß auf eine ausführliche Bibliographie verzichtet werden kann.

Anmerkungen

[1] H. Domizlaff: Ethik im Werbefach. Festvortrag zum zehnjährigen Bestehen der Werbefachschule Hamburg am 14. September 1956, S. 13 f.

[2] Zum Selbstverständnis von Werbefachleuten heute: F. W. Nerdinger: 'Lebenswelt Werbung'. Eine sozialpsychologische Studie über Macht und Identität, Frankfurt/M. 1990.

[3] Das kultur- und werbegeschichtliche Archiv Freiburg (KWAF) hat es sich zur Aufgabe gemacht, Nachlässe von Werbefachleuten zu sammeln und zu dokumentieren. Damit wird ein Quellenfundus erschlossen, der der Kommunikations- und Mentalitätengeschichtsschreibung die Möglichkeit eröffnet, historische Kommunikations- und Beeinflussungszustände zu erfassen und aufzuarbeiten.

[4] E. Heller: Wie Werbung wirkt. Theorien und Tatsachen, Frankfurt/M. 1984, S. 12.

[5] So etwa H. Jaeger: Geschichte der Wirtschaftsordnung in Deutschland, Frankfurt/M. 1988.

[6] Vgl. hierzu die historische Kolumne im Marketing-Journal, Hamburg des Wiener Werbeseniors Robert Müller.

[7] Nach Angaben des Zentralausschusses der Deutschen Werbewirtschaft (ZAW) betrugen die Werbeinvestitionen in Deutschland im Jahr 1993 48,8 Millionen DM, was einem Anteil am Bruttoinlandprodukt (BIP) von 1,57 Prozent entsprach (Zahlen nach: Werbung in Deutschland 1994, Bonn 1994, S. 5 ff.).

[8] So z. B. V. Mataja: Die Reklame, ihre Kunst und Wissenschaft, Leipzig 1910; Werbwart Weidenmüller: Vom Begriff der Anbietlehre, Berlin/Wien 1926; H. N. Casson: Das Inserat. Ein kompletter Anzeigen-Kursus, Berlin 1930; P. Michligk: Elementare Werbekunde, Essen 1958; A. Wirz: Marginalien zur Werbung, Zürich 1989.

[9] J. Schmiedchen: Kurze Geschichte der deutschen Wirtschaftswerbung, ihrer Männer, ihrer Organisationen, ihrer Presse, Tübingen 1953, S. 20.

[10] D. Reinhardt: Geschichte der Wirtschaftswerbung in Deutschland, Berlin 1993.

[11] So z. B.: „Sammlung Internationaler Plakatkunst 1", Eröffnung am 29. Oktober 1970 des Deutschen Plakatmuseums Essen, Essen 1970; „Werbefotographie in Deutschland seit den zwanziger Jahren", Museum Folkwang 12. bis 15. März 1989, Essen 1989; „Zwischen Kaltem Krieg und Wirtschaftswunder. Deutsche und europäische Plakate 1945 – 1959. Eine Ausstellung aus den Beständen der Plakatsammlung des Münchner Stadtmuseums, 22. Oktober 1982 – 9. Januar 1983, München

1982; „Schmerz laß nach. Drogerie-Werbung der DDR", Ausstellung des Deutschen Hygiene-Museums Dresden vom 18. Januar 1992 – 21. Juni 1992, Dresden 1992.

[12] So z. B.: W. Ruppert (Hg.): Fahrrad, Auto, Fernsehschrank. Zur Kulturgeschichte der Alltagsdinge, Frankfurt/M. 1993.

[13] G. C. Bertsch: SED Schönes Einheits-Design, Köln 1990.

[14] U. u. M. Berger: Spurensicherung. Kabinettstücke. 40 Jahre Werbung in der DDR, Deutsches Werbemuseum, Frankfurt/M. 1990.

[15] B. E. Bürdek: Design. Geschichte, Theorie und Praxis der Produktgestaltung, Köln 1991, S. 12.

[16] W. Olins: Corporate Identity. Strategie und Gestaltung, Frankfurt/M. 1990.

[17] W. Kroeber-Riehl: Bildkommunikation. The new Science of Imagination, München 1993.

[18] So z. B.: C. W. Morris: Zeichen, Sprache und Verhalten, Düsseldorf 1973; C. S. Peirce: Phänomen und Logik der Zeichen, Frankfurt/M. 1983; R. Barthes: Mythen des Alltags, Frankfurt/M. 1964; U. Eco: Entwurf einer Theorie der Zeichen, München 1987.

[19] M. Muckenhaupt: Text und Bild. Grundfragen der Beschreibung von Text-Bild-Kommunikationen aus sprachwissenschaftlicher Sicht, Tübingen 1985.

[20] R. Lindner: Kritik der Konsumgüterwerbung (Diss. masch.), Berlin 1975, S. 308.

[21] W. F. Haug: Kritik der Warenästhetik, Frankfurt/M. 1971.

[22] So z. B.: T. W. Adorno/M. Horkheimer: Dialektik der Aufklärung, Frankfurt/M. 1948; W. Benjamin: Das Passagenwerk, 2 Bde., Frankfurt/M. 1983.

[23] Vgl. M. Kausch: Kulturindustrie und Polpularkultur. Kritische Theorie der Massenmedien, Frankfurt/M. 1988.

[24] W. Sombart: Liebe, Luxus und Kapitalismus, Berlin 1980.

[25] G. Anders: Die Antiquiertheit des Menschen, Bd. 2: Über die Zerstörung des Lebens im Zeitalter der dritten industriellen Revolution, München 1980, S. 41.

[26] H. D. Junker: Die Reduktion der ästhetischen Struktur – Ein Aspekt der Kunst der Gegenwart, in: H. K. Ehmer: Visuelle Kommunikation. Beiträge zur Kritik der Bewußtseinsindustrie, Köln 1971.

[27] S. Quandt: Geschichts- und Kommunikationswissenschaft: Der Blinde und der Lahme? Probleme und Perspektiven einer kooperativen Kommunikationsgeschichte, in: M. Bobrowsky/W. R. Langenbucher (Hg.): Wege zur Kommunikationsgeschichte, München 1987, S. 712–721, S. 712.

[28] W. B. Lerg: 'Pressegeschichte oder Kommunikationsgeschichte?', in: Presse und Geschichte, Beiträge zur historischen Kommunikationsforschung, München 1977, S. 9–24.

[29] K. Koszyk: Probleme einer Sozialgeschichte der öffentlichen Kommunikation, in: ebd., S. 25–34.

[30] H. Pohl (Hg.): Die Bedeutung der Kommunikation für Wirtschaft und Gesellschaft. Referate der 12. Arbeitstagung der Gesellschaft für Sozial- und Wirtschaftsgeschichte vom 22.–25.4.1987 in Siegen, Stuttgart 1989, S. 11.

[31] Bobrowsky/Langenbucher (Anm. 27), S. 16.

[32] Ebd., S. 14.

[33] Ebd., S. 719.

[34] W. B. Lerg: Programmgeschichte als Forschungsauftrag. Eine Bilanz und eine Begründung, in: M. Bobrowsky/W. Duchkowitsch/H. Haas: Medien- und Kommunikationsgeschichte. Ein Textbuch zur Einführung, Wien 1992, S. 78–87, S. 78.

[35] H. Pross: Geschichte und Mediengeschichte, in: ebd., S. 10.

[36] H. Blumer: Symbolic Interactionism. Perspective and Method, Englewood Cliffs 1969.

[37] J. Habermas: Theorie des kommunikativen Handelns, Frankfurt/M. 1981.

[38] N. Luhmann: Soziale Systeme. Grundriß einer allgemeinen Theorie, Frankfurt/M. 1984.

[39] P. F. Lazarsfeld/B. Berelson/H. Gaudet: The People's Choice. How the Voter Makes up his Mind in a Presidential Campaign, New York 1944.

[40] C. I. Hovland/M. Fishbein (Hg.): Readings in Attitude Theory and Measurement, New York 1967.

[41] L. Festinger: A Theory of Cognitive Dissonance, Evanston 1957.

[42] M. Sherif/C. I. Hovland: Social Judgement, New Haven 1961.

[43] Vgl. hierzu H. Niemann: Meinungsforschung in der DDR. Die geheimen Berichte des Instituts für Meinungsforschung an das Politbüro der SED, Köln 1993.

[44] G. Maletzke: Psychologie der Massenkommunikation, Hamburg 1978.

[45] F. Neske (Hg.): Gabler Lexikon Werbung, Wiesbaden 1983, S. 162.

[46] U. Daniel (Hg.): Propaganda. Meinungskampf, Verführung und politische Sinnstiftung 1789–1989, Frankfurt/M. 1994.

[47] F. Ronneberger/M. Rühl: Theorie der Public Relations. Ein Entwurf, Opladen 1992.

[48] E. Noelle-Neumann/W. Schulz/J. Wilke (Hg.): Fischer Lexikon Publizistik/Massenkommunikation, Frankfurt/M. 1989, S. 100.

[49] R. Kloepfer/H. Landbeck: Ästhetik der Werbung. Der Fernsehspot in Europa als neue Macht, Frankfurt/M. 1991, S. 22.

[50] M. Weber: Wirtschaft und Gesellschaft, 2 Bde., Tübingen 1956.

[51] A. Lüdtke (Hg.): Alltagsgeschichte. Zur Rekonstruktion historischer Erfahrungen und Lebensweisen, Frankfurt/M./New York 1989.

[52] L. Niethammer: Fragen – Antworten – Fragen. Methodische Erfahrungen und Erwägungen zur Oral History, in: L. Niethammer/A. von Plato (Hg.): „Wir kriegen jetzt andere Zeiten." Auf der Suche nach der Erfahrung des Volkes in nachfaschistischen Ländern, Bonn 1985, S. 392–445.

[53] F. Braudel: Geschichte und Sozialwissenschaften – Die longue durée, in: C. Honegger (Hg.): M. Bloch, F. Braudel, L. Fèbvre u. a.: Schrift und Materie der Geschichte. Vorschläge zur systematischen Aneignung historischer Prozesse, Frankfurt/M. 1977, S. 47–85.

[54] L. Fèbvre: Le problème de l'incroyance au XVIième siècle. La Religion des Rabelais, Paris 1968 (zuerst 1942), zit. nach: R. Chartier: Intellektuelle Geschichte und Geschichte der Mentalitäten, in: U. Raulff (Hg.): Mentalitäten-Geschichte, Berlin 1987, S. 69–96, S. 74.

[55] T. Geiger: Die soziale Schichtung des deutschen Volkes. Soziographischer Versuch auf statistischer Grundlage, Stuttgart 1932, S. 80.

[56] H. Schulze: Mentalitätsgeschichte – Chancen und Grenzen eines Paradigmas der französischen Geschichtswissenschaft, in: Geschichte in Wissenschaft und Unterricht, 36. Jg., Nr. 4/1985, S. 247–270, S. 255.

[57] So z. B. H. Bude: Deutsche Karrieren. Lebenskonstruktionen sozialer Aufsteiger aus der Flakhelfer-Generation, Frankfurt/M. 1987.

[58] C. Geertz: Dichte Beschreibung. Beiträge zum Verstehen kultureller Systeme, Frankfurt/M. 1987.

[59] Raulff (Anm. 54), S. 11.

[60] Interview mit Hubert Strauf (1904–1993) am 4. Januar 1989 (im Archiv der Verfasser).

[61] H. Strauf: Die moderne Werbeagentur in Deutschland, Essen 1959, S. 32.

[62] G. Schulze: Die Erlebnisgesellschaft. Kultursoziologie der Gegenwart, Frankfurt/M./New York 1993.

[63] R. Gries: Die Rationengesellschaft. Versorgungskampf und Vergleichsmentalität. Leipzig, München und Köln nach dem Kriege, Münster 1990.

[64] R. Eisendle/E. Miklautz: Produktkulturen. Dynamik und Bedeutungswandel des Konsums, Frankfurt/M./New York 1992.

[65] E. Cassirer: Philosophie der symbolischen Formen, Darmstadt 1964.

[66] G. S. Dieterle: Verhaltenswirksame Bildmotive in der Werbung, Heidelberg 1992.

[67] L. de Mause: Grundlagen der Psychohistorie, Frankfurt/M. 1989.

[68] So z. B.: S. Moscovici: Das Zeitalter der Massen. Eine historische Abhandlung über die Massenpsychologie, München 1984.

[69] Vgl. hierzu: M. Gibas/D. Schindelbeck: „Die Heimat hat sich schön gemacht." Fallstudien zur deutsch-deutschen Propagandageschichte. In diesem Band wird anhand des Jahres 1959 das mentalitätshistorische Profil deutsch-deutscher Kommunikation und Propaganda in seiner Wechselbezüglichkeit und seinem Wandel Ende der fünfziger Jahre herausgearbeitet.

Geistige Landnahme

„Über alle Zeiten – Deutschland ist schön": Die Shell AG, das Dritte Reich und die Straßenkarte

Jeder Autofahrer wird schon einmal eine der gelb-roten Generalkarten von Shell aufgefaltet haben, um sich beispielsweise über die kürzeste Alpenpaßstraße nach Italien zu informieren. Kaum jemandem wird dabei aufgefallen sein, daß die Karte zusammen mit dem berühmten Atlas eines der erfolgreichsten deutschen Werbemittel dieses Jahrhunderts ist. Und kaum einem dürfte der Gedanke gekommen sein, daß die mentale Er'fahrbarkeit' und Aufnahme der Landschaft auch von den Kartenhorizonten der Shell mitstrukturiert wurde. Die Shell-Karten formten durch ihre Konzeption die kognitive Infrastruktur beim ästhetischen Zugriff auf die umgebende (touristische) Landschaft aber nicht nur von der technischen Seite her, sondern vermittelten ein Deutschlandbild, das die Deutschland-Aneignung vieler Autofahrer seit den dreißiger Jahren bestimmen sollte.

Der Shell-Reisedienst

Die Geschichte der Karte(n) reicht zurück in die Anfänge der Deutschen Shell AG. Ende der zwanziger Jahre war das Unternehmen bemüht, sich ein einheitliches Firmengesicht zu geben, etwas, das heute als corporate identity[1] bezeichnet wird. Der Werbeleiter Georg Dülfer[2] überarbeitete ab 1927 zusammen mit dem Münchner Grafiker René Ahrlé das Emblem, welches schließlich auch weltweit eingeführt wurde und bis heute nahezu unverändert blieb: eine stilisierte Muschel, die 'shell', in den Firmenfarben rot und gelb. Die Einführung eines solchen Markenzeichens mit der ihm eigenen Kommunikationsleistung war zwingend geboten, schien doch schon seit Beginn der zwanziger Jahre die Zukunft der Mineralölindustrie vor allem auf dem Treibstoffsektor zu liegen[3] und der Kampf um die Marktaufteilung – insbesondere bei einem so großen Markt wie dem deutschen – sehr hart zu werden.[4] Neben dem Auf- bzw. Ausbau einer entsprechenden Benzin-Infrastruktur (Treibstofflager, Transportwege, Tankstellennetz) war es notwendig, die Kunden auch mit anderen Werbemitteln an die eigene Marke zu binden. Der Gedanke lag nahe, im Kunden nicht nur den Kraftfahrer, der sein Fahrzeug mit Benzin füttern muß, zu sehen, sondern ihn auch als potentiellen Touristen anzusprechen. 1929 entstand unter Dülfers Regie aus dieser Idee der Shell-Reisedienst. Auf schriftliche Anfrage wurde eine individuelle Reise- und Tourenberatung durchgeführt und der Kraftfahrer mit Kartenmaterial versorgt. Das Repertoire umfaßte Straßenkarten, Stadtpläne, später Flußgebiets- und Gebirgskarten, dazu Wetter- und Touristikkarten mit Hinweisen auf Sehenswürdigkeiten. Einige Kartentypen muten heute seltsam an, doch dürfen wir nicht vergessen, daß wir uns in der Frühzeit der Autotouristik befinden, als der Ausflug nicht selten zum Abenteuer geriet: Trägt die Brücke meinen Wagen und schaffe ich die anschließende Steigung? Die Karten wurden an den Tankstellen als kostenlose Zugabe verteilt, verbunden allerdings mit einem Trick: So gaben die Tankstellen nur Regionalkarten desjenigen Gebietes ab, auf dem sie selbst lagen. Die Bindung an die Marke konnte so verstärkt werden, erhielt die einzelne Shell-Karte doch durch die eingeschränkte Verbreitung fast den Rang einer Trophäe. Nicht von ungefähr waren in den dreißiger Jahren Standard Oil (Esso) und die Deutsche Shell Marktführer auf dem Benzinsektor.[5]

Die Produktzugabe war Ende der zwanziger Jahre als beliebtes und erfolgversprechendes Werbemittel in Mode gekommen – hier sei nur an die bekannten Zigarettenbildchen der Firma Reemtsma erinnert. Was die Zugaben der Shell aber gegenüber denen der Konkurrenz auszeichnete, waren Beratungs-Service und Umfang des Kartenmaterials, ein Umstand, der die Werbeabteilung nicht nur in Freuden, sondern auch in Besorgnis stürzte: „Schließlich war ich froh, daß der Krieg ausbrach, denn die ganze Sache hat eine Million gekostet und ich war mit meiner Abteilung total verschuldet."[6]

Die Deutsche Shell im Dritten Reich

Als ab 1933 die Umstellung der Wirtschaft von einer liberal-marktwirtschaftlichen zu einer staatsdirigistischen 'Wehrwirtschaft' erfolgte,[7] waren davon natürlich auch die Mineralölgesellschaften betroffen. Insgesamt läßt sich jedoch feststellen, daß die Verordnungen[8] entweder nur übliche Unternehmenspraktiken aufgriffen wie das Gesetz über die Errichtung von Zwangskartellen vom Juli 1933,[9] oder in den eigens geschaffenen amtlichen Institutionen Vertreter der Gesellschaften die Kontrolle ausübten.[10] Wegen der fast völligen Abhängigkeit von der Rohstoffeinfuhr war die nationalsozialistische Wirtschaftspolitik auf den Goodwill der Ölgesell-

Abb. 1: Kognitive Topographie: Eichendorff im Mercedes SS-Kompressor.

schaften angewiesen und ließ ihnen – zumindest bis zum Beginn des Zweiten Weltkriegs – relativ freie Hand.

Inwieweit das nationalsozialistische laissez-faire im Umgang mit den Erdölfirmen auch deren Werbung im Gegensatz zu anderen Branchen erleichterte, läßt sich nicht abschätzen. Die Wirtschaftswerbung generell wurde jedenfalls bald nach der 'Machtergreifung' unter Kuratel gestellt: Eine Handhabe bot das Reichskulturkammergesetz vom September 1933, worin die planmäßige Überführung aller beruflichen Organisationen in spezielle Reichskammern erfolgte.[11] Für die Werbung war die Reichsschrifttumskammer zuständig. Mit dem „Gesetz über Wirtschaftswerbung vom 12. September 1933" wurden Aufgabe und Organisation der Werbebranche im neuen Staate geregelt: „Zwecks einheitlicher und wirksamer Gestaltung unterliegt das gesamte öffentliche und private Werbungs-, Anzeigen-, Ausstellung-, Messe- und Reklamewesen der Aufsicht des Reichs. Die Aufsicht wird ausgeübt durch den Werberat der deutschen Wirtschaft (§ 1). (...) Der Werberat untersteht der Aufsicht des Reichsministers für Volksaufklärung und Propaganda (§ 2)."[12] Durch sogenannte Bekanntmachungen des Werberates sollte die Werbebranche auf NS-Kurs gehievt werden. Das oberste Gebot lautete: „Werbung hat das sittliche Empfinden des deutschen Volkes, insbesondere sein religiöses, vaterländisches und politisches Fühlen und Wollen, nicht zu verletzen."[13] Nach und nach sollte sich die Werbung in ihrer Ästhetik und Diktion von ausländischen Vorbildern frei machen, ihre Anzeigentexte sollten 'der Wahrheit dienen' und ihre Sprache ein völkisch-nationales Vokabular benutzen. Schließlich das wichtigste: Aus der Branche mußten alle Juden 'entfernt' werden.

Ein bewährtes Werbemittel der Mineralölgesellschaften wurde nach 1933 stark eingeschränkt: die Landstraßenwerbung auf Plakat- und Häuserwänden. Dieser Werbeträger war in den zwanziger Jahren als ideales Medium entdeckt worden, nicht nur, um die verschiedenen Produkte den (noch wenigen) Autofahrern nahezubringen, sondern auch, um auf Tankstationen in den Dörfern oder am Stadtrand hinzuweisen. Der Werberat als Erfüllungsgehilfe des Propagandaministeriums unterwarf die Plakatwerbung, jetzt 'Bogenanschlagswesen' genannt, einem strengen Reglement, um die weitere „Verunstaltung des Orts- und Landschaftsbildes"[14] zu unterbinden. Sich der Wirksamkeit von Plakaten im Außenraum bewußt, schenkten auch eher werbeferne NSDAP-Organisationen wie die KdF der Verbesserung der Plakatwerbung ihre Aufmerksamkeit: „Gegen eine gute, gesunde Werbung ist nichts einzuwenden, wohl aber muß Sturm gelaufen werden gegen Auswüchse und verderbliche Reklame[15] (...) Am Dorfeingang häuft sich oft ein wildes Durcheinander verschiedenartigster Schilder, die auf Tankstellen, Reparaturwerkstätten (...) hinweisen (...) Auch die Tankstelle

im Dorf wirbt oft noch durch eine Unzahl großer Schilder in weitem Um-
kreis oder durch zu große Aufschriften an der Überdachung."[16] Um diese
'Auswüchse' wirkungsvoll abzuschaffen, erging an „jeden Volksgenossen
die Pflicht, seinen Grund und Boden von Verunstaltungen freizuhalten".[17]
In Zeitungs- und Zeitschriftenartikeln wurde gegen die Landstraßenwerbung Stimmung gemacht oder gar ein Feldzug zur „Säuberung des Orts-
und Landschaftsbildes" propagiert.[18] Die Kampagnen zielten aber nicht
nur auf ein generelles 'cleaning' der deutschen Landschaft, sie wollten auch
einer semiotischen Neuorientierung Vorschub leisten: Hinweisschilder auf
Tankstellen oder Reparaturwerkstätten sollten durch normierte Buchsta-
bentafeln ersetzt werden, ein 'T' beispielsweise als reichseinheitlich verwen-
detes Symbol die nächste Tankstation ankündigen. Nur an der Tankstelle
selbst sollten die jeweiligen Gesellschaften ihre Embleme anbringen dürfen
– dies jedoch in zurückhaltender Form. Unter diesen Prämissen sind Werbe-
wert und gesellschaftliche Verortung des Shell-Reisedienstes einzuordnen.
    Waren die Anfänge des Kartenservices Ende der zwanziger Jahre unter
dem Aspekt der damaligen Vorliebe des Publikums für Werbezugaben zu
sehen und vor allem dazu gedacht, die Attraktivität der eigenen Marke auf
einem umkämpften Markt zu steigern, so avancierte das Kartenensemble
nach 1933 zu einem fast unikalen Werbemittel. Mit dem Verschwinden der
wirtschaftlichen Flächenwerbung aus der deutschen Landschaft und dem
allgemeinen Niedergang des Anzeigenwesens[19] gelang es der Shell-Werbung, ihre Karte als multifunktionalen Werbeträger zu installieren. Die
Kollektivwerbung 'Plakat' wurde individualisiert und damit entanonymi-
siert: Mit der Diminuierung vom wandflächengroßen Plakat zum handtel-
lerkleinen Faltblatt fand ein Rezeptionsvorgang statt, der den Autofahrer
in die Lage versetzte, sozusagen ein Stück Shell-Identität für sich zu beanspruchen und geistig am Erfolg des Unternehmens, seines Unternehmens,
zu partizipieren. Die Ausbildung eines markentreuen Bewußtseins war
dabei, werbestrategisch gesehen, sicherlich das wichtigste Ergebnis. Indem
die Shell-Karte aber vom reinen Werbe- zum Bewußtseinsträger aufstieg,
kamen ihr Funktionen zu, die auf die politischen Intentionen der Shell bei
der Herausbildung einer spezifischen Deutschland-corporate identity während des Dritten Reiches verweisen. Anhand zweier Karten soll der Be-
wußtseinstransfer verdeutlicht werden.

„Deutschland ist schön": Die Shell gibt sich national

Bei einer der beiden handelt es sich um die Straßenkarte Nr. 11 „Thü-
ringen/Mitteldeutschland". Sie ist relativ leicht zu datieren, da auf der

Rückseite des Faltblattes das Deutsche Reich in den Grenzen nach dem 'Anschluß' Österreichs am 13. März 1938 dargestellt ist. Da der 'Gau' Sudetenland noch nicht eingezeichnet ist, der nach der Okkupation schließlich am 30. Oktober 1938 errichtet wurde, muß die Karte aus der Zwischenzeit stammen. Penibel sind im Kartenteil alle Orte vermerkt, in denen Shell-Tankstellen zu finden sind. Einige Städte sind mit Fähnchen markiert als Hinweis darauf, daß von diesen Orten Shell-Stadtkarten existieren. Auf der Rückseite finden wir eine Kilometertabelle, Hinweise auf weitere Shell-Karten und die Produktpalette des Hauses.

Das zweite Objekt, eine Wetterkarte, ist mehr ein gehefteter Ratgeber zur Wetterbeobachtung und -deutung als eine Karte im ursprünglichen Sinn. Auf mehreren Seiten werden Bauernweisheiten zum Thema „Anzeichen für gutes oder schlechtes Wetter" verabreicht, etwa „Abendrot – gut Wetterbot!" oder „Regenbogen am Morgen, des Hirten Sorgen". Die Broschüre ist angereichert mit Statistiken über Durchschnittsregenmengen, über Sonnenaufgangs- und -untergangszeiten und über Lufttemperaturen. Die Wetterkarte muß älteren Datums als die Straßenkarte sein: Deutschland wird in den Grenzen von 1937 gezeigt; zudem werden nur 15 Straßenkarten offeriert, während es bei der Straßenkarte Nr. 11 bereits 20 sind.

Beide Karten sind Teil eines konzeptionell durchdachten und umfangreichen Œuvres, das in über 300 Einzelkarten seinen Kunden Deutschlandbilder in kartographischer wie semantischer Hinsicht vermittelte. Als Einzelquelle repräsentieren die Karten versatzstückartig nicht nur Diktion und Zielrichtung der Shell-Werbung, sondern offenbaren bestimmte Aneignungs- und Verarbeitungsmuster der Shell im Zugriff auf Deutschland, mit deren Wiedergabe offensichtlich vorherrschende Zeitbefindlichkeiten und politische Wunschvorstellungen genauestens getroffen wurden.

Wenden wir uns zunächst der Straßenkarte zu. Unterhalb der erwähnten Kilometertabelle ist ein kulturhistorischer Abriß plaziert, der Landschaften, Sehenswürdigkeiten und Menschen Thüringens und Mitteldeutschlands folgendermaßen vorstellt:

Von Land und Leuten

Das Gebiet der Karte umfaßt die denkbar größte Mannigfaltigkeit der Landschaftsgestaltung und der Stammessonderheiten. (...) Der Hohe Meißner, eine (...) von mächtigen Basaltmassen getragene, schroff abfallende Muschelkalkklippe ist eine altgermanische Verehrungsstätte, und der ganze, reich mit volkskundlichen Überlieferungen gesegnete Gau war einst das Aufmarschgelände der freien Germanen zu der Vernichtungsschlacht, welche sie unter Hermanns Führung den römischen Legionen drüben im Teutoburger Walde lieferten. An alten Stammesverbänden treffen hier zusammen die Niedersachsen, die Westfalen, (...) die Chatten und die Thüringer. Im Dorfbild überwiegt das Fachwerkhaus, das aber auch bis in die Städte siegreich sich behauptet. Selbst eine so gewerbefleißige und geschäftige Stadt wie

(...) Bielefeld behält inmitten von Gärten und Wäldern eine gesunde Schollenverbundenheit. (...) Sehenswert und dazu von altem Geistesadel angehaucht ist auch die Hochschulstadt Göttingen, (...) Detmold und gar Arolsen, (...) blieben beste Beispiele der Verbundenheit zwischen Stadt und Land (...) meilenweit prangt seine (Erfurts) Ackerflur in leuchtenden Farben. Weimar, die Wohnstätte der Dichterfürsten, und das von der Wartburg überragte Eisenach, dazu der fröhliche Musensitz Jena leben noch heute in der Erinnerung an unsere klassische Zeit. (...) Farbenbunt und dazu im Schnitt gut zu der fälischen Rasse passend, die sie trägt, sind (...) die berühmten hessischen Trachten des Schwalmtales.

Der Text spricht für sich selbst – auch dem unkundigen Leser dürfte das völkisch-nationalsozialistische Begriffsvokabular offenkundig sein. Oberflächlich betrachtet liegt ein Blut-und-Boden-Impromptu vor, das in sprachlicher wie inhaltlicher Diktion monolithische Qualität aufweist und sich kaum von anderen Ergüssen nationalsozialistischer Prosa unterscheidet. Die textuale Struktur muß aber weit mehr leisten, da es nicht Aufgabe der Shell sein konnte (hinsichtlich der Bindung des Kunden an die eigene Marke), bloßer Propagandist eines nationalsozialistisch gefärbten Deutschlandbildes zu sein. Stellen wir uns deshalb den Rezipienten vor, der die Karte in Händen hält. Als Autofahrer ist er eine Figur des 20. Jahrhunderts, an dem die Landschaft vorüberfliegt – folgerichtig ist die Textkomposition auf diese Rezeptionsanforderung abgestellt: Inszeniert ist eine Hochgeschwindigkeits-Tour d'Horizon mit historischen, volkskundlichen, geographischen und architektonischen Einsprengseln. Für den Benutzer werden zwei Lesestandorte angeboten: der 'Sphärenflug' auf der einen Seite, die (Überblicks-)Schau des schnellen Reisenden ins häppchengerecht aufbereitete Diorama Deutschland und das 'Furchenglück'[20] auf der anderen Seite, die konkrete Er'fahrung' lesend überflogener und als besichtigungswürdig eingestufter Örtlichkeiten.

Die im Text benutzten Sprachbilder und inhaltlichen Versatzstücke entpuppen sich als kollektivierte Metaphern harmonisierter Vergangenheiten. Als ständig neu zu erstrebende, mythisch überhöhte Gegenweltentwürfe sind sie im kollektiven Bewußtsein gespeichert und können durch gezielt eingesetzte Signalwörter mobilisiert werden. So enthält das Potpurri den Topos vom Handwerksidyll à la Meistersinger Hans Sachs, den Topos von der Genialität deutscher Literatur in der Goethezeit und den Topos von der beschaulich bukolischen Lebensart im Biedermeier. Industriestädte mutieren zu lieblichen Dorfszenarios, Felsgruppen strömen die romantische Schwermut eines Caspar-David-Friedrich-Gemäldes aus, farbenfrohe Trachten modeln die Härte der Feldarbeit zur folkloristischen Veranstaltung, kurzum, die deutsche Welt wirkt wie ein anheimelnd erstarrtes Guckkasten-Panoptikum: Das nationalsozialistische Deutschland wird als Arkadien in der völkischen Variante präsentiert.

Der harmonisierte, rückwärtsgewandte Deutschland-Entwurf muß zwangsläufig von allen Rationalismen des modernen Staates purifiziert sein: Bezeichnenderweise ist das Dritte Reich – seiner Struktur nach hocheffizienter Verwaltungsstaat des 20. Jahrhunderts – nicht präsent, außer in der sprachlichen Verpackung, die den Lesegewohnheiten der Zeit entspricht und im Dienste der deutschlandpolitischen Konzeption der Shell lediglich als Ansprechebene genutzt wird.

Wer ist der Adressat dieser Konzeption? Die Antwort impliziert eine weitere Frage: Wer besaß überhaupt ein Auto und wer konnte es sich erlauben, zu verreisen? Es dürften wohl kaum Arbeiter oder kleine Angestellte gewesen sein, die als Kunde ins Auge gefaßt wurden, sondern Vertreter des gut situierten Bürgertums, wie uns ein weiterer Hinweis auf der Karte verrät: „Reisen" heißt es da, „ist Geschmackssache, Sache der Gelegenheit, des Zwecks, der persönlichen Initiative. Aber Reisen ist auch eine Kunst." Ein Eichendorff im Mercedes SS-Kompressor ist es – in seiner Funktion als öffentlichkeitswirksamer Meinungsführer und Geschmacksbildner!

Wird in diesem Text die (groß)bürgerlich-nationale Psyche gestreichelt, so wendet sich ein anderer auf derselben Karte an die volkswirtschaftliche Ratio:

Shell und Deutschland

Durch den Vierjahresplan ist die deutsche Mineralölwirtschaft in einen umfassenden Wandlungsprozeß gestellt. Für den Hauptteil des wachsenden Bedarfs an Kraftstoffen und Schmierölen wird Deckung aus deutschen Rohstoffquellen gesucht. (...) Dennoch ist (...) die völlige Loslösung Deutschlands vom Erdöl-Weltmarkt nicht beabsichtigt. (...) Als Treibstoffverteiler haben wir schon seit Mitte der 20er Jahre auf Grund freier Vereinbarung mit den deutschen Erzeugern die deutschen Produkte, soweit verfügbar, bevorzugt abgesetzt. Seit 1934 müssen überdies alle Einfuhren durch die zuständige Überwachungsstelle genehmigt sein. Der Verbraucher hat also eine doppelte Gewähr, daß nur soviel Importware angeboten wird, wie die deutsche Produktion selbst nicht liefern kann. (...) In unsere Lager-, Transport- und Verkaufseinrichtungen haben wir seit 1924 rund 186 Millionen Mark investiert. In der gleichen Zeit haben wir durch die Ausfuhr eines Teiles unserer Erzeugnisse 242 Millionen Reichsmark erzielt. Außerdem sind durch unsere Vermittlung für rund 214 Millionen Reichsmark Aufträge der SHELL-Gruppe an deutsche Unternehmen vergeben worden.

Shell, so hat der gutgläubige Leser den Eindruck, stellt sich uneigennützig in den Dienst der deutschen Volkswirtschaft und trägt nicht erst seit 1933 zur steten Genese des Volkswohls bei: die Shell als Garant des deutschen Wiederaufstiegs. Und wem das nicht ganz geheuer ist, der wird mit dem Hinweis auf die staatliche Preiskontrolle beruhigt. Auch hier – in einer eher nüchtern gehaltenen Textpassage – finden wir die nationalen Versatzstücke,

Abb. 2: Shell besetzt schon mal den Korridor: Werbebeigabe Wetterkarte,
vor März 1938.

die dem Aufbau der Deutschland-corporate identity dienen. Eine weitere
Steigerung erfährt der Entwurf dieses auf die Verortung der Shell als nationale Institution zielenden Deutschlandbildes in einer Kartenskizze auf
der Rückseite der Wetterbroschüre.

Deutschland ist hier in den Grenzen von 1937 abgebildet, allerdings mit
einem gravierenden Unterschied zur politischen Realität: Der polnische
Korridor ist dem Dritten Reich in einer scheinbar gedanklichen Antizipa-
tion nationalsozialistischer Eroberungspläne einverleibt. Deutschland, von
Shells Gnaden erweitert, wird folgerichtig in der Hausfarbe rot ausgemalt.
Quer über den so vergrößerten Nordteil des Reichs erstreckt sich entlang
der die Reichseinheit symbolisierenden 1000-Kilometer-Traversale 'Köln–
Königsberg' der Reisedienst-Slogan 'Deutschland ist schön' in der zweiten

Hausfarbe gelb. In der genialen Verknüpfung von Farbe, Slogan und staatlicher Arrondierung ergibt sich so eine neue Deutschland-Qualität, die zur Identifizierung einlädt. Das ästhetische Anforderungsprofil der corporate identity verbietet zerfranste, unregelmäßige, gar voneinander getrennte graphische Einheiten, so wie sich die politische Einheit 'Deutschland' in ihren kartographischen Grenzen darstellt. Insofern ist die politisch (noch) kühne Einverleibung des polnischen Korridors im Rahmen der corporate identity-Formung ein graphisches Muß, zumal der Name 'Deutschland' ebenfalls aus anmutungsqualitativen Gründen ungeteilt und plakativ seinen Raum beansprucht. An diesem Punkt kreuzt sich der graphische Anforderungskatalog ideal mit den politischen Wunschvorstellungen der (groß)bürgerlich-nationalen Kundschaft: Die Shell-Werbung macht sich die von vielen Deutschen schmerzlich erfahrene Abtrennung Westpreußens und der Provinz Posen nach dem Ersten Weltkrieg zunutze. Indem die Shell diese Sehnsüchte nach territorialer Wiederherstellung des wilhelminischen Reiches nicht nur aufgreift, sondern eine Lösung visuell manifestiert, suggeriert sie der deutschnationalen (aber auch der nationalsozialistischen) Klientel eine Deckungsgleichheit beiderseitiger Interessen. Der Gedanke, daß die Shell eine Vorreiterrolle bei der Herstellung nationaler Größe übernähme, liegt nahe. Das wilhelminische Deutschland ist nicht mehr bloßer Traum, sondern konkrete Utopie, weil das deutsche Unternehmen Shell für die nationale Wiedergeburt kämpft! Und: „Deutschland ist schön", weil Deutschland die Shell ist. Der Entwurf dieses Deutschlandbildes, in dem Eckpfeiler wie Grenzpfähle von den rotgelben Tankstationen mit dem Muschelemblem gebildet werden, findet hier seine verkürzt-geniale Zuspitzung.

Läßt sich ein Erfolg der so entwickelten Deutschland-corporate identity auch nicht durch Statistiken belegen, wie wir sie heute durch die Akzeptanzanalysen der Meinungsforschungsinstitute kennen, so spricht doch ein Auszug aus der offiziellen Firmengeschichte über den wirtschaftlichen Erfolg der Shell in den dreißiger Jahren Bände:

Im übrigen könnte jemand, der die Bilanzen der Rhenania Ossag (Shell) verfolgt, auf den Gedanken kommen, die Gesellschaft habe nicht eben Grund gehabt, sich über das neue Dritte Reich zu beschweren. Zum ersten Male seit der Währungsumstellung vom November 1923 zeigten die Bilanzen wieder für lange Jahre hintereinander Gewinnzahlen. (...) Acht Jahre lang, von 1935 bis 1942, zahlte die Gesellschaft auf das Aktienkapital eine Dividende von 3,5 bzw. drei Prozent. Das ist die längste Periode ununterbrochener Dividendenzahlungen der Rhenania Ossag und der Deutschen Shell in ihrer bisherigen Geschichte[21]. Die Liquidität der Gesellschaft war noch niemals so gut und verbesserte sich von Jahr zu Jahr. Die Anlagen und Beteiligungen wuchsen von einem Geschäftsbericht zum anderen.

Die Weiterführung der Deutschland-Konzeption nach 1945

Nach dem Zweiten Weltkrieg hatte die deutsche Generalstabskarte vorerst einmal ausgedient, die Shell-Karte keineswegs. Im Gegenteil: Das schon im Dritten Reich so erfolgreiche Werbekonzept der Kundenbindung durch an den Tankstellen erhältliches Kartenmaterial schien ausbaufähig zu sein. Unerfreulich aus Sicht der Shell war allerdings, daß die Kunden ihrerseits offenbar dazugelernt hatten: „Als eine große Zahl von Deutschen durch den Krieg ins Ausland kam, waren die Kraftfahrer unter ihnen erstaunt über die hohe Qualität der Karten des Touring Club Italiano und der französischen Michelin-Autokarten und Michelin-Autoführer. Solche inhaltlichen und kartographischen Kunstwerke gab es in Deutschland nicht."[22] Die heimgekehrten Soldaten waren nun anderes gewohnt. Über die Shell-Zugabekarten gibt der Kartograph im Rückblick ein vernichtendes Urteil ab: „Die Verteilung von Autokarten als Reklamedrucksachen an den Tankstellen war daher in Wahrheit ein sehr schlechter Dienst sowohl am Kraftfahrer als auch an der deutschen Kartographie."[23] Das betriebsinterne Organ „Shell Post" mochte sich aus naheliegenden Gründen einem solch vernichtenden Urteil nicht anschließen. Im Juniheft 1950 wird unter der Überschrift „Zuverlässige Autokarten – nun auch wieder für Deutschland!" der Neuanfang mit einer Rückbesinnung auf gute alte Traditionen legitimiert:

Jeder Kraftfahrer, der vor dem Kriege durch Deutschland fuhr, wird sich anerkennend der Straßen-, Touren- und Gebietskarten entsinnen, die ihm der SHELL-Reisedienst zur Verfügung stellte. Es waren kleine Meisterstücke, sowohl der kartographischen Darstellung als auch nach der künstlerischen Gestaltung. Ein Jahrzehnt ist inzwischen vergangen. Unser Straßennetz hat sich in dieser Zeit vielfach verändert. Gemiedene Landwege sind breite Betonstraßen geworden. Fernverkehrs- und Reichsstraßen wurden verlegt und neue Verbindungen geschaffen. Unter Berücksichtigung dieser Tatsachen muß festgestellt werden, daß die neuen Kartenwerke nicht mehr dem neuesten Stand unseres Verkehrsnetzes entsprechen. (...) In engster Zusammenarbeit mit dem kartographischen Institut Kurt Mair in Stuttgart haben wir das gesetzte Ziel erreicht: Deutschland hat wieder seine unbedingt zuverlässigen Autokarten."[24]

Drittes Reich und Krieg gerinnen in dieser Rückschau aus naheliegenden Gründen – gilt es doch die „Deutschland-ist-schön"-Konzeption der corporate identity zu retten – zu einer verschleiernd-nichtssagenden Zeitbestimmung: „Ein Jahrzehnt ist vergangen." Selbst die den Nachkriegsalltag bestimmende katastrophale Infrastruktur, zerstörte Brücken wie schlechte Straßen, wird in ein dynamisches Aufbauszenario geschönt. So kann die alte Botschaft, „Deutschland ist (erst) schön" durch die Shell-Karte, plausibel plaziert werden. Ganz im Sinne der Wahrung bzw. Wiederherstellung dieser corporate identity liest sich ein Vortrag des Verlegers Kurt Mair aus dem Jahre 1952, der die Shell-Karten nun betreute:

Die wesentlichste Neuerung auf dem Gebiete der deutschen Autokarten stellt zweifelsohne die neue Shell-Deutschland-Karte 'Straßen und Sehenswürdigkeiten' dar. (...) Die landschaftlich schönsten Strecken sind besonders gekennzeichnet. Außerdem enthält die Karte die Einzeichnung aller großen Sehenswürdigkeiten Deutschlands. (...) Die Karte ist so zu einer wissenschaftlich zuverlässigen Inventur der uns verbliebenen Kunstschätze geworden. Mit einem Blick sieht man, wo man schnell, wo man schön, wo man staubfrei fährt, wo man schlechte Straßen umgehen muß, was es zu besichtigen gibt und welche Abstecher sich lohnen. (...) Besonderes Gewicht wurde auf ein ästhetisch schönes Kartenbild gelegt.[25]

Zunächst scheint der Wirklichkeitsbezug dieser Textpassage hinsichtlich des infrastrukturellen Zustandes von Nachkriegsdeutschland im Vergleich zum Eigenlob der Shell ungleich höher: Deutschland hat schlechte, staubige Straßen und Sehenswürdigkeiten sind nur noch rudimentär vorhanden. Zugleich wird jedoch die „Deutschland-ist-schön"-Konzeption auf die vorherrschenden Verhältnisse übertragen: Nun gilt es nicht mehr, das ganze schöne Deutschland zu bereisen, sondern die wenigen noch stehenden Sehenswürdigkeiten gezielt auszuwählen. Mit der Ein- und Beschränkung des Blickwinkels läßt sich dann eine verkleinerte Ausgabe der „Deutschland-ist-schön"-Konzeption über die Zeit retten: Im Gedächtnis werden die 'Noch-Schönheiten' als jeweiliges pars pro toto inventarisiert. So kann der Entwurf der heilen Welt Deutschland konserviert werden.

Die Konzeption und corporate-identity-message 'Deutschland ist schön' wird Ende der vierziger Jahre von der Shell-Werbung auch auf ein anderes Werbemittel übertragen: den Film.

Die Kino- und Filmwelle der frühen fünfziger Jahre brachte auch Entwicklungen mit sich, die im Rahmen mentalitätsgeschichtlicher Aufarbeitung bislang noch nicht genügend verifiziert worden sind. Es war die Blütezeit des sogenannten 'Kulturfilms'. Hubert Strauf, einer der bekanntesten Werbefachleute der Nachkriegszeit, der selbst einige solcher Filme produziert hat, nennt Gründe: „Die Kinobesitzer mußten einen als kulturell wertvoll eingestuften Film mitmieten, wenn sie einen Unterhaltungsfilm zeigen wollten. Für mich stellte sich dann immer beim Kulturwerbefilm die Frage nach der verbindenden Idee: Wie bringt man ein Produkt so, daß es als kulturell wertvoll angepriesen werden kann?"[26]

Entsprechend dieser Maxime bietet der Shell-Film-Katalog von 1949 „aufklärende, bildende und unterhaltende Filme" an, u. a. fünf verschiedene Landschaftsfilme, die als Visualisierungen der in den Shell-Karten so erfolgreich entfalteten, aber nur sprachlich vermittelbaren Deutschland-

Abb. 3: O Täler weit, o Höhen: Shell Kulturfilm-Broschüre ›Über alle Zeiten‹ von 1950.

Konzeption eine noch größere Publikumsresonanz versprachen. Die Titel bereits deuten die Richtung an: „Im Schwarzwald und am Bodensee", „An der Weser und in der Eifel" oder gar „Auf Goethes Spuren". Das Wahrnehmungsraster der schon im Dritten Reich erprobten kognitiven Kartographie ist nahezu unverändert:

Von der Ostseeküste bis zu den Bayrischen Alpen – eine Fahrt voll starker, gegensätzlicher Eindrücke. Vor uns liegt die See. Gelassene Ruhe und unbedingte Zuverlässigkeit spiegeln sich in den Gesichtern und Bewegungen der Fischer wider, die mit reichem Fang heimkehren. Unendlich hoch erscheint der Himmel über der Ebene, die wir durchfahren. Stille, versteckte Seen, rauschende Wälder und einsame Feldwege erwecken eine leicht-melancholische Stimmung. Die Landschaftsbilder wechseln. Immer Neues bietet sich dem Auge. Es geht die deutsche Alpenstraße hinauf. Bezwingend in ihrer großartigen Wirkung: Weite des Raumes, Gewalt der Formen und zugleich majestätische Ruhe. Wie einer Spielzeugschachtel entnommen ruhen tief unter uns die Höfe, Flecken und Dörfer. Die nahezu 3000 m hohe Zugspitze ist erreicht. Alpine Schönheit eröffnet sich. Überwältigend wirkt die Kraft der Natur, und wieder haben wir es erlebt, von den Wogen der See bis zu den hoch in die Wolken ragenden Bergspitzen: Deutschland ist schön![27]

Erneut wird der biedermeierliche Zugriff, die dramatische Schwebeschaukel von 'Sphärenflug' und 'Furchenglück' inszeniert – allerdings vom völkisch-nationalsozialistischen Vokabular bereinigt. Die Inszenierung der Deutschlandkonzeption gipfelt in einem Streifen, der 1950 entstand: „Unser Film zeigt das über alle Zeiten erhalten Gebliebene. Die Bilder, die wie ein unaufhaltsamer Fluß der Zeiten an uns vorüberziehen, zeigen uns das jetzt noch vorhandene Vermächtnis der vergangenen Stilepochen", formulierte der Schriftsteller Kasimir Edschmid in der Begleitbroschüre. Der Film trug dann auch den beziehungsreichen Titel: „Über alle Zeiten" und zitierte damit ungewollt (?) die hinter der Deutschland-corporate identity stehende Unternehmensphilosophie: Über alle Zeiten, Regime und Staaten hinweg, nur sich selbst verpflichtet, bestimmt die Shell den Lauf der Welt.

Anmerkungen

[1] „Die Identität des Unternehmens muß so klar sein, daß sie zum Maßstab wird für seine Produkte, für sein generelles Handeln wie für einzelne Maßnahmen. Das heißt, Identität kann nicht bloß ein Slogan sein, eine Reihe von Schlagworten; sie muß vielmehr sichtbar, greifbar und allumfassend sein." Zit. nach W. Olins: Corporate Identity – Strategie und Gestaltung, Frankfurt/M. 1990, S. 7. Die vier Hauptkomponenten einer Firma, die das Konzept der corporate identity nach außen vermitteln, sind nach Olins a) die Produkte, b) die Gebäude, c) die Kommunikationsmittel und d) die Handlungsweise.

[2] Georg Dülfer, 1904–1994, ab 1927 Werbeleiter der Rhenania-Ossag AG (Deutsche Shell), 1938 Aufnahme in die Reichsfachschaft deutscher Werbefachleute (NSRDW), ab 1942 Militärdienst (Kriegsberichterstatter der „Technischen Brigade Mineralöl" im Kaukasus, danach als Kriegsverwaltungsinspektor bei verschiedenen Ölgesellschaften), 1945 Rückkehr zur Shell nach Hamburg, Mitbegründer des Werbefachverbandes Hamburg, 1962 Dozent an der werbefachlichen Akademie Hamburg, 1964 Eintritt in den Ruhestand.

[3] Waren vor 1914 nur rund 100 000 Kraftfahrzeuge registriert, wurden 1927 bereits 724000 gezählt, und bis 1931 hatte sich die Zahl auf 1,5 Millionen verdoppelt. Zahlen nach H. Flieger: Unter der gelben Muschel, Düsseldorf 1961, S. 104 und 127.

[4] Konkurrenten auf dem deutschen Markt waren in erster Linie: Standard Oil (Dapolin, später Esso), Deutsch-Amerikanische Petroleumgesellschaft (DAPG, später DEA), Olex (später BP), BV Aral, Deutsche Gasolin AG, Allgemeine Ölhandelsgesellschaft (Ölhag) und die Reichskraftspritgesellschaft mbH.

[5] Shell und Standard Oil jeweils über 20 %, Olex (BP) 9,5 %, BV Aral, Deutsche Gasolin und Reichskraftsprit zusammen 31 %. Die Zahlen stammen aus dem Jahr 1938, vgl. F. Förster: Geschichte der deutschen BP 1904 – 1979, hrsg. von Deutsche BP AG, Hamburg 1979, S. 178.

[6] So Georg Dülfer in einem Interview mit den Autoren am 1.4.1992.

⁷ Vgl. dazu W. Deist/M. Messerschmidt/H.-E. Volkmann/W. Wette: Ursachen und Voraussetzungen des Zweiten Weltkrieges, Stuttgart 1989, S. 248 ff.

⁸ Z. B.: Durch die Tankstellensperrverordnung vom Juni 1937 war die Einrichtung neuer sowie die Erweiterung bestehender Tankstellen von der Genehmigung durch das Reichswirtschaftsministerium abhängig (vgl. dazu Förster [Anm. 5], S. 181); im Rahmen des Vierjahresplans wurde im Oktober 1936 durch Erlaß des Beauftragten Göring die gesamte Mineralölwirtschaft dem „Amt für deutsche Roh- und Werkstoffe" unterstellt (vgl. Flieger [Anm. 3], S. 162).

⁹ Schon 1932 errichteten die Mineralölfirmen ein Kartell, das den einzelnen Unternehmen folgende Marktanteile einräumte: BV-Gruppe (Aral) 27 %, Standard Oil 21,6 %, Rhenania-Ossag (Shell) 21,6 %, Olex (BP) 10,7 %, Gasolin 7,2 %, übrige 11,9 % (vgl. Flieger [Anm. 3], S. 131). Preisabsprachen bzw. Marktregulierungen waren gängige Praxis der Branche.

¹⁰ So in der im September 1939 errichteten „Arbeitsgemeinschaft Mineralölverteilung (AMV)": Der AMV hatte die Aufgabe, die Mineralölprodukte auf gemeinsame Rechnung der Mitglieder zu kaufen, zu lagern, zu verteilen und zu verkaufen. Für den Geschäftsablauf wurde das „Zentralbüro für Mineralöl GmbH (ZB)" eingerichtet, das Niederlassungen an den Orten der Wehrkreiskommandos unterhielt. Die Mineralölgesellschaften entsandten nach Marktanteilen Vertreter in die Büros, die eigentlich unter Aufsicht des Reichswirtschaftsministeriums u. a. die Treibstoffversorgung der Wehrmacht organisieren sollten, aber vorrangig bemüht waren, ihren jeweiligen Gesellschaften die besten Aufträge zuzuschanzen (vgl. Förster [Anm. 5], S. 211).

¹¹ In diesem kulturpolitischen Ermächtigungsgesetz heißt es u. a.: „Die Reichskulturkammer hat die Aufgabe, (...) unter Führung des Reichsministers für Volksaufklärung und Propaganda die deutsche Kultur in Verantwortung für Volk und Reich zu fördern, die wirtschaftlichen und sozialen Angelegenheiten der Kulturberufe zu regeln." (Erste Verordnung zur Durchführung des Reichskulturkammergesetzes vom 1. November 1933, § 3, zit. nach U. Westphal: Werbung im Dritten Reich, Berlin 1989, S. 24).

¹² Zit. nach Westphal (Anm. 11), S. 25 f.

¹³ Zweite Bekanntmachung des Werberates der deutschen Wirtschaft vom 1. 11. 1933, II, Abs. 6, zit. nach Westphal (Anm. 11), S. 57.

¹⁴ Neunte Bekanntmachung des Werberates der deutschen Wirtschaft vom 1. Juni 1934, II, Abs. 9, zit. nach Westphal (Anm. 11), S. 69. Festgelegt wurden die Zahl der Anschlagstellen inner- und außerhalb geschlossener Ortschaften, die Größe der Plakate, die Art der Beleuchtung und die Dauer des Aushangs. Außerdem wurden Richtlinien für die Pachtzahlung der Werbeflächen erarbeitet. Generell mußte zudem jedes gedruckte oder handgeschriebene Plakat beim Werberat eingereicht werden.

¹⁵ 'Reklame' bedeutete im nationalsozialistischen Sprachgebrauch stets 'jüdische Reklame', war also negativ konnotiert.

¹⁶ Amt „Schönheit der Arbeit" der NS-Gemeinschaft „Kraft durch Freude", Abteilung „Das schöne Dorf" (Hg.): Die Werbung im Dorf (Schriftenreihe „Das schöne Dorf", Red. B. Malitz), Berlin 1939, S. 3 f.

¹⁷ Ebd.

[18] So in der ›Wirtschaftswerbung. Zeitung des Werberats‹, H 16/17, 1936, S. 90.
[19] Vgl. Westphal (Anm. 11), S. 41.
[20] Beide Begriffe sind dem Titel eines Buches von H. Glaser: Kleinstadtideologie. Zwischen Furchenglück und Sphärenflug, Freiburg 1969, entlehnt.
[21] Man muß berücksichtigen, daß die Firmengeschichte aus dem Jahre 1961 stammt (Flieger [Anm. 3], S. 153 f.).
[22] Festschrift zum 60. Geburtstag des Verlegers Volkmar Mair, hrsg. von S. Mair, Stuttgart-Kemnat 1991, S. 44.
Das Phänomen, den Überfall auf fremde Länder als Urlaubsreise zu deklarieren und tötende Soldaten scheinheilig als harmlose Kraftfahrer zu titulieren, muß hier unberücksichtigt bleiben. Eine eingehende Untersuchung wert wäre im Hinblick auf die Begründung neuer mentaler Metaphern hinsichtlich der abwehrenden Aneignung der Nazi- und Kriegsvergangenheit die sprachliche Schönfärberei und kaschierende Umwidmung, wie sie eingangs der fünfziger Jahre sozialpolitischer Usus war.
[23] Ebd.
[24] Shell-Post. Mitteilungen der Deutschen Shell Aktiengesellschaft für die Leser der Zeitschrift ›Automobil-Revue‹, 2. Jg., Nr. 10, Juni 1950.
[25] Vortrag von Kurt Mair, gehalten auf der Veranstaltung 'Autotourismus auf neuen Wegen' in Bad Homburg am 27. 5. 1952, in: Festschrift Mair (1991), S. 45 f.
[26] Hubert Strauf in einem Gespräch mit den Autoren am 29. 1. 1989.
[27] Shell-Film-Katalog mit Verleihbedingungen, Ausgabe Januar 1949, S. 17.

Stilgedanken zur Macht

„Lerne wirken ohne zu handeln!": Hans Domizlaff, eines Werbeberaters Geschichte

> „Jedenfalls muß der Propagandist, der ja eigentlich nur ein Instrument ist, der großen Masse gegenüber Opportunist sein und auf die Möglichkeiten aufbauen, die das jeweilige Weltbild seiner Aufgabe bietet."
>
> (Hans Domizlaff: Die Propagandamittel der Staatsidee, S. 104)

Die Legende lebt

Irgendwann in den frühen sechziger Jahren macht sich ein Mann auf ins Lüneburgische und fährt bis in die Nähe von Egestorf, um Material für ein Buch zu sammeln und einen Zeitzeugen zu befragen. Der Mann heißt Willi Bongard, er ist Journalist und Unternehmensberater. Gerade hat er eine große kulturhistorische Serie über klassische Markenartikel in der ›Zeit‹ geschrieben. Sein neues Buch soll den Titel tragen ›Männer machen Märkte‹[1]. Als Branchenkenner weiß Bongard sehr wohl, daß der Zeitzeuge, den er heute aufsucht, einen geradezu legendären Ruf genießt. Hans Domizlaff heißt die Legende, er war der Werbeberater von Reemtsma, Siemens und der Deutschen Grammophongesellschaft, er gilt als der Erfinder der Markentechnik. Bongard ist gespannt. Wie er gehört hat, schreibt Domizlaff gerade an einem Werk mit dem Titel ›Denkfehler. Imaginäre Vorträge‹[2]. In der generösen Art des Grandseigneurs wird der Auserwählte begrüßt. Bevor der Alte zu einer ausgiebigen Prüfung des Bongardschen Allgemeinwissens anhebt, plaziert er ein Stimulans der genüßlichen Art: „Wollen Sie den Leuten wirklich sagen, wie dumm sie sind?"

Die Frage sagt viel über den Fragesteller; sie ist ein Konzentrat Domizlaffscher Weltanschauung. Daß die Leute („die Masse") dumm sind, ist dabei nur die äußere Übereinkunft. Daß aber einer daherkommt und den

Leuten gerade dieses sagen will, kann in Domizlaffs Augen ebenfalls nur Dummheit sein. Da ihm Bongards Ansinnen zugleich auch als schiere Unmöglichkeit erscheint, ist der Alte schon wieder versöhnt bis amüsiert. Hans Domizlaff weiß, daß er eine Legende ist, und er genießt es. An ihrer Entstehung hat er ja auch sein Leben lang gearbeitet.

Die Annäherung an Hans Domizlaff ist zugleich die Annäherung an ein Stück Alltagsgeschichte jener „dummen Leute", die den Botschaften von Propagandisten seines Schlages ausgesetzt waren und sind. Die Beschäftigung mit den mentalen Befindlichkeiten, den historisch gewachsenen Meinungen und Wertwelten der Menschen kommt nicht umhin, auch das komplexe Wechselverhältnis zwischen Elite und

Abb. 4: Urfaust der Werbung: Hans Domizlaff (1892–1971).

Masse, Meinungsgebern und Meinungsnehmern, Beeinflussern und Beeinflußten mit in die Analyse einzubeziehen. Alltagsgeschichte im 20. Jahrhundert ist ja zu großen Teilen die Geschichte von Massenkommunikation, ist als Propaganda- und Werbegeschichte auch die Geschichte jener kleinen, aber sehr einflußreichen Gruppe von Menschen, die Meinungsbilder formen und verbreiten.[3] Schillernde Figuren wie Hans Domizlaff, die ihr Ohr ganz nah an der Masse haben, in Wahrheit aber anderen Herren dienen, eröffnen der Geschichtswissenschaft eine Quellengattung besonderer Art. Als vermittelnde Drehscheiben entstehender und sich verfestigender Kommunikationsmuster sind sie unmittelbar an der Konzeption und Durchsetzung ganzer Gesellschaftsentwürfe beteiligt. Am Beispiel von Hans Domizlaff, anläßlich dessen 100. Geburtstags 1992 nicht wenige seiner Gedanken und Schriften zur Wiederveröffentlichung gelangten,[4] sei ein Stück Alltagsgeschichte der „dummen Leute" durch die Brille dieses Propagandisten aufgearbeitet und beschrieben.

Urfaust der Werbung?

Wie so viele Werbeleute hat auch Hans Domizlaff zeit seines Lebens nach Höherem gestrebt: er wollte Künstler, wollte Schriftsteller sein, ist aber immer nur Unternehmens- und Werbeberater geblieben. Trotz vieler Anläufe ist ihm weder der Abschluß einer Ausbildung noch eines Studiums gelungen. In seinen autobiographischen Fragmenten stellt er die entscheidende Wendung in seinem Leben dar[5]:

Du hast dich lange genug mit Physik und Mathematik beschäftigt, um mit Maß und Zahl umgehen und dir technische Dinge verständlich machen zu können. Du kennst Form und Farbe, du kannst in vielen angewandten Aufgaben der bildenden Kunst stilbestimmend wirken und damit mehr erreichen und auch mehr Nutzen für die Allgemeinheit stiften, als wenn du im Atelier sitzt und dich mit eigenen Kompositionen abquälst. Du hast Kunstgeschichte studiert und wenigstens eine leise Ahnung davon mitbekommen. Du bist schriftstellerisch tätig gewesen und besitzt eine gute Allgemeinbildung. Du hast aber auch ein wenig kaufmännisches Denken und den kaufmännischen Rechenstift üben müssen sowie die Sorgen und Leiden des Vertreter-Berufes erlebt. Du kennst deine große Empfindlichkeit und deine Registrierfähigkeit gegenüber allen psychischen Wirkungsmitteln der Sprache und der Graphik. Du bist praktisch Massenpsychologe gewesen und verfügst hierin von Jugend auf über einen beträchtlichen Erfahrungsschatz. Du kennst die deutschen Landschaften und einen ausreichenden Teil des europäischen Auslandes mit den Besonderheiten ihrer Bevölkerung. Du kannst abstrahieren und einigermaßen vorurteilslos denken. Alle diese anfänglich zusammenhanglos erscheinenden Spielereien, von denen keine einzige bislang ausgereicht hat, um einen wirklichen Lebensberuf daraus zu machen, haben einen gemeinsamen Nenner: das Werbefach.[6]

Für den deutschen Bereich kann Domizlaff somit als Prototyp des freiberuflichen Werbeberaters gelten. Und er war zugleich einer der ersten, der sich konsequent und intensiv um das Gebiet, das man heute mit den Begriffen 'Angewandte Ästhetik' oder 'Corporate Identity' zu bezeichnen gewohnt ist, verdient gemacht hat.

Dennoch hat Domizlaff seine künstlerischen Ambitionen beharrlich weiter verfolgt: ein philosophierender, bisweilen sehr amüsant schreibender Autor und Literat von beachtlichen Graden, der sich einen Spaß daraus macht, in jeder Textsorte: ob Drama, Gedichtband, Reisetagebuch, Autobiographie, Philosophietraktat, religiöser Diskurs, Werbelehrbuch sein Stückchen abzuliefern.[7] Am liebsten stellt er sich als Weltweiser und abgründiger Seelenkenner dar – seine Lieblingsattribute sind „nachdenklich" oder „denkselbständig" –, zugleich aber auch als gewiefter Praktiker, der auf der Klaviatur massenpsychologischer Beeinflussungsstrategien virtuos zu spielen versteht. Dieser Doppelung entspricht sein Schreibduktus und

-stil, der das scheinbar Unvereinbare vereint: Hans Domizlaff ist ein my-
steriöser Zyniker, ein zynischer Metaphysiker.

Nicht zuletzt deswegen haftet ihm etwas vom Zauberer, vom Schlangen-
beschwörer an; und er versteht es meisterhaft, seinem Denken wie seiner
Selbstdarstellung irrationale Elemente von großer Verführungskraft beizu-
mengen. Der besondere Reiz seiner mit geradezu besessener Leidenschaft
antiaufklärerisch abgefaßten Schriften liegt darin, daß sie konsequent als
Geheimwissen konzipiert und abgefaßt sind und schon dadurch dem Rezipienten das Gefühl geben, ebenfalls ein Auserwählter zu sein und zur
Elite zu gehören. Nach diesem Schema funktioniert bis heute die Domiz-
laff-Rezeption. Nach wie vor wandern seine Bücher wie verbotene Ware
unter der Bettdecke von Hand zu Hand. Die wenigen, die sie lesen, verstehen sich insgeheim und augenzwinkernd, vor allem über des Meisters Einschätzung der Öffentlichkeit und der Demokratie – worüber noch zu reden
sein wird. Als Herrschaftswissen, machiavellistische Handreichung sind
seine Texte auf den kleinen Kreis derjenigen zugeschrieben, die ihren Stand-
ort jenseits der Öffentlichkeit haben und auf diese wirken wollen: Program-
matisch drückt es schon der Titel seines bekanntesten Buches aus: ›Die
Gewinnung des öffentlichen Vertrauens. Ein Lehrbuch der Markentechnik‹.
Und immer bleibt Domizlaff selbst so sehr in seinen Schriften präsent, daß
diese kaum objektivierbar erscheinen: eine unausgesetzte und überaus geschickte Markentechnik in bezug auf seine eigene Person! Freilich konnte
ihm deswegen auch nie der Ruhm der breiten Öffentlichkeit zuteil werden,
aber eine geradezu magische Aura in den Augen jener wenigen, die mit
ihren Produkten oder Botschaften im öffentlichen Raum standen und auf
der Suche nach geeigneten Bühneneffekten und Herrschaftstricks waren.
Gegen Ende seines Lebens durfte Domizlaff dann die Frucht seiner jahr-
zehntelangen Stilisierungsbemühungen ernten. Zu seinem fünfundsiebzig-
sten Geburtstag im Jahre 1967 wurde ihm eine Festschrift gewidmet. Darin
attestierte ihm Professor Ernest Dale: „If there ever was an 'Urfaust' in
management, advertising and marketing thought, it is Hans Domizlaff."[8]

Domizlaff von oben: Der Traum ein Leben

Die Erfahrungen mit lebensgeschichtlichen Äußerungen von Werbefachleuten machen eines deutlich: wie bei keinem anderen Berufsstand gerät
ihre Lebensgeschichte zur Erfolgsgeschichte.[9] Das verwundert wenig, liegt
es doch im Selbstverständnis der Werbung, gerade sie sei ja die Kunst, den
Erfolg machen zu können. Und wer jahrzehntelange Erfahrung in der op-
timalen Inszenierung von Waren und Botschaften gesammelt hat, wird die-

se Techniken, sobald es um die Darstellung der eigenen Person geht, schwerlich mehr ausblenden wollen oder auch nur können. Insofern müssen die Lebensgeschichten von Werbefachleuten besonders kritisch überprüft und durchleuchtet werden, um für den geschichts- und gesellschaftswissenschaftlichen Diskurs verwertbar zu sein.

Die äußere Lebensgeschichte des Hans Domizlaff liest sich wie ein Roman. Am 9. Mai 1892 in Frankfurt a. M. als Sohn eines preußischen Beamten, des späteren Generalfeldpostmeisters des Deutschen Reiches, Georg Domizlaff, geboren, wächst er in großbürgerlichen Verhältnissen auf. Im Elternhause wird streng kaisertreu gedacht, eine Vorgabe, die für den Jungen lebensprägend wird. Schon früh hat der Knabe künstlerische Ambitionen. Nach dem Umzug der Familie nach Leipzig nimmt der Maler und Bildhauer Max Klinger den Gymnasiasten zu sich in die Lehre. Nach dem Abitur geht Domizlaff nach Paris und verlebt hier, vom Vater äußerst knapp gehalten, seine Bohème-Jahre, trifft mit Picasso, Modigliani und anderen Avantgardisten zusammen. Als Flieger im Ersten Weltkrieg abgeschossen, schreibt sich Domizlaff an der Universität Leipzig ein. Nach einer privat veranstalteten Aufführung von Büchners „Woyzeck" avanciert er zum Bühnenbildner am Leipziger Schauspielhaus, wobei er „mit kritischem Bewußtsein Experimente zum Zwecke massenpsychologischer Beeinflussung" anstellt. Es folgen einige Jahre als Gebrauchsgraphiker, dann trifft Domizlaff 1921 auf den Erfurter Zigarettenfabrikanten Philipp Reemtsma. Domizlaff wird zum „Markentechniker" und kreiert einige der bekanntesten deutschen Zigarettenmarken wie die „R6", die „Ernte 23", die „Senoussi", die „Gelbe Sorte", die „Ova". Eine Legende für sich wird dabei auch die 'Geburt' der „R6"[10]: als ob es sich um ein Kunstwerk handele, „schuf Domizlaff innerhalb von zwei Tagen" diese große Marke. Wenig später gelingt ihm, wovon heutige Werbeschaffende nicht einmal mehr zu träumen wagen: Er wird Reemtsmas Teilhaber. Die schnell erreichte wirtschaftliche Unabhängigkeit versetzt ihn in die Lage, seine Neigungen auszuleben. Mit noch nicht einmal vierzig Jahren kann Domizlaff privatisieren. Er tritt in den Kaiserlichen Yachtclub ein, konstruiert und baut Hochseeyachten, den Typ „Walboot", auf denen er die Weltmeere bereist, malt und schreibt, neben mehreren Segelbüchern[11] auch ein Buch mit dem Titel „Die Propagandamittel der Staatsidee"[12]. 1933 beginnt Domizlaffs Engagement bei der Firma Siemens, für die er produktgestalterisch tätig wird und deren Markenlogos er vereinheitlicht. Nach einem Riesenflop mit einem von ihm gestalteten Radioapparat – der regelmäßig unerwähnt bleibt, nicht einmal Eingang im Siemens-Beitrag zur Festschrift 1967 fand[13] – stabilisiert sich seine Position allmählich, so daß er 1938 die Werbeleitung des Hauses übertragen bekommt. „Den Zweiten Welt-

Abb. 5: Flop der frühen Radiojahre: der „Herr im Frack".

krieg", so sein Verleger W. K. A. Disch vielsagend, „nutzt Domizlaff zu weiteren schriftstellerischen Tätigkeiten."[14] Auf seinem Heidehof richtet er eine Sternwarte ein, züchtet Forellen, schreibt; es entsteht ›Das Brevier für Könige. Massenpsychologisches Praktikum‹[15], die Domizlaffsche Version eines ›Zarathustra‹, Ernst von Siemens als seinem „jungen, königlichen Freund" gewidmet: Herrschaftswissen in nuce. Der atavistisch klingende Buchtitel deutet es an: Domizlaff sucht mehr und mehr das Elementare. 1944 beginnt er, Aufklärungsschreiben über „die seelische Dringlichkeit des Naturschutzproblems" zu verteilen, wird Vorsitzender des Vereins „Naturschutzpark Wilseder Berg". Anfangs der fünfziger Jahre schreibt der ›Spiegel‹ über ihn: „Die Petroleumlampe ist sein Ideal, und die Mädchen in den Heidedörfern sollen Strümpfe tragen, die nach Urvätersitte aus Heidschnuckenwolle gestrickt sind. Keine Nylons."[16] Als markentechnischer Berater der Deutschen Grammophongesellschaft baut er die Archiv-Produktion mit auf und plaziert auf den Labels der frühen

Jahre den von ihm entwickelten und massenpsychologisch für wirkungsvoll befundenen Tulpenrand mit stroboskopischem Effekt. „Nichts", so
resümiert die Firmengeschichte, durfte „nach dem Willen der ‚Erfinder'
dieses Produkt vulgarisieren oder anbiederisch popularisieren".[17] In seinem Privathaus an der Hamburger Elbchaussee gründet er das „Institut
für Markentechnik". 1971 stirbt Domizlaff.

Domizlaff von unten: „ein geprügelter Hund"

Hans Domizlaff wäre zweifellos ein hochinteressanter Fall für Alice Mil-
lers Galerie der hochbegabten und gequälten Kinder[18], überdeckt doch der
Hochglanzprospekt der äußeren Biographie eine innere Biographie tiefer
Risse und Verwerfungen. Was er rückschauend nicht müde wurde, als sein
besonderes Glück zu preisen, nämlich noch lebensgeschichtliche Erinnerungen an die Kaiserzeit zu haben („Ich gehöre dem vielleicht letzten Jahrgang
an, der die Anschauungsweise der Zeit vor 1914 mit aller Selbstverständlichkeit hatte aufnehmen können"), war kaum weniger als die Hölle einer
Kindheit: „Nur mit Grauen denke ich an die drei ersten Jahre auf dem
Gymnasium zurück. Ich war kränklich, schwächlich und übernervös. Da
ich schielte und rothaarig war, litt ich in meinem Selbstbewußtsein schon
unter den Straßenjungen, die mit den üblichen Verhöhnungen hinter mir
herliefen. Ich hätte doch so gern mit ihnen gespielt. Eines Tages – so hoffte
ich – wird der liebe Gott dieses schreckliche Hemmnis aufheben, und ich
würde dann genau so ein guter Schüler und ein ebenso normales Kind sein
wie die anderen."[19] Schon bald muß sich Domizlaff diese Hoffnung versa-
gen, er begreift, daß seine Lebensrolle die des von Einsamkeit geprägten,
beobachtenden Außenseiters ist – und er zieht dennoch eine positive Bilanz:
„Ein geprügelter Hund sieht mehr, ahnt mehr und durchdringt schneller
und zuverlässiger die Zusammenhänge im Leben des geistigen Kleinbürger-
tums."[20]

Mit zwölf Jahren kommt der Junge ins Internat.

„Meine Mutter war sehr eigenwillig in ihrer Erziehung. Was sie sachlich für richtig
hielt, wurde durchgeführt, ohne daß man auf seelische Nebenwirkungen Rücksicht
nahm. Sie verlangte kurz und bündig für mich eine Ausnahme von der Kleiderord-
nung, und die Folge davon war, daß ich als einziger auf der ganzen Anstalt keine
Anstaltskleidung trug. Wenn ein Schulausflug mit Theaterbesuch gemacht wurde,
mußte ich zu Hause bleiben. Ebenso wurde ich bei repräsentativen Vorgängen weg-
gesteckt. Ich konnte auch nicht Offizier werden, und das war besonders schlimm,
sich von Jüngeren kommandieren lassen zu müssen. Ein weiteres, von meiner Mutter

gefordertes Ausnahmerecht bestand darin, daß ich mindestens jeden Tag eine Stunde irgendwo allein bleiben durfte."[21]

Domizlaffs Sozialisation mißlingt gründlich; nicht weniger als siebenmal wechselt er die Schule, und selbst seine größten Bemühungen, sich anzupassen, schlagen mit beängstigender Regelmäßigkeit fehl. Immer wieder stempeln ihn in den Augen der Umwelt zwei Dinge zum angefeindeten Sonderling: sein Anspruch, als Künstler anerkannt zu werden, und der überaus einflußreiche Vater. Diese doppelte Erfahrung der radikalen Ablehnung seiner Person durch die unmittelbare Umwelt („die Masse") und der unerreichbare Übervater werden zu den entscheidenden Prägungen seiner Persönlichkeitsstruktur. Aufgrund seiner glänzenden Beziehungen zum Großen Hauptquartier vermag es der Vater sogar noch, den Sprößling während dessen Militärzeit vor allzu brutalen Übergriffen seiner Vorgesetzten zu beschützen. Dennoch bedeutete der über zweieinhalb Jahre andauernde Militärdienst für den Sohn den Tiefpunkt seines Lebens: „Ich war in weniger als acht Tagen selbstmordreif. Der einfachste Befehl erzeugte eine bedrohliche Verwirrung, da er stets eine Fülle von Angstassoziationen auslöste." Domizlaff überschreibt dieses Kapitel bezeichnenderweise mit „Der Spiegelmensch"[22]. Es ist, psychoanalytisch gedeutet, der Versuch, durch Abspaltung eines Teils in seinem Ich dem anderen Teil das Überleben zu ermöglichen: „Ich hatte ihn nicht in Wirklichkeit gesehen, sondern seine melancholische Figur in dem blau angelaufenen Spiegel der Unteroffiziersstube entdeckt. Er wurde mein Blitzableiter." Das Kapitel kulminiert in einer längeren Unterhaltung zwischen beiden und dem wiederholten Bekenntnis eines entscheidenden Domizlaffschen Charakterzuges: „Ich bin entsetzlich feige!"

Welche Rachephantasien des unablässig Drangsalierten müssen sich da entwickelt haben? Domizlaff hat schon früh darüber nachzudenken begonnen, warum ausgerechnet er, der nach seinem Verständnis außergewöhnliche künstlerische Leistungen vollbringt, nicht die ihm gebührende Achtung, Belohnung und Liebe erfährt. Schon bald beginnt er sich selbst aufzuwerten, indem er die Umwelt abwertet. Die Masse, so schließt er aus seiner Außenseiterperspektive, ist unfähig, echte Qualität zu erkennen; sie muß mit geeigneten Mitteln für seine Ware oder Meinung eingenommen werden. Domizlaff beginnt sich intensiv mit der psychischen Anatomie des „Massengehirns" zu beschäftigen, erforscht dessen Funktionsweise, entwickelt Strategien zur Vertrauenserschleichung, Vertrauensgewinnung. Er hat nur ein Ziel: wirken und etwas bedeuten, aus seiner Ohnmacht heraus jene Macht gewinnen, die er in seinen megalomanen Phantasien bereits innehat. R. Avenarius geht in seiner Analyse des Größenwahns auf dessen Genese und Funktionsweise ein: „Der Größenwahn ist Ausdruck einer Entlastung von Leid, das durch die Mitmenschen, einzeln oder in ihrer

Gesamtheit als Umweltsozietät, hervorgerufen wird. Die Begegnung mit den Menschen der Umgebung ist nicht mehr möglich, sie werden nur noch als Beeinträchtiger erlebt, der Kranke entzieht sich ihnen, indem er sich im autistischen Raum über sie erhöht. Dabei wird der wahnhafte Wandel von Ohnmacht zu Macht häufig in pathischer Weise erlebt, d. h. von einer höheren Macht getragen zu werden. Die angestrebte Leidentlastung wird erreicht. Die reale Vereinsamung ist dann aber zu einem erträglichen, bisweilen sogar glücklichen Zustand geworden."[23]

„Lerne wirken, ohne zu handeln!"[24]

So buddhistisch dieser Satz zunächst klingen mag, er dokumentiert Domizlaffs ureigene psychische Disposition und Not. Und er ist sein (Über-) Lebensprogramm. Auch offenbart sich darin der tiefere Sinn dessen, was Domizlaff unter Werbung versteht: der seriöse Kaufmann pflegt gegenüber seinen Kunden diesen zurückhaltenden, königlichen Stil, bietet seine Waren nur an, drängt sie nicht auf, kultiviert dafür aber um so mehr deren Erscheinungsbild. Im Gegensatz dazu steht die rohe, eroberungslustige Reklame eines Marktschreiers, der die Leute bedrängt, aber niemals nachhaltig deren Vertrauen gewinnt. Wie der Kaufmann dem Denkbild 'König' entspricht, ist der Marktschreier ein 'Caesar' en miniature. Domizlaff, der, ohne handeln zu müssen, wirken will, sieht in einem solchen König seinen Wahlverwandten, will dessen intimer Vertrauter sein. Wenn Domizlaff von Handeln spricht, meint er immer ein induziertes Handeln ohne Anwendung äußerer Gewalt: andere durch psychische Beeinflussungsmittel soweit zu bringen, daß sie in seinem Sinne funktionieren; ist er doch der festen Überzeugung, daß – langfristig gesehen – die subtilen Werbemittel die mächtigeren sind.

Eine Begebenheit während einer nächtlichen Zugfahrt in Südspanien, die er in seinen autobiographischen Fragmenten erzählt, verrät allerdings, daß diese so faszinierende Theorie handfeste psychische Ursachen in Domizlaffs Charakter hat. Als der Zug an einer Station hält, sind in ein von einer englischen Dame samt ihren Töchtern besetztes Abteil undurchsichtige Gestalten eingedrungen; aufgeregt wird um Hilfe gerufen. Mit einigen anderen macht sich auch Domizlaff zum Heldeneinsatz fertig:

In dem Abteil sah ich zwei der süßesten kleinen blonden Mädchengeschöpfe, die England jemals hervorgebracht hat. Mit erschrockenen Gesichtern lugten sie unter ihren Decken hervor und hofften auf den Ritter Georg, der die Drachen bekämpfen soll. Ich hatte kein Schwert, sondern nur ein Taschenmesser bei mir, aber ich war bereit, mit dieser Waffe auf Tod und Leben zu kämpfen. Wie sieht in englischen

Augen ein Held aus? Ich überlegte blitzschnell. Man muß eisig sein, jedes Pathos vermeiden. Außerdem darf man gar keine Waffe benutzen, sondern muß mit einer elegant nachlässigen Bewegung einen Kinnhaken anbringen, oder so etwas Ähnliches. Jedenfalls darf man auch im Kampfe mit den fürchterlichsten Ungeheuern seinen Anzug weder schmutzig machen noch überhaupt in Unordnung bringen. Ich beherrschte also meine ritterliche Aufregung und fragte die beiden Leute, die unschlüssig herumstanden: 'Que quiere Vd. (Was wollen Sie)?' Die Antwort war schlicht: 'Die Wasserbehälter auswechseln.'[25]

Domizlaff-typisch ist die Sichtweise: Nicht das Handeln des Helden interessiert, sondern sein zur maximalen Wirkung gesteigertes Bild in den Köpfen der andern. Darüber hinaus bietet sich die Szene zur psychoanalytischen Deutung an. Der Hilfeschrei kommt unvermittelt. Plötzlich soll Domizlaff seinen sicheren und bequemen Platz hinter der Bühne verlassen, vortreten und verantwortlich handeln. Mannhaftigkeit, Ritterlichkeit scheinen gefordert und ein entsprechend beeindruckendes, männliches Instrument („Schwert"). Damit aber tritt aus Domizlaffs Phantasie die Figur des idealen, handlungsfähigen Ritters hervor. Er trägt bezeichnenderweise den Namen Georg – es ist der Name seines Vaters[26]! An ihm gemessen ist der Sohn nur mit einer sehr bescheidenen Männlichkeit („Taschenmesser") ausgestattet, das zudem wohlverwahrt in seiner Kleidung steckt. Dieses Instrument zu zeigen oder gar einzusetzen bereitet ihm panische Versagensangst. Er bietet all seine psychische Energie auf, die Demaskierung zu verhindern, und ersetzt – wie immer – Handlung durch Reflexion („ich überlegte blitzschnell").

Der Kontext der Erzählung offenbart nun, wie stark die Szene libidinös aufgeladen ist. Domizlaff ist von den englischen (auch im Sinne von engelsgleich!) Mädchen geradezu gebannt. Im Gegensatz zu seiner gewohnten Eloquenz kann er immer wieder nur stammeln: „Sie waren wirklich süß!" Um seine Ich-Schwäche, die als Psychose einer schweren Handlungshemmung zutage tritt, zu verschleiern, verlagert er die zwanghafte Über-Ich-Bindung an die Vaterimago nach außen und stellt sie als Naturgesetz der anderen Seite dar („man darf gar keine Waffe benutzen!"). Zugleich hofft er, seine libidinösen Affekte hinter einer überkorrekten Fassade verstecken („man darf seinen Anzug weder schmutzig machen noch überhaupt in Unordnung bringen") zu können, mit dem Ergebnis, daß er „seine ritterliche Aufregung" (er meint Erregung) „beherrscht". Dennoch aber glaubt er ernsthaft, Heldenruhm und -lohn für nichts als eine Wortleistung in Anspruch nehmen zu dürfen. Die anschließende Reaktion der Mutter der Mädchen zeigt in ihrer kühlen Einsilbigkeit jedoch, daß seine „ritterliche Aufregung" sehr wohl wahrgenommen wurde. Domizlaff bleibt nichts übrig, als sich wieder seiner Phantasie zuzuwenden und von den süßen Mädchen zu träumen.

„Doppelt fermentiert"[27] oder: Biologismus in Reinkultur

Domizlaff hat fast nie zitiert. Dies hat guten Grund, denn zitieren relativiert den Autor und macht ihn mit den Zitierten, ja mitunter den Zitaten gemein. Wer als originärer Massenpsychologe und einzigartiger König der Nachdenklichkeit in den Augen seiner Auftraggeber erscheinen will, tut ja auch gut daran, dieses Bild nicht durch häufiges Zitieren zu entkräften. In seinen autobiographischen Fragmenten gibt es aber eine Passage, in der er seine Technik verrät, Angelesenes so einzusetzen und darzustellen, als sei es originär. Gegenüber einem ausgewiesenen Jerusalem-Kenner („mit diesem Fachmann erlaubte ich mir einen kleinen Spaß") behauptet er, einmal in Jerusalem gewesen zu sein, obwohl seine Kenntnisse nur auf der Lektüre eines Reiseberichts beruhten. Ein Satz daraus ist ihm in Erinnerung geblieben, für ihn willkommenes Material zur Erzeugung einer Halluzination im Kopfe seines Gesprächspartners: „Wenn man oben auf dem Ölberg steht und vormittags den Blick nach Südosten richtet, dann sieht man das Tote Meer aufleuchten." Der Kunsthistoriker „war baß erstaunt. 'Kann man wirklich das Tote Meer vom Ölberg aus sehen?' fragte er verdutzt. Erst viel später klärte ich ihn auf."[28]

Auch Domizlaffs Weltbild ist nur bedingt das Produkt von „Denkselbständigkeit", basiert es doch auf der noch bis weit in die zwanziger Jahre hinein breiten und überaus wirksamen sozialdarwinistisch-naturalistischen Strömung und der ihr verwandten populären Massenpsychologie. Bei ihm verdichten sich diese Elemente zu einem Biologismus in Reinkultur, der sich weniger durch Originalität auszeichnet, sondern durch die Intensität und Konsequenz, mit der er das umlaufende Gedankenmaterial aufgreift, ausbaut und zur praktischen Anwendung bringt. Die Begriffe selbst freilich sind spätestens seit Nietzsche im Umlauf, dem bekanntlich „Raubtierseelen" nicht fremd waren und der schon 1889 „das Zeitalter der größten Dummheit der Massen und der höchsten Individuen"[29] heraufziehen sah und empfahl: „Über die Massen müssen wir so rücksichtslos denken wie die Natur."[30] Auch die vegetaristische Schicksalsphilosophie Oswald Spenglers sowie Sigmund Freuds Massenpsychologie dürften Zulieferer der Domizlaffschen Gedankenwelt gewesen sein.[31] Am signifikantesten jedoch sind seine Entlehnungen aus Gustave Le Bons ›Psychologie der Massen‹[32]: „Die psychologische Masse ist ein unbestimmtes Wesen, das aus ungleichartigen Bestandteilen besteht, die sich für einen Augenblick miteinander verbunden haben, genau so wie die Zellen des Organismus durch ihre Vereinigung ein neues Wesen mit ganz anderen Eigenschaften als denen der einzelnen Zellen bilden."[33] Der beharrlich von Domizlaff betonte ontologische Unterschied zwischen Massen- und Individualpsyche, der immer

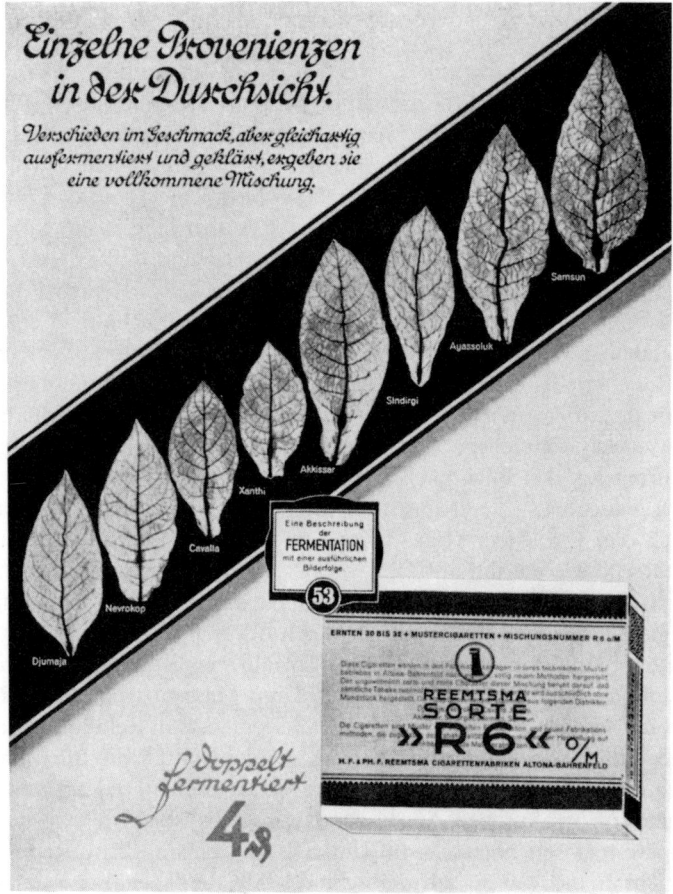

Abb. 6: Doppelt fermentiert: Zigarettenwerbung 1937.

wieder ignoriert werde und für so viele „typische Denkfehler der Rekla-
mekritik"[34] verantwortlich sei, fußt auf diesem Le Bonschen Massenbegriff.
Auch was Domizlaff als den „Kristallisationskern" einer Idee in der Vorstellungswelt der Masse bezeichnet, hat vor ihm auch Le Bon so benannt:
„Die eingebildete Vorstellung kann dann zum Kern einer Art Kristallisation
werden, welche den Bereich des Verstandes ergreift und allen kritischen
Geist lähmt."[35] Von der Technik der Massenbeeinflussung selbst sagt Le
Bon: „Handelt es sich jedoch darum, der Massenseele Ideen und Glaubens-
sätze einzuflößen, so wenden die Führer verschiedene Verfahren an: die

Behauptung, die Wiederholung und die Übertragung, Ansteckung (contagion). Ihre Wirkung ist ziemlich langsam, aber ihre Erfolge sind von Dauer. Unter den Massen übertragen sich Ideen, Gefühle, Erregungen, Glaubenslehren mit ebenso starker Ansteckungskraft wie Mikroben."[36] Dieses ist nichts anderes als die von Domizlaff so oft verführerisch zelebrierte „Ideeninfektion". Nur ein einziges Mal in seinem Buch erwähnt Le Bon eine Produktgattung: es ist Schokolade.[37] Domizlaff wiederum stellt in seiner Markentechnik die Genese eines natürlichen Markenproduktes ausgerechnet anhand der Schokolade des Kaufmanns Hermann Schmidt dar.

Auch die biologistische Denkweise war in der zeitgenössischen werbetheoretischen Diskussion durchaus gebräuchlich, wie eine Äußerung von Hanns W. Brose aus dem Jahr 1934 zeigt: „Der Markenartikel ist ein soziales Agens, ein biologisches Phänomen! Er ist, so begrifflich er sich unsern Augen, unsern Sinnen, unserem Verstande darstellt, umwittert vom Geheimnis des Lebens, dessen Gefahr und Verheißung er widerspiegelt."[38]

Strukturelemente einer kollektiven Musterbiographie

Sicherlich ist Hans Domizlaffs Lebensgeschichte aufgrund seiner besonderen Begabung außergewöhnlich zu nennen, auch im Vergleich mit anderen Werbeberatern. Dennoch kann sie als Folie in einer vorgedachten kollektiven Biographie dieses Berufszweiges dienen; es ist ja ein besonderer Ort zwischen Auftraggeber und Gesellschaft im Dienst an der Ware oder Botschaft, an den sich Propagandisten gestellt sehen. Dieser Ort bedingt die Einübung eines Blicks auf die Gesellschaft wie vom nicht einsehbaren Teil einer Bühne aus. Auch die Sprach- und Bildmaterialien, mit denen Propagandisten arbeiten, stehen in ständiger Rückkopplung mit der Befindlichkeit der Gesellschaft, bewähren sich, optimieren sich, stilisieren sich fortwährend. Die Drehbücher der Lebensgeschichten sind davon merklich beeinflußt und aus abrufbaren, typischen Erzählfiguren zusammengesetzt.

Drei Verhältnisse sind es, in deren Schnittpunkt der Werbeberater steht. Sie stellen, zumal sie zueinander im Gegensatz, ja Widerspruch stehen, hohe psychische Anforderungen an ihn. Er muß sich mit seiner ganzen Person zwischen ihnen einrichten und sie zum ständigen Ausgleich bringen. Er hat ja nicht nur – wie eingangs zitiert – Opportunist gegenüber der Masse zu sein, sondern zugleich auch Opportunist gegenüber dem Unternehmer und letztlich sogar gegenüber der Ware. Seine Stellung gleicht jemandem, der zwischen dem Über-Ich des Unternehmers und dem Es der Masse von seinem Ich abzusehen hat, weil er dieses ja in die Ware legen soll. Er ist in seiner Berufspraxis ein Virtuose der Selbstverleugnung.

Werbeberater – Unternehmer

1953 hält Domizlaff ein Referat vor Berufskollegen. Offenbar sind keine Unternehmer anwesend, denn er äußert sich in für ihn außergewöhnlicher Flapsigkeit und Herablassung über sie: „Der Bauch, das ist der Unternehmer; die imaginäre Seele, na, das ist der Künstler; das Gehirn, d. h. der wahre Verstand, ist eben nur beim Werbefachmann zur Vollkommenheit ausgereift. Das sehen die anderen nicht ein, mangels genügender Einsicht."[39] Die Aussage verrät ein spannungsreiches Verhältnis zum Unternehmer. In der täglichen Berufspraxis allerdings bleibt Domizlaff nichts anderes übrig, als sich den realen Machtverhältnissen, wie sie zwischen ihm als honorarabhängigem Berater gegenüber dem finanzstarken Firmeneigner bestehen, anzupassen. Aus dessen Sicht ist der Werbeberater ein Kostenfaktor, der nach vollbrachter Arbeit möglichst rasch wieder zu entlassen ist. Noch bevor also der Werbeberater tätig wird, ist er schon zum Verkaufsobjekt seiner selbst geworden; der Pakt mit dem Unternehmer gegen die Masse ist die Grundvoraussetzung seiner Arbeit. Schon deswegen wird er die Werthaltungen und die Perspektivik des Unternehmers teilen (müssen). Dies stellt ihn vor das psychologische Problem, sich gleichzeitig sowohl anzudienen als auch abzugrenzen. Die geforderte Antizipation des unternehmerischen Standpunkts leistet Domizlaff in gewohnt-grandioser Art ab – als philosophische Liebeserklärung. Er liefert nichts Geringeres als die apologetische Philosophie des Unternehmertums, sein „Brevier für Könige"[40]. Darin wird der Unternehmer zum höchsten denkbaren Menschtypus erklärt: ein „triebstarker" Machtkünstler am „Menschenmaterial". Königlicher Egoismus zeichne ihn aus, er sei ein ebenso seltenes wie begnadetes Raubtier, dessen schöpferischer „Auslebenswille" allein in der Lage sei, lebensfähige Firmenorganisationen zu schaffen. Unternehmertum sei „naturhaft" und mit Moralkategorien schon gar nicht zu fassen. In Inhalt, Aufbau und Ton erinnert Domizlaffs Ästhetik der Macht fatal an Nietzsches ›Zarathustra‹. Hatte dieser den Übermenschen nur gefordert, so bekommt er jetzt von Domizlaff die nötigen Machtinstrumente nachgereicht: mit deren Hilfe könne sich auch ein zukünftiger (Unternehmer-)König wie der junge Siemens zu einem großen Markenartikel auf Erden auswachsen.

Obwohl Domizlaff den Unternehmer als Wunder an Vitalität feiert, sei dieser gerade deswegen besonders verwundbar: seine Sensibilität für die Masse sei zu gering. Ihm fehle ein Massensensor, ein exakt auf ihn zugeschnittenes komplementäres Organ, das in der Lage sei, die Beseelung der toten Warenkörper mit resonanzfähigen, lebendigen Markenideen zu leisten – eben ein Domizlaff. Nur auf der Grundlage solch einer symbiotischen Allianz zwischen Unternehmer und Werbeberater lasse sich eine marktbeherrschende Position erreichen und dauerhaft halten.

In diesem Versuch der Annäherung an das unternehmerische Über-Ich hin offenbart sich zugleich der Kampf des Berater-Ichs um Selbstbewahrung, mit subtilen Strategien geführt. Was konnte einem Domizlaff da näher liegen als die markentechnische Aufbereitung seiner eigenen Person als mysteriös, inkommensurabel, unberechenbar? Nur so konnte er auch halbwegs der Gefahr begegnen, eines Tages vom Unternehmer als überflüssig angesehen zu werden und eine kalte Abfuhr zu erhalten. Nichts verdeutlicht die Selbsteinschätzung dieses Werbeberaters besser als jener Satz, der noch in den sechziger Jahren über ihn kolportiert wurde: „Domizlaff", so hieß es, „nimmt keine Provisionen, er vergibt Lizenzen."[41]

Werbeberater – Masse
Domizlaff empfand die Menschenmasse immer als sein persönliches Schicksal und Arbeitsprogramm. Ihm, dem Fahrtensegler, schien sie mit ebenso elementaren Eigenschaften behaftet wie Wind, Sonne oder Meer. Ihr vegetativ-amorphes, alogisch-instinktstarkes Eigenleben faszinierte ihn – ein ihn umgebendes bewußtloses Es. Und ausgerechnet er, der so ausgeprägt narzißtische Züge aufweist und sich von der Masse wie kein anderer ausgestoßen fühlt, verschwindet im Auftrag des Unternehmers in ihr, lotet ihre Resonanzräume aus, beginnt „vorurteilslos in das Gehirn der Masse zu kriechen". Er, der sich als nachdenkliches und schöpferisches Künstler-Individuum begreift, vollbringt diesen psychischen Spagat, unterdrückt seinen Narzißmus und gleicht sich diesem Massen-Es an, „um eine entwicklungsfähige Idee in das Gehirn der Masse hineinzubringen. Es ist ja die Masse selbst, die zu produzieren anfängt und eine angeregte Idee vervielfältigt."[42]

Werbeberater – Ware
Vor dem Werbeberater steht die Ware im Licht der Öffentlichkeit und verdeckt den, der sie gestaltet hat. Als Person ist er in ihr untergegangen, er hat der Ware seinen Charakter, sein Gesicht, ja sein Ich geschenkt. Auch davon spricht der berühmte Satz aus der Markentechnik: „Eine Marke hat ein Gesicht wie ein Mensch."[43] Sein Gesicht vor der Öffentlichkeit nicht zeigen, seine Vaterschaft nicht anzeigen, seinen Künstlerstolz nicht ausleben zu dürfen, hat zu immer wiederkehrenden Erzählstrukturen in den lebensgeschichtlichen Erinnerungen von Werbefachleuten geführt. Durchweg sind deren Biographien Dokumente der Ich-Bewahrung, ja Ich-Wiederherstellung. Dabei rechnen sie gern auf den voyeuristischen Blick, der erfahren möchte, wie es hinter den Kulissen denn „wirklich war".[44]
Auch Domizlaffs Biographie ist ein Diskurs in zwei Bänden, seiner ewigen Verkennung entgegenzutreten und seine wahre Bedeutung festzuschrei-

ben. Da bekommt er Karriereangebote erster Güte wie etwa die Stelle des Reichskunstwarts („andeutungsweise") oder den „designierten Fraktionsvorsitz" der Zentrumspartei (ohne jemals einen Sitz im Reichstag gehabt zu haben!). Da sieht man ihn im vertraulichen Verkehr mit den bekanntesten Persönlichkeiten seiner Zeit: so mit Johannes R. Becher, Franz Werfel, Carl Einstein, Max Klinger, Anton Kippenberg, Franz Eulenburg, Rudolf Steiner, Walter Gieseking, Max Reger, Wilhelm Furtwängler, Max Schmeling, Heinrich Brüning, Wyler, Modigliani, Leger und vielen anderen. Zu einigen weiß Domizlaff delikate Anmerkungen zu machen, so über Rudolf Steiners uneheliche Kinder. Den Poetenkoloß Theodor Däubler führt er gar als tollpatschige Lachnummer in einem eigenen Kapitel vor.[45] Mehrfach sieht man ihn Pionierleistungen vollbringen wie zum Beispiel die Uraufführung von Georg Büchners dramatischem Fragment ›Woyzeck‹ im Jahre 1915, wie er mit Nachdruck verkündet. Dazu muß er natürlich glauben machen, Büchners Werke seien zu jener Zeit nicht einmal bekannt gewesen. Richtig ist, daß ›Dantons Tod‹ schon seit 1902 zum gängigen Bühnenrepertoire gehörte, daß spätestens mit dem Jahre 1913 – dem hundertsten Geburtsjahr Büchners – ein vehementer Büchnerboom einsetzte, unter dessen Eindruck auch die Uraufführung des ›Woyzeck‹ unter Eugen Kilian im November 1913 in München zustande kam und kurz darauf die berühmt gewordene Aufführung Victor Baranowskys in Berlin. Herbert Ihering und Alfred Polgar berichteten in der ›Schaubühne‹ – die Domizlaff rezipiert haben dürfte – ausführlich über weitere aktuelle ›Woyzeck‹-Inszenierungen. Polgar hebt besonders die Leistung Albert Steinrücks in der Hauptrolle der Wiener Inszenierung hervor. Eben dieser Albert Steinrück sollte auch unter Domizlaff den Woyzeck spielen, mußte aber wegen Erkrankung absagen. Sollte es tatsächlich möglich gewesen sein, daß der Regisseur nicht gewußt haben will, daß sein vorgesehener Hauptdarsteller längst ein passionierter Woyzeck-Mime war?

Sehr aufschlußreich sowohl für Domizlaffs Kunstverständnis als auch für den biographischen Impetus ist die Szene, die 1941 in Paris spielt. Domizlaff, der gescheiterte Künstler, trifft auf Picasso, den weltweit erfolgreichen:

Ich war über das Wiedersehen besonders erfreut, denn der Spanier trug die Hauptschuld an der Verwirrung meiner Studienjahre. Daraus entstanden die bizarrsten Modeerscheinungen mit einer höchst infektiösen Kraft. Nun war ich neugierig, wie sich Picasso weiter entwickelt hatte und welche Kraft in seinen bizarren Einfällen steckte. Ich war tief enttäuscht. Bei der Unterhaltung lebte meine ganze Studienzeit wieder auf: die gleiche Ausdrucksweise, der unveränderte Tonfall, die ewig wiederholten Urteilsformulierungen, nur daß das heute alles wie verstaubt klang. Reihenweise standen die Bilder seiner letzten Epoche umher. Er war Naturalist geworden, doch ohne die Delikatesse seiner früheren Farben, inmitten der thematisch gleichen Plastiken, die zum Teil mit gewaltiger Materialverschwendung prunkten. Meist waren es Frauenköpfe ohne Stirn und mit einem Auge auf der Backe. Offensichtlich handelte es sich um phantasielose Porträts, besonders eines kleinen Mädchens mit einem schwarzen Doppelkopf, einer Scheußlichkeit ohne erkennbaren graphischen, farbigen oder kompositorischen Reiz. Ungeachtet der geforderten höflichen Zurückhaltung fragte ich ihn, warum er auf die Suche nach solchen Monstrositäten versessen sei. Er antwortete schlicht: Ich suche sie nicht, sie finden mich. Die Antwort war typisch für Picasso und seine Zeit. Charmant, charmant."[46]

Der Traum vom Werbeleiter des Deutschen Reiches

Domizlaff hat von der Sache her nie einen Unterschied darin erblicken können, „ob ich ein Wirtschaftsunternehmen berate oder eine Staatsidee"[47]; dennoch glaubte er zweimal in seinem Leben, daß ihm der endgültige Sprung vom Markenartikelwerber nach ganz oben zum Werbeberater des Deutschen Reiches gelingen könnte. 1932 lag sein Buch ›Die Propagandamittel der Staatsidee‹ vor, worin es unter anderem heißt: „Ganz einfache Ideen, die durchaus nicht vernünftig zu sein brauchen, die aber der Psyche der Masse so entsprechen, daß sie Psychosen auszulösen vermögen, werden immer die klügsten und ehrlichsten Regierungserklärungen wirkungslos machen. Der Volksinstinkt reagiert seiner Eigenart nach viel mehr auf Format, als auf wirkliche geistige Qualität."[48] Sofort ergeht eine harsche Mahnung an die Politik: „Trotzdem ist die systematische Ausnutzung moderner Propaganda-Erfahrungen bei der Schaffung geistiger Machtmittel zur Beeinflussung großer Volksmassen in der Politik noch wenig bekannt. (...) Wie überall im Leben zeigt es sich auch in der geistigen Rüstungs-Industrie, daß neue Methoden nur dort gefunden werden, wo die bittere Not im Kampf um die wirtschaftliche Existenz erfinderisch macht."[49] Im August 1932 erscheint dann eine Besprechung des Buches im ›Völkischen Beobachter‹. Domizlaff behauptet, er wisse nicht, wie die Rezension in das Blatt gelangt sei, sie sei aber „nach Mitteilung der Verlagsleitung von Hitler selbst verfaßt worden". Der Text indes ist merkwürdig blaß und will so gar nicht zu dem sonst reißerischen Stil des Blattes passen, der Ton ist kühl, ja geradezu unwillig.[50] Schon der erste Satz der Rezension schafft Distanz, stellt er doch unverhohlen heraus, Domizlaff habe sein Buch „im Eigenverlag" erscheinen lassen. Sodann wird unmißverständlich klargestellt, daß es zwischen ihm und den Nationalsozialisten keine inneren Berührungpunkte gebe, denn „Domizlaff beschäftigt sich unpolitisch mit propagandistischen Grundsätzen, die ja von uns Nationalsozialisten seit Anbeginn der Bewegung stärkste Betonung erfahren haben". Der so typisch Domizlaffsche Versuch, nicht selbst zu handeln, sondern die Nationalsozialisten in seinem Sinne zu bewegen (ihn als Berater vielleicht zu engagieren), war fehlgeschlagen.[51] Immerhin ist es Domizlaff im nachhinein gelungen, die Meinung in Umlauf zu bringen, Goebbels habe sein Buch „auswendig" gekannt.[52] Diese Geschichte inszeniert er anläßlich des kontinentalen Reklamekongresses in Berlin kurz vor dem Krieg:

Einige hundert Fachleute des In- und Auslandes (waren) zu einem Teebesuch im Ministerium geladen, wo Dr. Goebbels die Gäste mit einer kurzen Ansprache begrüßte. Bei der üblichen Vorstellung nannte mich der einführende Beamte den bedeutendsten Werbesachverständigen der deutschen Wirtschaft, dessen Name dem Minister sicherlich bekannt sei. Dr. Goebbels kannte den Namen nicht. Nun konnte ich mich – törichterweise – doch nicht enthalten zu sagen, daß er zumindest eines meiner Bücher gelesen habe. Der Minister schüttelte wiederum den Kopf und fragte dann nach dem Titel. Ich nannte ihm 'Propagandamittel der Staatsidee'. Als ob in den kleinen Mann eine elektrische Ladung gefahren sei, so zuckte er zusammen, und wie aus der Pistole geschossen kam der Ausruf: 'Das kenne ich auswendig!' Dabei starrte er mich mit seinen kohlschwarzen Augen brennend an. Es wurde kein Wort mehr gewechselt, so daß die Sekunden sozusagen ins Stottern gerieten. Das Merkwürdige war seine Angst, irgendeinem Menschen unmittelbar gegenüber zu stehen.[53]

Abgesehen davon, daß es schwerlich vorstellbar erscheint, daß jemand ein ganzes Buch auswendig gelernt haben will, ohne sich seines Verfassers erinnern zu können – die natürliche Folge einer solch unverhofften Begegnung hätte doch wohl der Beginn eines engeren (Arbeits-)Verhältnisses zwischen dem Propagandaministerium und einem so erstklassigen Propagandaberater sein müssen. Doch ein Goebbels hatte keinen Domizlaff nötig, um sich Nachhilfelektionen in Propagandatechniken zu holen. In seinen Tagebüchern, die ein Muster an buchhalterischer Pedanterie darstellen und jeden Namen, jeden Ort, jedes Ereignis aufs gewissenhafteste notieren, kommt der Name nicht vor.[54] Zudem läßt ein Vergleich der Propagandastile schwerlich den Schluß zu, daß von einem Lehrer-Schüler-Verhältnis in Domizlaffs Sinn gesprochen werden könnte. Wo Goebbels draufgängerisch hetzt, aggressiv nachsetzt, Druck ausübt und – in Domizlaffs Sprache – caesarisch auftritt, predigt dieser das glatte Gegenteil: die ansaugende Wirkung vornehmen Königtums, die wohldosierte, suggestiv-aufgeladene Macht ästhetischer Kompositionen.

Wie auch die Markentechnik dazu dient, um die materiale Basis einer Ware herum eine Aura zu erzeugen, die den Nährboden abgibt für erwünschte Halluzinationen, die zur Bildung einer stabilen Legende führen, so arbeitet auch diese Domizlaff-Geschichte geschickt mit dem „Kompositionstrieb des Massengehirns". Ob es sich dabei um Goebbels oder Margarine handelt, ist völlig unerheblich:

Nehmen wir an, daß in einer freien Margarinewirtschaft eigentliche Marken nicht vorhanden sind, und daß infolgedessen bei der Wahl der Verbraucher eine gewisse Unsicherheit besteht, so wird die erste starke Marke wie ein Rettungsanker betrachtet und zur allgemeinen Anerkennung gesteigert. Die Masse ist glücklich, wenn sie erst einmal Namen und Form an Stelle der Unsicherheit vertrauensvoll als Kristallisationspunkt in ihrer Vorstellungswelt einsetzen kann. Die vielen ungebundenen Begriffsteile suchen sich um eine gegebene Idee zu kristallisieren, und damit entsteht ein Begriffskomplex, der wohltätig wie ein zuverlässiges Wissen empfunden wird. Man kann diesen Kristallisationstrieb als eine Art Fetischismus bezeichnen. Wie bei Fetischen komponiert die Massenpsyche ihre Begriffe aus Anregungen, Halbwahrheiten, fehlerhaften Kolportagen und auch Betrug zu Vorbildern, die den Stempel der massenhaften Bewährung erhalten und dementsprechend anerkannt, bewertet oder verehrt werden.[55]

Die Ethik des Drahtziehers

Als der Zweite Weltkrieg vorüber war, glaubte sich Domizlaff offenbar bestens gerüstet, endlich die Rolle spielen zu können, mit der er schon immer geliebäugelt hatte: Berater der einflußreichsten Politik- und Wirtschaftsmagnaten zu sein. Um seinen Anspruch zu untermauern, bringt er in rascher Folge seine Bücher und Schriften heraus: 1946 die ›Analogik‹[56] sowie ›Das größere Vaterland. Ein Aufruf an die Intellektuellen‹[57], wenig später ›Reichstreu‹, 1948 ›Vorsicht, Dämonen! Eine Warnung an die deutschen Intellektuellen‹[58], 1949 ›Der Sozialisierungstod. Aufruf zur Verteidigung des produktiven Unternehmertums‹[59], 1950 das ›Brevier für Könige. Massenpsychologisches Praktikum‹ sowie die beiden Bände ›Nachdenkliche Wanderschaft‹, 1951 folgt die überarbeitete Auflage der Markentechnik, 1952 ein neues Werk zum Thema Staatspropaganda ›Es geht um Deutschland. Massenpsychologische Stichworte für eine sozialpolitische Reform‹ und, als Co-Autor, ›Theorie der Versuchsvorschriften der Wahrscheinlichkeitsrechnung‹[60], 1953 schließlich das stark an Büchners ›Danton‹ erinnernde Revolutionsdrama ›Idealisten‹.[61]

Es scheint, daß Domizlaff vor allem über sein Buch ›Es geht um Deutschland. Massenpsychologische Stichworte für eine sozialpolitische Reform‹, als Auftragswerk für eine Unternehmergruppe[62] entstanden, wieder Anschluß an die Mächtigen finden wollte. Der schlichte Titel trügt; es kann weder von Stichworten – das Buch hat 430 Seiten – noch von Reform die Rede sein. Sehr präzise formuliert Domizlaff jedoch seine Vorstellungen von der Errichtung eines Unternehmerstaats, schlägt bis ins Detail gehende Strategien zur Machtgewinnung und -erhaltung vor, wobei er sich selbst wohl die Rolle des obersten Propagandaberaters zugedacht hatte.[63] Wie schon 1932 sei höchste Eile geboten, „da bereits zahlreiche dilettantische Ideen mit der infektiösen Verführungskraft sozialistischer Utopien die wirtschaftlichen Nervenzentren zu lähmen drohen".[64] Wieder kann sich Domizlaff nicht enthalten, an die Adresse der Unternehmer entsprechende Mahnungen zu richten: „Die Schuld an unzureichender Beherrschung der Massen sollte zuerst bei den Unternehmern selbst gesucht werden. Sie müssen es verstehen, ihre Persönlichkeit mit suggestiven Kräften zur Auswirkung zu bringen, um überhaupt erst einmal ihren Daseinszweck verständlich zu machen und eine freiwillige Unterwerfung oder spontane Verehrung der Hilfskräfte zu rechtfertigen."[65] Der erfahrene Bühnentechniker weiß, was zu tun ist: „Wichtig ist, daß die Unternehmer nie selbst als Politiker auftreten, sondern als Drahtzieher im Hintergrund grundsätzlich auf das ehrgeizige Ziel des öffentlichen Interesses verzichten."[66] Hinter den demokratischen Kulissen sollte allerdings mit wirksamen Mitteln die öffentliche Meinung im Sinne des Unternehmerstaates bearbeitet und geformt werden. Dazu ist eine besondere Spezies von Handlangern zum Einsatz zu bringen:

In den letzten Jahren hat sich ein Beruf herausgebildet, der in der Öffentlichkeit notwendigerweise unbekannt bleibt und für den es auch noch keine Spezialbezeichnung innerhalb des allgemeinen Gattungsbegriffs des Propagandisten gibt. Er wird von Leuten ausgeübt, die mit einem Geldbeutel in der Hand von Redaktionsstube zu Redaktionsstube und von einem Tagesschriftsteller zum anderen wandern, um für das allmähliche Infiltrieren von Anschauungen und Ideen zu sorgen. Mit mühseliger, aber rentabler Mosaikarbeit läßt es sich erreichen, daß alle produktiven Leistungen in das richtige Licht gesetzt werden, daß die unsinnige Vorstellung von dem Kapitalisten als Ausbeuter langsam in das Bild eines Menschen verwandelt wird, der seine Lebenssicherheit zwar in erster Linie für persönliche Erfolge produktiv einsetzt, aber wie die Biene beim Honigsammeln die ganze Umwelt befruchtet.[67]

Dennoch bereiten die neuen, sich demokratisch nennenden Verhältnisse dem alternden Domizlaff fast körperlich fühlbare Übelkeit. Die Demokratie ist für ihn keine lebensfähige Staatsform, sondern höchstens eine abwegige Episode der Geschichte, da in ihr nicht jene hierarchischen Strukturen gedeihen können, die allein in der Lage seien, ausreichend seelische Begeisterung im Volke zu erwecken. Die jüngste Geschichte kannte da bessere Beispiele: „Es muß mit Nachdruck betont werden, daß die politische Messiashoffnung, die Adolf Hitler nicht erfüllen konnte, in der einen oder anderen Weise das zukünftige Verhalten des deutschen Volkes weiterhin bestimmen wird."[68] Nur hatte dieser Messias nicht die richtigen Propagandaberater, sonst hätte der bekannte Betriebsunfall, der auch Domizlaff nicht verborgen geblieben ist, nicht passieren können: „Ob fünzig oder hundert oder fünf Millionen Juden in satanischer Weise ermordet wurden, ob die besten des eigenen Landes in den Abgrund stürzten, ob eine irrlichternde Propaganda schließlich jeden kollektiven Widerstand der moralischen Tradition brach, das alles sind untergeordnete Einzelheiten in den Erscheinungsformen eines durch Hunger, Diffamierung und Hoffnungslosigkeit in den Wahnsinn getriebenen Massengehirns."[69] Jetzt gilt es, die guten Traditionen des Dritten Reichs fortzuführen oder entsprechend abzuwandeln: „Für die militärische Schule muß in einem Arbeitsdienst Ersatz geschaffen werden; denn der Volksbiologe bejaht unbedingt ein solches Kollektivtraining, da den Massenmenschen die produktiven Leidenschaften fehlen, die bei Individuen belebend wirken können, und weil daher nur Gemeinschaftsdressuren und das Erlebnis einer bis in die Knochen gehenden Disziplin sie über ihr meist viel zu niedrig angesetztes einzelnes Leistungsvermögen mit kollektivem Schwung hinauszutragen vermögen."[70] Angesichts ihrer massenpsychologischen Unkenntnis kann die Regierung Adenauer nur als Versagertruppe angesehen werden, erliegt sie doch dem Wahn, aufklärerisch wirken zu wollen: „Der zur Zeit regierende Dilettantismus äußert sich auch in einer merkwürdigen Idee, die beabsichtigt, den Untertanen die Regierungstechnik der Parlamente beizubringen. Dies geschieht durch geschlossenen Besuch ganzer Schulklassen oder jugendlicher Vereinigungen bei Sitzungen des Bundestages. Man kann sich kaum etwas Würdeloseres und Enttäuschenderes für Gläubigkeit und Verehrung suchende Menschen ausdenken als die häufige Enthüllung des unvornehmen Wesens und der geringen Geistigkeit der meisten offiziellen Zusammenkünfte von Volksvertretern. Glaubt man wirklich, daß die Würdelosigkeit der Parlamente mit ihrer Musterkollektion an geistig unbedeutenden Redemaschinen und parteigebundenen Stimmautomaten das Vertrauen des Volkes erweckt?"[71]

Die Resonanz auf das Buch bleibt nicht aus: Das „Heer der Verbands-Angestellten" des Deutschen Gewerkschaftsbundes, aber auch des Industrie-Instituts läuft gegen seine Person Sturm. Völlig zu Unrecht, wie Domizlaff befindet. Sogleich legt der Mißverstandene, diesmal als maschinenschriftliches Manuskript nur an ausgewählte Adressaten verteilt, eine weitere Schrift nach: ›Die ersten Schritte: Vertrauliche Vorschläge zur Verteidigung des privatwirtschaftlichen Unternehmertums‹.[72] Wer eine Kurskorrektur erwartet hatte, sieht sich getäuscht: Domizlaffs Ansichten sind nur noch extremer geworden. Nach dem Muster mittelalterlicher Ordensburgen mahnt er jetzt sogar die Einrichtung einer Akademie an. Aus ihr

Abb. 7: Markentechnik im Ausverkauf: Die gute OVA.

sollen die entscheidenden Impulse zur Stabilisierung des neuen Unternehmerstaates kommen. Nur mit Hilfe einer solchen Geheiminstitution sei in
Zukunft „das Gefolgschaftsproblem" in den Betrieben zu lösen, es lasse
sich damit aber auch „mühelos sogar die Führung im Staat an sich reißen".
Ausgewählte Arbeiter, als „Novizen" rekrutiert und von „Mentoren" im
Geiste des freien Unternehmertums erzogen und zu Zersetzungswerkzeugen
ausgebildet, sollen die Macht der Gewerkschaften untergraben helfen.

Schließlich bestehe „bei jungen Aspiranten (...) ein gewaltiges Interesse an massenpsychologischen Belehrungen, geradezu eine leidenschaftliche Sehnsucht nach den Geheimnissen der Menschenführung, so daß, ganz abgesehen von der Gewinnung nützlicher Parteigänger, sehr tiefe Einbrüche in das Führungsreservoir der sozialistischen Parteien ganz von selbst erfolgen". Doch auch diese Schrift gelangt an die Öffentlichkeit und wird im ›Neuen Vorwärts‹ genüßlich zitiert.[73] Juristische Scharmützel folgen. Nachdem auch ein Gespräch mit dem FDP-Vorsitzenden Thomas Dehler wenig später ergebnislos verläuft,[74] unternimmt Domizlaff keine größeren Versuche politischer Einflußnahme mehr.

Das Verhältnis zu Philipp Reemtsma ist jetzt nachhaltig gestört, bricht schließlich ab. Wer die von Domizlaff noch gestalteten Anzeigen für „Ova" oder „Erste Sorte" (die „Ernte 23" wurde erst 1956 wieder eingeführt) anfangs der fünfziger Jahre betrachtet und sie mit der Werbung für „Texas", „Gloria" oder „Juno" vergleicht, dem muten sie bei aller Stileinheit steif, ja gravitätisch im schlechten Sinne des Wortes an. Nach dem Urteil des Fachkollegen Harry Damrow spielten seine Marken auch keine große Rolle mehr.[75] Domizlaff, der kaisertreue, ist längst nicht mehr auf der Höhe der Zeit. Getreu seiner megalomanen Disposition allerdings behauptet er das Gegenteil: die Zeit sei nicht mehr auf der Höhe, schon gar nicht die „Zeitgeistlichen" in der Werbung.

Domizlaff vereinsamt zusehends. Immer noch hängt er der Idee einer Macht-Akademie nach und baut auf seinem Heidehof Zimmer um Zimmer aus. 1957 erscheint wieder ein neues 600-Seiten-Buch: ›Die Seele des Staates. Regelbuch der Elite‹, freilich nur noch als gedrucktes Manuskript. Es wendet sich „an die Reichstreuen" (der Kaiserreich-Idee) und wartet mit entsprechenden Themen auf, neben der „Judenfrage" sind es immer wieder die demokratischen Gleichheitsgrundsätze, gegen die Domizlaff nicht müde wird zu polemisieren:

Der Ursprung der Naturschutzidee, die es vergessen hat, daß man die Raubtiere und Raubvögel als Gesundheitspolizei nicht verkennen darf und ersetzen muß, ist genau der gleiche wie der humanitäre Gedanke der Gleichstellung von Schwarz und Weiß. Die Schwarzen haben ihre natürlichen Regulative (mangelnde Hygiene, schwierige Daseinsbedingungen und intellektuelle Unterworfenheit) verloren. Sie werden nicht mehr als Sklaven dezimiert, sondern viele Menschenfreunde erleichtern ihre Vermehrung, so daß die Frage auftaucht, wie lange noch die zwar unzweifelhaft edlere, höher gezüchtete und kulturtragende weiße Rasse den zukünftigen Ansturm der entfesselten primitiven Neger aushalten kann. Daraus ergibt sich eine groteske Situation. Die Psychose der demokratischen Gleichmacherei hat in der ganzen Welt den natürlichen Instinkt der Arterhaltung und Selbstgeltung außer Kraft zu setzen versucht, und jetzt melden alle unstreitig entwicklungsspäteren oder ehedem entwicklungsbehinderten Völker ihre ihnen eingeredeten Ansprüche auf gleichberechtigte Mitregierung der Welt an. Es ist auch nicht einzusehen, warum Eingeborene, nur weil sie nicht lesen und schreiben können, weniger zur Wunscherfüllung demokratisch getarnter Demagogen verwendbar sind als die propagandistisch entmündigten Europäer.[76]

Lebt die Legende?

In Hans Domizlaff prallen mentale Strukturen des 19. und 20. Jahrhunderts aufeinander. Mit warmem Herzen blickt er zurück auf die Bilder der guten alten Zeit, die sich ihm in der Ikone des greisen Kaisers verdichten; mit eiskaltem Verstand versucht er das nach der Abdankung des Monarchen entstandene Machtvakuum durch eine Zigarettenpackung zu ersetzen, um im Massenbewußtsein eine ähnlich stabile Psychose zu erzeugen: Markentechnik auch als Säkularisierungstechnik. Doch sein eigenes Bedürfnis nach Würde, Größe und zeremoniellem Glanz hat ihn zu oft verleitet, die suggestive Aufladung von Waren mit Hilfe allzu atavistischer Insignien wie Wappen, Adlern und Flaggen zu bewerkstelligen. Mit diesem Werbestil lag er während des Dritten Reiches natürlich gut im Trend – um so weniger nach dem Kriege.

Domizlaffs Modernität besteht darin, bei allen werblichen Überlegungen zuallererst die Frage nach der Resonanz (-fähigkeit) zu stellen und erst danach die passenden Propagandainhalte zu suchen. Damit mag auch der Unterschied angedeutet sein, der zwischen dem westlichen und dem östlichen Stil der Menschenbeeinflussung besteht: eine subtil durchkomponierte, Vertrauen ansaugende Meinung oder Ware gewinnt langfristig im Bewußtsein der Menschen eine größere Macht als eine noch so forciert durchgepeitschte Parole. Es ist eine Ironie des Schicksals, daß in dem Augenblick, da der selbsternannte Schicksalsdenker Domizlaff sich durch sein Buch ›Die Seele des Staates‹ endgültig ins demokratische Abseits stellte, die große Politik in der Bundesrepublik begann, sich professioneller Werbeleute zu bedienen. Doch jetzt nahmen alerte Pragmatiker dieses Geschäft in die Hand. Und die politische Propaganda in der Bundesrepublik zeigte sich sehr schnell im gebleichten Persil-Stil nach amerikanischem Muster.

Die zynische Diktion darf aber nicht verdecken, daß Domizlaff alles, was er je geschrieben und publiziert hat, bitterernst meinte. Ein jeder Satz von ihm enthält die ganze Wucht und Problematik seiner Person. Er tut es in jener erzprotestantischen Art von Ernst („Ich bin stolz, ein Deutscher zu sein"), die in ihrer Unbedingtheit und in ihrem Anspruch, im Namen einer höheren Wahrheit („naturgesetzlich") reden zu dürfen, kein Verzeihen kennt und letztlich auch die Faszination des Grauens einschließt.

Wäre schon vor zwanzig Jahren eine ausgiebige Beschäftigung mit Domizlaffs Theorien und Strategien der subtilen „Gewinnung des öffentlichen Vertrauens" erfolgt, man hätte kaum der fernen Entlehnungen aus Packard, Dichter oder Galbraith bedurft. Und die seinerzeit überstrapazierten Schlagworte 'Fremdbestimmung' oder 'Manipulation' hätten zu weit präziseren und fundierteren Analysen unserer Warenwelt geführt: „Darin liegt der Zweck der Befruchtung des Massengehirns mit bestimmten Ideen, daß Bedürfnisse ganz spezieller Art entstehen, die ausschließlich durch den dazu gehörigen Markenartikel befriedigt werden können. Die Forderung nach Markenartikelnahrung soll bei gesunden Markenideen allmählich sehr energisch von der Masse gestellt werden. Damit kann durch eine freiwillig geglaubte – unterbewußt durch die Masseninfektion gebundene – Überzeugung der Masse von der Unentbehrlichkeit oder den Vorteilen des Markenartikels eine wertvolle Monopolstellung gesichert werden."[77]

Anmerkungen

[1] W. Bongard: Männer machen Märkte, Oldenburg/Hamburg 1964, S. 235–252.

[2] H. Domizlaff: Denkfehler. Imaginäre Vorträge, Hamburg 1964.

[3] Vgl. J. Wilke: Geschichte als Kommunikationsereignis. Der Beitrag der Massenkommunikation beim Zustandekommen historischer Ereignisse, in: Max Kaase/ Winfried Schulz (Hg.): Massenkommunikation. Theorien, Methoden, Befunde, Kölner Zeitschrift für Sozialpsychologie und Massenkommunikation, Sonderheft 30/1989, S. 57–71. Vgl. auch: H. D. Lasswell (Hg.): Propaganda and Communication in World History, 3 Bde., Honolulu 1979/80.

[4] So z. B. A. Deichsel (Hg.): Und alles ordnet die Gestalt. Hans Domizlaff. Gedanken und Gleichnisse, Zürich 1992; H. Domizlaff: Nachdenkliche Wanderschaft. Autobiographische Fragmente (gekürzte Ausgabe), Zürich 1992.

[5] H. Domizlaff: Nachdenkliche Wanderschaft, 2 Bde., Hamburg 1950, S. 437 f. In vieler Hinsicht kann der Markenmystiker Domizlaff als Antipode des Werbegnostikers und selbsternannten „Werbwarts" Johannes Weidenmüller gelten, der seit der Jahrhundertwende Reklame zum Gegenstand einer exakten Wissenschaft machen wollte und über 1500 Aufsätze und etwa 50 Bücher zum Thema schrieb.

[6] H. Domizlaff (Anm. 5), Bd. I, S. 437 f.

[7] So z. B. H. Domizlaff: Seezeichen, Gedichte, Bielefeld 1955; H. Domizlaff: Religiöse Phänomene. Meditationen über unbewußte Bindungen. Als Manuskript gedruckt, Hamburg 1969; H. Domizlaff: Die Viermastbark 'Passat'. Der Lebensroman eines Tiefwasserseglers, Bielefeld 1960.

[8] P. W. Meyer (Hg.): Begegnungen mit Hans Domizlaff. Festschrift zu seinem 75. Geburtstag, Essen 1967, S. 147.

[9] Vgl. auch Swante Domizlaff (Sohn von H. Domizlaff.): Die schönen Seiten des Rauchens, in: Feinschmecker 6/86, S. 175 ff.

[10] Vgl. insbesondere das Kapitel „Lehrbeispiele aus der Marken-Industrie", in: H. Domizlaff: Die Gewinnung des öffentlichen Vertrauens. Ein Lehrbuch der Markentechnik, Hamburg 1982, S. 377 ff.

[11] So z. B. H. Domizlaff: Mit der Yacht Dirk II in Norwegen. Drei Fahrtenberichte, Berlin 1930; H. Domizlaff: Dirk III. Bilder und Gedanken aus der Welt des Fahrtenseglers, Berlin 1934.

[12] H. Domizlaff: Propagandamittel der Staatsidee. Als Manuskript gedruckt, Leipzig 1932.

[13] So D. Rost: So wirbt Siemens, Düsseldorf/Wien 1971, S. 50 f. Vgl. auch H. Liebenau: Interview mit einem Solisten: Hans Domizlaff und das Haus Siemens, in: Meyer (Anm. 8), S. 41–62. Zum Mißerfolg des von Domizlaff gestalteten Siemens-Radiogeräts, des sogenannten „Herrn im Frack", vgl. G. Siemens: Geschichte des Hauses Siemens, III. Band, Freiburg 1952, S. 103 ff.

[14] Domizlaff (Anm. 10), S. 49.

[15] H. Domizlaff: Brevier für Könige. Massenpsychologisches Praktikum, Hamburg 1950b.

[16] In: Der Spiegel, 4. Jg., Nr. 22 vom 1. 6. 1950, S. 10 f.

[17] Lt. Schreiben der Deutschen Grammophongesellschaft mbH, Hamburg, vom 18. 12. 1990 (in Besitz der Verfasser).

[18] A. Miller: Am Anfang war Erziehung, Frankfurt/M. 1983.

[19] Domizlaff (Anm. 5), Bd. I, S. 46.

[20] Ebd., S. 48.

[21] Ebd., S. 65.

[22] Ebd., S. 337 ff. Dort heißt es unter anderem (S. 352): „Über diese Erlebnisse habe ich auch später nur sehr selten und sehr ungern gesprochen."

[23] R. Avenarius: Der Größenwahn. Erscheinungsbilder und Entstehungsweise, Heidelberg 1978, S. 85.

[24] H. Domizlaff: Es geht um Deutschland. Massenpsychologische Stichworte für eine sozialpolitische Reform, Hamburg 1952, S. 202.

[25] Domizlaff (Anm. 5), Bd. I, S. 230.

[26] Vgl. den Sachartikel über Georg Domizlaff, Leiter des deutschen Feldpostwesens, geb. 14. 6. 1854, gest. 24. 10. 1937: „Unermüdlich auf allen Kriegsschauplätzen tätig, verfolgte er seine Ziele mit großem Geschick und griff mit Energie erfolgreich überall da ein, wo es galt, unüberwindlich scheinende Schwierigkeiten aus dem Wege zu räumen." In: Neue Deutsche Biographie, hrsg. von der Historischen Kommission bei der bayerischen Akademie der Wissenschaften, Berlin 1959, S. 68.

[27] „Doppelt fermentiert" lautete der bekannte, von Domizlaff geprägte Slogan zur Bewerbung der „R6". In seiner Konzentration auf ein einziges Ziel, Vertrauen zur Ware zu erwecken und zu stabilisieren, darf er auch heute noch als mustergültig bezeichnet werden. Vgl. auch U. Westphal: Werbung im Dritten Reich, Berlin 1989, S. 56.

[28] Domizlaff (Anm. 5), Bd. I, S. 255.

[29] F. Nietzsche: Der Wille zur Macht, Stuttgart 1964, 1. Buch: Der europäische Nihilismus, Aph. 94, S. 130.

[30] Ebd., 3. Buch: Prinzip einer neuen Wertsetzung, Aph. 760, S. 506.

[31] O. Spengler: Der Untergang des Abendlandes. Umrisse einer Morphologie der Weltgeschichte, München 1972 (zuerst 1922); S. Freud: Massenpsychologie und Ich-Analyse. Die Zukunft einer Illusion, Frankfurt 1971.

[32] Vgl. G. Paul: Aufstand der Bilder. Die NS-Propaganda vor 1933, Bonn 1990, S. 26 ff.

[33] G. Le Bon: Psychologie der Massen, Stuttgart 1938, S. 14. Vgl. auch: B. Rieger: Zwiegespräch mit dem Vater der Markentechnik, in: W. K. A. Disch (Hg.): Wundersame Welt der Markenartikel, Hamburg 1982, S. 81–102.

[34] H. Domizlaff: Typische Denkfehler der Reklamekritik. Die Kunst erfolgreicher Werbung, Leipzig 1929. Wiederabgedruckt in: H. Domizlaff: Die Gewinnung des öffentlichen Vertrauens, Hamburg 1992, S. 529–534.

[35] Le Bon (Anm. 33), S. 30.

[36] Ebd., S. 104 ff.

[37] Ebd., S. 105.

[38] H. W. Brose: Götterdämmerung des Markenartikels? Neue Wege zu neuen Käufern, Schwarzenberg 1934, S. 57.

[39] H. Domizlaff: Primat der werblichen oder der künstlerischen Aufgabe, in: Die Anzeige, 29. Jg., Heft 7, Juli 1953, S. 536 ff.

[40] Domizlaff (Anm. 5, Bd. 2): Die 2. Auflage ist wiederum im Eigenverlag (Institut für Markentechnik Hamburg) erschienen. Sie trägt die Widmung: „In memoriam eines großen Königs Carl Friedrich von Siemens seinem Sohne Ernst von Siemens dankbar zugeeignet 1942."

[41] Zit. nach H. Liebenau: Nachruf auf den König, in: Werberundschau, 29. Jg., Nr. 108, Dez. 1971, S. 71–85, S. 77.

[42] Domizlaff (1982), S. 215 f.

[43] Ebd., S. 141.

[44] Die nachgelassenen Bekenntnisse von Werbefachleuten zeichnen sich als Biographien durch immer wiederkehrende Strukturmuster aus. Einige Titel: C. C. Hopkins: Propaganda. Meine Lebensarbeit. Die Erfahrungen aus 37-jähriger Anzeigen-Arbeit im Werte von vollen 100 000 000 Dollar, Stuttgart/Wien 1929; H. W. Brose: Die Entdeckung des Verbrauchers, Düsseldorf 1958; H. Damrow: Ich war kein geheimer Verführer, Bergzabern 1982; D. Ogilvy: Geständnisse eines Werbemannes, Düsseldorf 1964; C. Kapferer: Ein Leben für die Information, Zürich 1983; H. Fischer: Die Stoetzner-Story. Werbung, Menschen, Politik, München 1986.

[45] Domizlaff (Anm. 5), Bd. I, S. 287–294.

[46] Ebd., S. 317 ff.

[47] Ebd., Bd. II, S. 224.

[48] Domizlaff (Anm. 12), S. 89.

[49] Ebd., S. 16 f.

[50] Einer der größten Inserenten im ›Völkischen Beobachter‹ des Jahres 1932 war die Firma Reemtsma. In fast jeder zweiten Ausgabe finden sich großformatige „R6"-Anzeigen (was im Gegensatz zur Domizlaffschen Behauptung steht, sein Instrument sei allein die Marke, aber nicht die Werbung). Die Vermutung scheint nicht abwegig, daß die Rezension mit Hilfe Reemtsmascher Insertionspolitik geschoben wurde.

[51] Vgl. auch J. Voigt: Goebbels als Markentechniker, in: W. F. Haug (Hg.): Warenästhetik. Beiträge zur Diskussion, Weiterentwicklung und Vermittlung ihrer Kritik, Frankfurt a. M. 1975, S. 231 ff.

[52] So z. B. K. A. Griesbeck: Meditationen über Domizlaff, in: Werbe-Rundschau, Zeitschrift für planmäßige Beeinflussung, 28. Jg. 1970, Nr. 102, S. 46; zuletzt noch U. Eicke: Die Werbelawine. Angriff auf unser Bewußtsein, München 1991, S. 208. Selbst D. Reinhardt: Geschichte der Wirtschaftswerbung in Deutschland, Berlin 1993, S. 140, kolportiert die von Voigt nur andeutungsweise vorgetragene Spekulation als Tatsache weiter.

[53] Domizlaff (Anm. 5), Bd. II, S. 247.

[54] Die Quellenausgabe der Goebbels-Tagebücher umfaßt bisher die Jahre 1924–1942. Einige Hefte, unter anderem auch dasjenige mit den Aufzeichnungen zwischen Mai bis Oktober 1939, sollen sich nach Auskunft von Elke Fröhlich, Institut für Zeitgeschichte München, noch in Moskau befinden (lt. Schreiben vom 13. 12. 1991 an die Verfasser).

[55] Domizlaff (Anm. 10), S. 219.

[56] H. Domizlaff: Analogik. Denkgesetzliche Grundlagen der naturwissenschaftlichen Forschung, Hamburg 1946. Die 'Analogik' kann als biologistische Erkenntnistheorie bezeichnet werden; sie befaßt sich mit den Kompositionsneigungen dessen, was Domizlaff den „Denkapparat" nennt. Wenngleich der darin enthaltene werbliche Aspekt, der für Domizlaff auch immer staats- und gesellschaftskonstituierend ist, hier noch nicht entfaltet wird, so fußen doch alle von ihm in der Folge exemplifizierten Gedanken wie die „Theorie der Großorganismen" ('Brevier für Könige') oder der „Konsonanzwang" ('Denkfehler') letztlich auf der 'Analogik'.

[57] H. Domizlaff: Das größere Vaterland. Ein Aufruf an die Intellektuellen, Hamburg 1947.

[58] H. Domizlaff: Vorsicht, Dämonen! Eine Warnung an die deutschen Intellektuellen, Hamburg 1948.

[59] H. Domizlaff: Der Sozialisierungstod. Aufruf zur Verteidigung des produktiven Unternehmertums, Berlin 1949.

[60] H. Domizlaff/E. Tornier: Theorie der Versuchsvorschriften der Wahrscheinlichkeitsrechnung, Stuttgart 1952.

[61] H. Domizlaff: Idealisten. Eine schauspielerische Darstellung seelischer Gemeinschaftskräfte, Hamburg 1953.

[62] In wessen Auftrag die Schrift verfaßt wurde, läßt sich nicht mehr ermitteln. In Betracht käme u. a. die „Waage. Gemeinschaft zur Förderung des sozialen Ausgleichs e.V.", ein Verein, der 1952 von einer Unternehmergruppe ins Leben gerufen wurde; zu den Gründungsmitgliedern gehörte auch Philipp Reemtsma. Vgl.: Amtsgericht Köln, Akte 43 VR 4323, Eintragung ins Vereinsregister am 25. 11. 1952.

[63] Auf einen näheren Vergleich der beiden Schriften ›Die Propagandamittel der Staatsidee‹ von 1932 und ›Es geht um Deutschland. Massenpsychologische Stichworte für eine sozialpolitische Reform‹ von 1952 kann hier nicht eingegangen werden. Beide Bücher sind eng miteinander verzahnt, was schon formal durch die jeweils am Ende abgedruckten, nahezu identischen Flaggentafeln deutlich wird. Schon 1932 hatte Domizlaff mit der Rolle des 'Zensors' im Deutschen Reich geliebäugelt und

dessen wichtige Aufgaben und Funktionen in einem eigenen Kapitel dargestellt. Eine ähnliche Rolle mag ihm auch 1952 wieder vorgeschwebt haben, allerdings hütete er sich angesichts der nun geltenden demokratischen Spielregeln, sie genauer zu definieren.

[64] Domizlaff (Anm. 24), S. 9.

[65] Ebd., S. 25.

[66] Ebd., S. 87.

[67] Ebd., S. 106.

[68] Ebd., S. 119.

[69] Ebd., S. 261.

[70] Ebd., S. 156.

[71] Ebd., S. 283.

[72] H. Domizlaff: Die ersten Schritte. Vertrauliche Vorschläge zur Verteidigung des privatwirtschaftlichen Unternehmertums (Archiv der Friedrich Ebert-Stiftung, Akten des Parteivorstands [PV], Nr. 188: „Die Waage").

[73] ›Klassenkampf von oben. Von der 'Waage' zur 'Akademie'‹, in: ›Neuer Vorwärts‹ vom 23. 10. 1953.

[74] Deichsel (Anm. 4), S. 82.

[75] Damrow (Anm. 44), S. 86.

[76] H. Domizlaff: Die Seele des Staates. Regelbuch der Elite, als Manuskript gedruckt, Hamburg 1957, S. 590.

[77] Domizlaff (Anm. 10), S. 217.

Sieger Marke Deutschland

„Wie wir Weltmeister wurden":
Helden-Lied in drei Akten

Dies dramatische Impromptu vom Kollek-
tivleben deutscher Seele nimmt dank eines
klugen Zeremonienmeisters einen glücklichen Ausgang, und selbst der „Böse" wird
hier mit Nachsicht behandelt. Die Helden
aber – das sind neben den Akteuren auf
der Bühne ja wir selbst, die Zuschauer,
wie wir wurden, was wir sind.

Vorspiel auf dem Theater und Einstimmung des Publikums

„Aus der Enklave, die da bei Konstanz liegt, ich weiß den Namen nicht
mehr genau (...), die abgeschlossen ist von unserem deutschen Land, wurde die Bitte geäußert, daß der Wagen mit der heimkehrenden Fußballmannschaft auch dort halten sollte. (...) Ein Appell an die Bundesbahn, diese
prachtvolle Institution, (...) hatte dann auch Erfolg, und so konnten wir
das Zeichen der Treue dieser Deutschen in der Enklave, die nicht mit
unserem Vaterland vereint sein dürfen, entgegennehmen."[1] Peco Bauwens,
der erste Präsident des Deutschen Fußball-Bundes, vergriff sich im Ton;
doch als der Sondertriebwagen mit der Weltmeistermannschaft kurz vor
Singen bundesrepublikanischen Boden erreichte, hatte sich die Welt der
Deutschen verändert.

Die Zeitungen des benachbarten Auslands registrierten den Wandel genau – was im Gegenzug den Unmut so manches westdeutschen Redakteurs
hervorrief. Da berichtet die in Düsseldorf erscheinende ›abz-Illustrierte‹ am
1. August 1954 auf einer ganzen Seite über einen Artikel der Pariser Zeitschrift ›Noir et Blanc‹. Dort finde sich doch eine Bilderfolge, die für die
Art charakteristisch sei, mit der man Deutschland in gewissen Kreisen
schon wieder betrachte. Unter der bezeichnenden Überschrift ›Deutschland
über alles!‹ seien folgende Fotos arrangiert: „Erstes Bild ist die Fotografie

der in Vichy gewählten 'Miß Europa' mit der Überschrift: 'Die schönste Frau Europas: Miß Deutschland.' Das zweite Bild zeigt Fritz Walter mit dem Siegespokal der Fußball-Weltmeisterschaft; Überschrift: 'Die besten Fußballer Europas (und der Welt): Die deutsche Mannschaft.' Das dritte Bild zeigt die siegreichen Mercedes-Wagen in Reims; Überschrift: 'Die schnellsten Wagen Europas: Mercedes, Sieger von Reims.'" Das vierte Bild dieser Fotoleiste schließlich offenbare, worauf es den Redakteuren wohl ankomme: „Man sieht zwei Männer des Grenzschutzes bei der Postenablösung in Bonn – und darüber steht gedruckt das, worauf es dem Monteur dieser Bildleiste ankam: 'Und morgen, der beste Soldat Europas, der deutsche Soldat?'"

„Dürfen wir gewinnen, singen, reisen?" fragt der abz-Schreiber erbost zurück. Schließlich handele es sich um ehrenhaft erbrachte Leistungen vor den Augen der Weltöffentlichkeit; das Absingen der ersten Strophe des Deutschlandliedes seitens deutscher Schlachtenbummler bei der Siegerehrung im Wankdorf-Stadion sei Ausdruck spontaner Freude, aber nicht bösen Willens gewesen: „Es war ganz erklärlich, wenn die Massen die erste Strophe sangen – denn seit Generationen ist ihnen nur diese geläufig, weil sie immer gesungen wurde."[2] Selbst das Allensbacher Institut für Meinungsforschung beeilt sich, den statistischen Beweis der politischen Harmlosigkeit (nicht nur) des Fan-Blocks nachzureichen: Die überwiegende Mehrheit der Westdeutschen wisse doch gar nicht, wo Maas und Memel, Etsch und Belt überhaupt lägen![3]

Die Bemühungen der Demoskopen entkräften nicht die Macht der Bilder. Der 4. Juli 1954, der Tag des Endspielsiegs, ist so sehr von nationalen Gefühlsaufwallungen geprägt, daß ihm nur ein einziges Datum der jüngsten deutschen Geschichte an die Seite gestellt werden kann: der Tag der Maueröffnung am 9. November 1989. Mit seinem Buch ›Gefühlsstau‹[4] hat Hans-Joachim Maaz versucht, das psychologische Erklärungsmodell für den kollektiven Gefühlsausbruch der DDR-Bürger zu liefern, eine vergleichbare zeitgenössische Diagnose der Weltmeisterschaft und ihrer Nachwirkungen existiert hingegen nicht. Erst 1967, dreizehn Jahre nach der Weltmeisterschaft, haben Margarete und Alexander Mitscherlich mit ihrer berühmten Studie ›Die Unfähigkeit zu trauern‹ den Versuch gewagt, kollektive Seelendynamiken über lange Zeiträume hinweg zu rekonstruieren. Wenngleich die Psychologen ihren Befund – fehlende Bereitschaft zur Auseinandersetzung mit der Vergangenheit[5] – auf die „erfolgreiche Abwehr einer Melancholie der Massen" zurückführen, die Fußballweltmeisterschaft nennen sie nicht einmal. Dabei wurde doch gerade dieses Ereignis als ein kaum mehr für möglich gehaltener makelloser Sieg empfunden. Eine psychologisch ausweglose Situation war gelöst: entweder die völlig zu Recht bestraften Verlierer oder die qua Unrechtssystem für alle Zeiten diskreditierten Sieger heißen zu müssen. Im gleichen Maße, wie es plötzlich möglich wurde, die düsteren Schatten der Vergangenheit durch die glanzvollen Bilder des guten Sieges zu überblenden, konnte ihre Abspeicherung im Gedächtnis der Massen geschehen.

In Studien über die Fußballweltmeisterschaft wird die Qualität der neuen Zeit immer wieder mit Begriffen wie „Wirtschaftswunder" und „Medienzeitalter" umschrieben.[6] Beides freilich gehört in einen funktionalen Zusammenhang: Endlich darf zur Sprache kommen, was zuvor keinen Namen haben durfte, endlich darf ein seit der Währungsreform angewachsenes neudeutsches Selbstbewußtsein[7] öffentlich präsentiert, zelebriert und genossen werden.

Von diesen mentalen Verschiebungs- und Umwertungsprozessen erzählt das dramatische Gemälde jener Julitage. Figuren betreten die Bühne, die dem kollektiven Gefühlsereignis Ausdruck und Stimme leihen (möchten). In ihren Versuchen, den Triumph zu fassen, zu deuten und zu moderieren, werden mentale Strukturmuster virulent, formiert sich bundesrepublikanisches Selbstverständnis zwischen Vergangenheitsreflex und Zukunftsoption.

I. Akt: Endsieg mit leichter Verspätung?

„Deutschland über alles ..."

Verfolgen wir den Wachstumsprozeß des „Wir-sind-wieder-wer" rückwärts, gehen wir seinen Komponenten nach, lassen wir seine Moderatoren und Akteure zu Wort kommen. Als Peco Bauwens[8], 1886 geboren, mit dem Fußball in Berührung kommt, kann von dessen Durchsetzung als Breitensport nicht die Rede sein. Den Hoffnungen des zeitgenössischen Beobachters kurz vor dem Ausbruch des Ersten Weltkriegs wird allerdings auch er beigepflichtet haben: „Die bunten Jacken der Stürmer werden noch über den Rasen fliegen, wenn mancher andere Sport schon lange vergessen ist, und das Vaterland wird dir dankbar sein, daß du von allen Spielen am meisten die Muskeln und Sehnen seiner Söhne zu Eisen und Stahl hast werden lassen (...). Es steht also fest: rote Backen, harte Muskeln, ein frischer Schritt und helle Augen, alles das stellt sich nach und nach bei dem ein, der Fußball spielt. Der Vater lächelt und die Mutter triumphiert. Weiter steht fest: Fußball ist heute schon mehr als ein Spiel, das Freude und Lust weckt; es beginnt, ein Teil deutscher Volkskultur zu werden."[9] 1910 spielt Bauwens das erste und einzige Mal für Deutschland, verliert mit der Mannschaft gegen Belgien 0:3. In den zwanziger und dreißiger Jahren tritt er als

Schiedsrichter bei vielen nationalen und internationalen Begegnungen in Erscheinung und bringt es in dieser Funktion bis 1948 auf über 1000 Einsätze. 1949 beginnt seine dritte Karriere im Fußball, diesmal als Funktionär; im August des Jahres wählt ihn der wiedererstandene Deutsche Fußball-Bund zum Präsidenten. „Wir spielen bald wieder im Ausland", verkündet er voller Zuversicht, um sogleich bescheiden, aber doch bestimmt auszuführen:

Der Deutsche Fußball-Bund sollte sich dem Dienst am Menschen widmen. Er will es mit besonderer Kraft tun, wenn seine Mannschaften wieder einmal über die deutschen Grenzen hinausgehen und mit anderen Nationen in Sportverkehr treten. Ich glaube, daß es bald geschehen wird. Das werdende Europa braucht den Sport als Mittler seiner Bestrebungen und der Sport braucht das werdende Europa. Wir haben draußen wieder viel gutzumachen. Die anderen aber auch einiges an uns. Wenn unsere Jugend in fremde Länder geht, soll und braucht sie es nicht mit niedergeschlagenen Augen zu tun. Sie hat die lautersten Absichten, denn wir wollen in die sportliche Völkerfamilie eintreten als Menschen, die das Recht für sich in Anspruch nehmen, gute Deutsche sein zu dürfen, um gute Europäer und gute Weltbürger werden zu können.[10]

Freilich stehen Bauwens' ehrenwerte Absichtserklärungen unter den rigiden Gesetzen des Kalten Krieges, was sich natürlich auch auf seine Einschätzung des sowjetisch besetzten Teil Deutschlands auswirkt:

Hüben und drüben von dieser Grenze wohnen Menschen unserer Zunge und unseres Herzens, Menschen, welche die gleiche Liebe zum Fußballsport beseelt. (...) Und noch weniger als die Wirtschaft, noch weniger als die Politik können wir diese Grenzen anerkennen. (...) Deshalb weiß ich, was deutsche Jungen empfinden, wenn sie dem braunen Lederball nachjagen. Der Fußball ist mit in die Gefangenenlager gezogen. Heimkehrer aus dem Ural, aus Afrika und Amerika haben uns mit leuchtenden Augen berichtet, wie ihnen das runde Leder neuen Lebensmut und eine gedankliche Verbindung mit der Heimat geschenkt hat. Und unsere Jungen, die im deutschen Osten von Haus und Hof vertrieben worden sind, die nichts mehr zu eigen hatten als die zerschlissenen Kleider, die sie auf dem Leibe trugen, haben aus ihrer Heimat doch eines mitgenommen: die Liebe zum Fußball."[11]

Schon hier deutet sich an, daß der DFB-Funktionär den Fußballsport nicht ohne politische Aufladung denken will und kann. Vor allem erhofft sich Bauwens vom Fußball Impulse zur moralischen Wiedererstarkung Deutschlands. Schließlich hatte er die heilsamen Kräfte sportlicher Betätigung am eigenen Leibe schon als Knabe erfahren. 1961 teilt Willy Weyer anläßlich des 75. Geburtstags des DFB-Vorsitzenden eine in dieser Hinsicht aufschlußreiche Geschichte mit: „Als er (Bauwens) 10 Jahre alt war, schenkten ihm belgische Freunde ein Fahrrad. Der junge, gewandte kleine 'Dicke', wie er damals zu Hause genannt wurde, machte davon den vielfältigsten Gebrauch, mit dem Erfolg, daß er bald überfahren auf dem Krankenbett lag mit der Diagnose: 'Das gebrochene Bein müssen wir abnehmen.' Den Eltern, die ihren Sohn nicht so leicht zu einem Krüppel werden lassen wollten, riet ein befreundeter, sportbegeisterter belgischer Arzt: eine Beinamputation ließe sich vielleicht noch vermeiden; der Junge wird zu diesem Zweck aber viel turnen und Sport treiben müssen."[12]

Viel wichtiger noch als die wohltätigen Wirkungen auf das körperliche Befinden erscheinen Bauwens die charakterbildenden und kameradschaftsfördernden Einflüsse des Fußballsports. Dieses Glaubensbekenntnis wird er nie müde zu wiederholen, wobei sein 'völkischer' Ton mit der Zeit zunehmend politisch-konkrete Programmatik durchscheinen läßt: „Die Regeneration der Volkskraft", so verkündet er 1950, ist „durch kein Mittel wirksamer zu fördern als durch eine vernünftige und planmäßige sportliche Betätigung".[13] Sport kann zur Schule des Volkes werden und zur Festigung seiner charakterlichen Erstarkung entscheidend beitragen: „Die Geschichte des Sportes lehrt (...), daß der Sport auch fähig ist, den Geist der Zeit mitzuformen und das Gesamtverhalten eines Volkes zu beeinflussen."[14] Von der körperlichen Ertüchtigung zur geistigen Erziehung und Ausrichtung ist es da nur noch ein kleiner Schritt; die propagandistischen Möglichkeiten, die der Sport bietet, kann Bauwens befreundeten Funktionären anderer Institutionen nur empfehlen: „Nur dann, wenn sich die Vertreter der Kirchen mitten hinein in die moderne Massenbewegung des Sportes stellen, werden sie in der Lage sein, den Sport auch von sich aus mit den ethischen Werten anzureichern, die sie selbst zu verbreiten wünschen."[15]

Doch solange der deutsche Fußball international noch ohne Bedeutung ist, bleiben solcherlei Auffassungen von seiner politischen Mission ebenfalls bedeutungslos. Erst als sich in Bern die internationale Bühne auftut und die bundesdeutsche Mannschaft ihre Spiele gewinnt, wachsen jedem weiteren Sieg symbolische Qualitäten zu, als ob sich Stück für Stück die von vielen als ungerecht empfundene 'Niederlage' im Zweiten Weltkrieg gleichsam noch ungeschehen machen ließe. Nicht nur dem DFB-Präsidenten, auch dem sonst so maßvollen Rundfunkreporter Herbert Zimmermann sind solche Gefühle nicht fremd. Schon im Gerangel um die Sprecherkabinen ergreift dieser die Gelegenheit, für manch erlittene Schmach der Vergangenheit wenigstens symbolisch Revanche zu nehmen: „Ein Königreich für eine gute Kabine, hieß es in unserem Lager. (...) Nun, für uns Deutsche wurde die Situation von Spiel zu Spiel besser, und bei der Vorschlußrunde bzw. dem Endspiel saßen Kurt Brumme und ich gewissermaßen in der Proszeniumsloge der Weltmeisterschaft. Entsprechend den Leistungen seiner Mannschaft hatte Englands bekanntester Rundfunksprecher Raymond

Glendenning meist eine Kabine in der 'zweiten Frontlinie'. Das dürfte dem Meistersprecher Englands auch noch nicht allzu oft vorgekommen sein. Aber in der Schweiz ging man eben absolut korrekt und neutral vor."[16]

Blenden wir uns nun ein ins Spiel der Spiele. Man schreibt die 18. Minute, noch steht es 2:1 für Ungarn. Herbert Zimmermann kommentiert: „Und wieder tritt Fritz Walter die Ecke. Über Schäfer und Groscis hinweg kommt das Leder zu Rahn. Der schießt: 2:2! Ein Jubelsturm braust von den Tribünen über das Spielfeld. Die Zuschauer empfinden ganz richtig: Das ist mehr als ein gewöhnliches Ausgleichstor. Das ist nicht die Wiederherstellung des Gleichstandes an Toren; das ist die Wiederherstellung des moralischen Gleichgewichts."[17]

Der Triumphzug der „moralischen" Sieger durch Singen, München, Nürnberg hinüber in die Pfalz, ins Rheinland und Ruhrgebiet, über Hamburg bis nach Berlin und schließlich zurück nach Bonn wird zu einem einzigen Katarakt lange aufgestauter Emotionen. Immer suchen die Reporter und Journalisten vergeblich nach dem Wort, das dem Gefühlsausbruch angemessen ist, immer wieder wird „der Jubel zum Orkan", so in Singen und München, so in Kaiserslautern, so in Berlin: „Frauen verloren ihre Schuhe, Kinder ihre Taschen, Männer ihre Stimme. Die Masse brach in einen einzigen Schrei aus, der gellend durch die Straßen brauste. Nie wurde ein König, ein Held, ein Diktator (!) stürmischer gefeiert als die Mannschaft, die über sich hinausgewachsen war."[18] Im Münchner Rathaus eingetroffen sieht Peco Bauwens endlich die Stunde gekommen, die politische Mission des Fußballs zu verkünden. Noch ganz im Rausch von Sieg und Zugfahrt intoniert er eine Rede auf dieses „deutsche Volk in seiner ganzen Breite (...): Und nicht nur die Jugend: auch die älteren Semester standen mit dem Dreschflegel auf dem Acker und winkten und die Mönche im Kloster und der Priester hob seinen Hut ab: es war wirklich etwas so Hinreißendes, das wirklich zeigt, daß es eine Volksbewegung geworden ist, die etwas gelenkt und gesteuert und gefördert werden muß von unserem Staat. (...) Das sind die Zeichen der Zeit, die müssen erkannt und gefördert werden, und darauf hoffen wir."[19]

„Am Abend dann", so verzeichnet die offizielle Festschrift, „gingen die Wogen des Frohsinns und der Gemütlichkeit hoch im Löwenbräukeller."[20] An seine „wackeren Knaben" gewandt („Ich darf euch doch so nennen?"[21]) ergeht sich der DFB-Gewaltige in nationalistischen Phrasen: Was ein echter, seinem Lande ergebener Deutscher tun könne, hätte die Mannschaft vor aller Welt demonstriert[22]: „Als in Bern unsere Fahne am Mast wehte", seien sie „mit der deutschen Fahne im Herzen auf den Gegner" losgestürmt[23]: „Dieser Sieg hat gezeigt, daß es Schlacken auf dem Sport und dem deutschen Volk nicht mehr geben kann, wenn es jemand ehrlich mit uns meint",[24] ruft er in den Saal. Sein Fazit: „Eine Repräsentanz besten Deutschtums im Ausland!"[25]

Hier freilich greift eine kluge Regie ein und beendet den ersten Akt: „Der Rundfunk", so die Münchner Illustrierte, „schaltete mitten in seiner Rede ab."[26]

II. Akt: Parade der Testimonials

> „Deutsche Frauen, deutsche Treue
> Deutscher Wein und deutscher Sang
> Sollen in der Welt behalten
> Ihren alten stolzen Klang.
> Uns zu edler That begeistern
> Unser ganzes Leben lang –
> Deutsche Frauen, deutsche Treue,
> Deutscher Wein und deutscher Sang!"

In das kollektive Gedächtnis fanden die Ausfälle des Verbands-Präsidenten keinen Einlaß; um so nachhaltiger verfestigten sich die Erlebnisspuren millionenfacher Begeisterung in der Erinnerung anhand so typischer Szenen wie dieser:

„Nein, bisher hat sich Großmutter durchaus nicht für Fußballspiele interessiert. Aber jetzt ist sie genau so lebhaft bei der Sache wie alle anderen Familienmitglieder. Und die Jüngeren sehen es mit stillem Schmunzeln: während die eine Hand nervös das Taschentuch zerknüllt, unterstreicht die andere lebhaft gestikulierend das Miterleben, das sich in den Gesichtszügen der Greisin widerspiegelt."[27]

Noch 25 Jahre später sind solche Bilder nicht nur allzeit abrufbar, sondern werden wie Dokumente der eigenen Erfolgsgeschichte behandelt und angeführt: „Vor allen Dingen war man stolz, daß man so kurz nach'm Krieg etwas geleistet hat."[28] In einem ganz anderen Sinne als gedacht, bewahrheitete sich auf einmal der Satz Walter Benjamins, daß „in den großen Festaufzügen, den Monstreversammlungen, den Massenveranstaltungen sportlicher Art und im Krieg, die heute sämtlich der Aufnahmeapparatur zugeführt werden, (...) sich die Masse selbst ins Gesicht (sieht)."[29]

Zum ersten Mal nach dem Krieg wagen die Westdeutschen den kollektiven Blick in den Spiegel und verschaffen sich – zwischen Selbsterkenntnis und Selbstgefallen – mit dem makellosen Sieg ihrer Mannschaft den Beweis ihrer Vollwertigkeit im Kreis der Nationen. Im gleichen Atemzug gelingt die massenhafte Umwidmung vagabundierender Glaubensenergien, kann das meistverkaufte Taschenbuch über die Weltmeisterschaft nur den einen Titel tragen: „Wie *wir* Weltmeister wurden".[30]

Die Präsentation der Helden im öffentlichen Raum, in der Presse und in den Bildmedien dokumentiert dieses vitale Kommunikationsinteresse: die auf dem Fußballfeld gezeigten Tugenden und Wertvorstellungen stammen unmittelbar von den Arbeitsplätzen und aus den Betrieben. Dort, wo der Wiederaufstieg erarbeitet wird, werden sie verlangt, haben sie absolute Geltung, und jeder einzelne der Weltmeister ist einer ihrer mustergültigen Repräsentanten von Anständigkeit und Bescheidenheit, von Fleiß und Disziplin.[31]

Toni Turek, der Mannschaftsälteste, ist „von stoischer Ruhe"[32] beseelt. Den Hauptteil seiner Freizeit widmet der „kleine Angestellte" in der Registratur der Düsseldorfer Rheinbahnen den Kindern, sein Hobby: „Hausaufgaben mit der Tochter sowie Romane lesen." Er bewohnt ein Häuschen, von einem Garten umgeben. „Jeden Morgen pünktlich zur Stelle" ist auch „der immer gut gelaunte Frühaufsteher" Werner Kohlmeyer, ein „ruhiger Pfälzer, Angestellter in einer Kammgarnspinnerei". Auch er, der sich durch Gartenarbeit frisch hält, nennt ein Häuschen mit Garten sein eigen, Vater ist er „von drei Kindern, also natürlich verheiratet". Stets wird versichert, daß auch Jupp Posipal trotz seines fremdländisch klingenden Namens Deutscher ist, genauer: Volksdeutscher aus Rumänien. Der „freundliche, aufgeschlossene Angestellte" in einem großen Hamburger Bettenhaus ist „harmonisch verheiratet". Vorbildlich auch sein Freizeitverhalten: bescheiden fährt er „im Urlaub mit Frau und Töchterchen an die See". Karl Mai, „Konditor in Fürth", hat eine „Spezialität: bayerische Krapfen". Der Noch-Junggeselle träumt von einer eigenen Existenz, einem Tabakwarengeschäft. „Unerhörte Ausdauer und Präzision" werden ihm zugeschrieben, aber: „In schwierigen Lagen ist er stets mit einem lustigen Wort bei der Hand." Als „zurückhaltend und ruhig" wird dagegen Werner Liebrich beschrieben: „Postbeamter und Kinderfreund". Er zeichnet sich durch „konsequente Härte auf dem Spielfeld aus". „Immer guten Muts" und „ein feiner Kamerad", „erfüllt er Herbergers Stopper-Soll". Anmerkung: „Als Ehemann so zuverlässig wie als Mittelläufer." Horst Eckel, der Benjamin, wird auch „das Küken" genannt, verfügt über „zwei Lungen". Sein Spiel verrät das „geschulte Auge" des „Monteurs für Präzisionsinstrumente" bei der Nähmaschinenfirma Pfaff in Kaiserslautern. Zu Hans Schäfer, „Herrenfriseur in Köln", sind Informationen aus dem Privatleben eher spärlich. Immerhin scheint auch er glücklich verheiratet. Und: „Frau Isis kennt sich im Fußball aus." Ottmar, Fritz Walters Bruder, hat den Sprung vom Angestellten zum Selbständigen schon geschafft. Er findet als „Besitzer einer Tankstelle" sein Auskommen. Ansonsten fällt er durch „vorbildlich sportliche Lebensweise" und „peinlich genaues Zuspiel" auf. Auch er nimmt seine Vaterpflichten sehr ernst: „Frau und Junge sind sein alles." Max Morlock ist ebenfalls schon selbständig, gehört ihm doch ein „Sportartikelgeschäft am Nürnberger Hauptbahnhof mit Totoannahme, wo sich auch Frau Inge betätigt". Sein Talisman ist „Dakkel Hexi, sein Liebling Tochter Ursel". Seine „rauhe Schale" beherbergt einen „weichen Kern". Das merken alle, die seine „witzige Schlagfertigkeit, auf dem Spielfeld und privat" kennenlernen. Präzisionsarbeit liefert auch er, wie seine „gestochen scharfen Kopfbälle" beweisen.

Allein: zum Sympathieträger der Massen hätte diese perfekte Arbeitsmaschine nie aufsteigen können ohne jenes Maß an Unkalkulierbarkeit, das sich gerade den Individuen, ja den Exzentrikern in ihr verdankt. Daß es – dank Bundestrainer Herberger – gelungen ist, eben auch so problematische Charaktere wie Fritz Walter und Helmut Rahn in die Riege der Handwerker einzubinden, daß die Arbeiter durch die Künstler motiviert, zugleich die Genialen durch die Angepaßten diszipliniert werden, verleiht der Mannschaft erst den Nimbus der Einzigartigkeit. Wie in keinem anderen Spieler konzentrieren sich in Fritz Walter, dem melancholischen, oft depressiven Pfälzer, faustischer Abgrund und deutscher Tiefsinn. Doch gerade er, der „geistige Lenker", bleibt „immer bescheiden" und trotz „gigantischer Angebote spanischer Manager" der pfälzischen Heimaterde treu.[33] Gern schenkt ihm seine Heimatstadt Kaiserslautern einen Bauplatz vor der Stadt, der Verein das dazu passende Häuschen. Auch Helmut Rahn, das enfant terrible auf dem Spielfeld, ist – so wird versichert – im Privatleben ein durchaus solider Mensch; umgänglich und treu, als „sieben Monate alter Vater" weiß er sehr wohl Verantwortung zu tragen: „Als Chauffeur steuert er einen schwarzen Kapitän für einen Direktor aus dem Ruhrgebiet." Auch er will beruflich weiter aufsteigen: Automechaniker, heißt es, will er noch werden.[34]

Doch es ist nicht nur der Sieg der Facharbeiter und kleinen Angestellten, es ist ihr Sieg als korporierte Formation; im Bild ihrer kameradschaftlichen Geschlossenheit ersteht eine gleichsam kollektive Produktpersönlichkeit. In ihnen – Sinnbildern für Arbeitsmoral und Konsumstandard zugleich – verdichtet sich zu Meta-Testimonials, was eine zeitgenössische Werbelehre noch unter dem Stichwort „Personenverwendung" in zwei getrennten Kategorien erfassen kann: „Er (der Werber) wird die Seelmacht von *öffentlichen Personen* dadurch zu stärken versuchen, daß er immer wieder in Zeitungen und Zeitschriften, in Film, Rundfunk und Fernsehen auf sie hinweist (...). Er wird in Bildern und Worten *typische Personen* darstellen: den Bauern, der sich einen neuen Trecker gekauft hat, die Frau, die im glücklichen Besitz einer Nähmaschine ist (...)."[35] Als nur typische Personen in die Welt hinausgegangen, sind sie als öffentliche Personen zurückgekehrt, indem sie im Gegenzug 'typisch' deutsche Leistungen in der Weltöffentlichkeit nicht nur salon-, sondern markenfähig gemacht haben. Es entspricht

Abb. 8: Produkt-Persönlichkeiten aufgereiht: Goggo-Roller in Dingolfing.

Abb. 9: Parade der Luxusmodelle: Testimonials des Wirtschaftswunders.

insofern nur innerer Konsequenz, wenn ihr Heimweg durch Spaliere von Markenartikeln wieder zurück an die Quellen der Wertarbeit führt: Brühwürfel, Unterwäsche, Kühlschränke, Lederkoffer, Fernsehapparate, Kronleuchter und Autos – womit auch immer die Sieger von Bern begrüßt und beschenkt werden: sie hätten es selbst produziert haben können. Mitunter gerät die Überreichung der Sachpreise zu einem Reklamespektakel, wie etwa im Fußballstadion der niederbayerischen Kleinstadt Dingolfing:

Auf dem Podium standen zwölf grüne Goggomobil-Motorroller der Luxus-Ausführung, mit je einem Namensschild der künftigen Besitzer versehen. Die begeisterten Zuschauer stürmten in den Innenraum des Stadions. Sepp Herberger dankte für die Motorroller und sagte, daß „der große Wurf" nur wegen des „eiserne(n) Training(s)" jedes einzelnen Spielers und der vorbildlichen Kameradschaft in der Mannschaft' gelungen sei: „Glauben Sie uns, wir zwölf haben in harten und schlechten Tagen durchgehalten und werden es noch weiter tun, auch wenn Rückschläge kommen sollten." Dann drehten die Spieler eine Ehrenrunde auf dem Motorroller – jeder hatte einen weißgekleideten Fahrer vom Goggo-Werk, Sepp Herberger eine Fahrerin gestellt bekommen. Anschließend begab sich die Weltmeisterelf in das Goggomobil-Werk, wo die Arbeiter, bis die Mannschaft kam, durchgearbeitet hatten.[36]

Sowohl die kollektive Herrenausstattung mit dem weiblichsten aller Fahrzeuge, dem Motorroller,[37] als auch die symbolische Heimführung der Helden an die Stätte ihrer Produktion mag aus der Sicht des hemdsärmeligen Landmaschinen- und Rollerfabrikanten Hans Glas eine willkommene Gelegenheit der Selbstdarstellung seines Betriebes nach innen und außen gewesen sein;[38] in der Inszenierung lag gleichwohl das strukturbildende Muster eines neuen deutschen Selbstverständnisses: die in Produktion und Konsumtion zugleich gründende korporierte Identität des endlich vom Kainsmal der perfekten Massenvernichtungslager befreiten 'Made in Germany'.[39]

III. Akt: Einübung der Rumpfhymne

„Einigkeit und Recht und Freiheit …"

Die Süddeutsche Zeitung vom 6. Juli 1954 druckte auf Seite 3 ein Gedicht ab: „Für künftige Länderspiele veröffentlichen wir den Text unserer Nationalhymne."[40] Es sollte nicht der letzte Versuch der Lerneinheit 'Nationalhymne dritte Strophe' bleiben. Dreißig Jahre später war man im DFB noch keinen Schritt weitergekommen: „Als sich das deutsche Aufgebot im Oktober 1984 auf das Qualifikationsspiel gegen Schweden vorbereitete, verteilte ein Funktionär des DFB an die Spieler wieder einmal Handzettel mit dem Text der dritten Strophe des Deutschlandliedes. Aber die Sportler blieben auch diesmal stumm."[41]

Abb. 10: Unterricht in Sachen Nationalgefühl: Theodor Heuss und Peco Bauwens.

Daß Bundespräsident Theodor Heuss auch ein Werbefachmann und Kommunikationsspezialist war,[42] vermerken die meisten seiner Biographen nur am Rande. Die Würde des hohen Amtes, das er bekleidete, scheint ein näheres Eingehen auf diese Facette seiner Persönlichkeit zu verbieten. So findet sich auch der Schlußakt dieser Geschichte in Heuss-Biographien nicht; und dennoch verrät der Auftritt des Bundespräsidenten neben staatsmännischer Noblesse und pädagogischer Finesse eine für deutsche Verhältnisse seltene Leichtigkeit, die nicht zum kleinsten Teil den Erfahrungen zu danken war, die Heuss als Publizist und Public-Relations-Fachmann fast seit Beginn des 20. Jahrhunderts gemacht hatte. Der Chronist berichtet von der denkwürdigen Abschlußveranstaltung am 20. Juli 1954 im Berliner Olympiastadion:

Mit Würde und Herzlichkeit wandte sich Theodor Heuss ohne vorbereitetes Manuskript in einer kurzen Rede an die Berliner und die „lieben anderen Gäste aus Deutschland. Sport ist nicht Politik, das wollen wir nicht vergessen." Zu der Weltmeisterschaftsmannschaft gewandt sagte Heuss: „Aus ihrem erfreulichen Sieg haben manche Leute ein Politikum gemacht. Wir wollen die echten Werte nicht verschieben lassen. Der Sinn des Sports ist Fairneß, und sie alle haben fair gekämpft, ebenso wie ihre Gegner." Eine Welle der Heiterkeit erfaßte 80 000 Menschen, als Theodor Heuss in seinem anheimelnden Schwäbisch sagte: „Der gute Bauwens meint offenbar, gutes Kicken ist gute Politik. Und ich habe auch gelesen, Turek sei ein Fußballgott. Ich glaube, er ist ein guter, zuverlässiger Spieler und soll das auch bleiben." Deutlich war durch den Lautsprecher zu hören: „Nicht wahr, lieber Bauwens, Sie nehmen mir das nicht übel." Nur nach mehrmaligem Ansetzen konnte sich der Bundespräsident in dem Beifallsorkan wieder Gehör verschaffen. Er ermahnte seine Zuhörer, „in dieser alten und kommenden Hauptstadt Deutschlands alles unter dem großen vaterländischen Aspekt, der Zerrissenheit Deutschlands, zu sehen und dann wollen wir diese frohe Feierstunde beschließen mit den Worten: Einigkeit und Recht und Freiheit". Theodor Heuss sprach den Text der Nationalhymne, den ganzen dritten Vers des Deutschland-Liedes laut ins Mikrophon, bevor die Menge stehend die Nationalhymne sang. Diesmal gab es keinen, der den Text verwechselte.[43]

Theodor Heuss' zeremonienmeisterliche Vorstellung stellte nicht nur den Präsidenten des Deutschen Fußball-Bundes auf elegante Art ins Abseits, es war zugleich eine ins Überdimensionale gesteigerte Unterrichtsstunde, in der nach alter Schulmeistermanier 'Lernen durch Wiederholen' die richtige Strophe des Deutschlandliedes vorexerziert wurde. Und nicht zuletzt war die Berliner Inszenierung ein Musterbeispiel dafür, daß es sehr wohl Mittel und Wege gab, das eigene Gesellschaftssystem propagandistisch wirkungsvoll ins Licht zu setzen, ohne sich gleich den Vorwurf einzuhandeln, Propaganda zu machen. Denn auch „die lieben anderen Gäste aus Deutschland" nahmen ja sehr wohl wahr, was da der siegreichen Fußballmannschaft vom Bundespräsidenten mit warmen Worten überreicht wurde: neben dem Silberlorbeer die Nachbildung der Freiheitsglocke.[44] Musterhaft spiegelte die gekonnte und gleichwohl artige Handhabung der Freiheits-Symbolik auch die Veränderungen im politischen Geschehen: Längst war die Bundesrepublik auf dem Weg zurück in den Kreis der westlichen Nationen, ihre NATO-Mitgliedschaft stand kurz bevor. Insofern war der Gewinn des Weltmeistertitels – mentalitätsgeschichtlich verstanden – 1954 schon die vorweggenommene Souveränität der Bundesrepublik. Daß dieses Ereignis zugleich zu einer Bewährungsprobe für die Nationalhymne wurde, geriet selbst für den Bundespräsidenten zu einem Lehrstück. Er selbst war es ja gewesen, der sich gegenüber Konrad Adenauer für eine ganz neue Nationalhymne eingesetzt hatte,[45] „da die Deutschen in ihrer Mehrheit nicht davor gefeit seien, wieder nationalistischen Stimmungen zu verfallen".[46] Allerdings habe er „Traditionalismus und Beharrungsvermögen" unterschätzt – Heuss' endgültige Entscheidung für das abgewandelte Deutschland-Lied mag in dieser Feierstunde gefallen sein als der – auf unabsehbare Zukunft hin – einzig tragfähige Kompromiß.

Epilog des Quizmasters

Dennoch gehörte der 'neue' Text der alten Hymne noch längst nicht zum Bewußtseinsbestand. Ein gutes Jahr später, am 13. Juli 1955, „strahlte der NWDR das damals sehr beliebte Quiz 'Wer gewinnt?' aus. Der Quizmaster, Hans-Joachim Kulenkampff, stellte den drei Kandidaten die Frage nach dem Text der dritten Strophe des Deutschland-Liedes. Keiner wußte ihn; einer der Kandidaten, ein Lehrer, meinte: 'Deutscher Wein und deutsche Frauen.'"[47] Obwohl Kulenkampff die quittierende Lachsalve des Publikums nicht abdämpfte, sogar mitlachte, offenbarte die Antwort doch den Geist der Zeit. Nicht der Einheitsgedanke bestimmte das Alltagsbewußtsein, sondern der Glaube an das Markenprodukt Deutschland bei völliger Nichtwahrnehmung seines östlichen Teils.[48]

Anmerkungen

[1] Zit. nach Der Spiegel, 8. Jg., Nr. 29 vom 14. 7. 1954, S. 3. Es handelt sich um Jestetten.

[2] „Deutschland über alles!" Dürfen wir gewinnen, singen, reisen?, in: abz-Illustrierte vom 1. 8. 1954.

[3] In: Der Spiegel, 8. Jg., Nr. 37 vom 8. 9. 1954, S. 6.

[4] H.-J. Maaz: Der Gefühlsstau. Ein Psychogramm der DDR, Berlin 1990.

[5] A. und M. Mitscherlich: Die Unfähigkeit zu trauern, München 1987 (zuerst 1967), S. 36 ff.

[6] A. G. Frei: Finale Grande 1954. Die Heimkehr der Fußballweltmeister, Berlin 1994.

[7] Im Juli 1952 hatte das Allensbacher Institut für Demoskopie in der Bundesrepublik eine repräsentative Umfrage nach den „besten Eigenschaften der Deutschen" durchgeführt. Mit überwältigender Mehrheit nannten 72 % „Fleiß, Tüchtigkeit, Strebsamkeit", gefolgt von „Ordnungsliebe, Zuverlässigkeit, Gründlichkeit, Sauberkeit" mit 21 %, 12 % nannten „Gutmütigkeit, Gutwilligkeit", 11 % „Treue". Zit. nach E. Noelle/E. P. Neumann (Hg.): Jahrbuch der öffentlichen Meinung 1947– 1955, Allensbach 1956, S. 126.

[8] Peco (d. i. Peter Joseph) Bauwens, Dr. jur., Bauunternehmer aus Köln, geb. 24. 12. 1886, war von 1949 bis 1961 erster Präsident des Deutschen Fußball-Bundes (DFB), zugleich Mitglied des Nationalen Olympischen Komitees (NOK). Seit 1945 führte Bauwens die Gruppe der parteilosen Stadtverordneten im Rat der Stadt Köln an, war 1946/47 Präsident der IHK Köln sowie Ehrenpräsident der deutschbelgisch-luxemburgischen Handelskammer. Anläßlich der WM 1954 erhielt er die Silberne Sportplakette der Stadt München, 1955 die Ehrennadel des DFB in Gold, 1956 das Große Bundesverdienstkreuz, 1959 das Ehrenzeichen des DRK sowie das Silberne Lorbeerblatt des Bundespräsidenten.

[9] Zit. nach R. Wolf: Die heiße Luft der Spiele. Frankfurt/M. 1980, S. 9 ff.

[10] „Eine Spiegel-Seite für Peco Bauwens: Wir spielen bald wieder im Ausland", in: Der Spiegel, 3. Jg., Nr. 29 vom 14. 7. 1949, S. 20.

[11] Ebda.

[12] Zit. nach W. Weyer: Dr. Peco Bauwens. Der Ehrenvorsitzende des LSB 75 Jahre (Manuskript, Deutsches Sportmuseum, Köln).

[13] P. Bauwens: Der Sport im Leben des Volkes, in: Der Kölner Sportkongress. Amtlicher Bericht über den Allgemeinen Deutschen Sportkongress in Köln, 21.– 23. 7. 1950, S. 33–46, S. 34.

[14] Ebda., S. 35.

[15] Ebda.

[16] H. Zimmermann: Rundfunk und Fernsehen bei der Weltmeisterschaft. Millionen in aller Welt hörten und sahen mit, in: G. Bahr (Hg.): Offizielles Erinnerungswerk Coupe Jules Rimet. Fußball-Weltmeisterschaft 1954, Deutsche Ausgabe, Protektorat Deutscher Fußball-Bund, Offenburg/Nürnberg 1954, S. 203–212, S. 203.

[17] Ebda., S. 179.

[18] Münchner Illustrierte vom 17. 7. 1954.

[19] Zit. nach: Empfang der Mannschaft der Fußball-WM 1954 in München/ Empfang im Rathaus. Rundfunkreportage des Bayerischen Rundfunks vom 6. Juli 1954.

[20] Bahr (Anm. 16), S. 239. Gerangel hatte es darum gegeben, in welcher deutschen Großstadt den Weltmeistern der erste triumphale Großempfang bereitet werden sollte. Daß dabei München und nicht Stuttgart den Zuschlag bekam, war dem Einfluß des Bayerischen Fußballpräsidenten Hans Huber, seinerzeit auch Vizepräsident des DFB, zuzuschreiben.

[21] „Wotans Beschwörung", in: Frankfurter Rundschau vom 9. 7. 1954.

[22] So die ›London Times‹, zit. nach Frankfurter Allgemeine Zeitung vom 12.7.1954.

[23] M. Zöller (Hg.): Fußball in Vergangenheit und Gegenwart, 2 Bde., Bd. 2, Geschichte des Fußballsports in der DDR bis 1974, Berlin/Ost 1976, S. 52.

[24] Zit. nach D. Sternberger: „Unter uns Weltmeistern gesagt (...), Untersuchungen einiger Reaktionen auf den Berner Fußballsieg," in: Die Gegenwart, 9. Jg., Nr. 212 vom 17. 7. 1954, S. 461–464, S. 464.

[25] Ebda.

[26] Münchner Illustrierte vom 17.7.1954. Wer den Abbruch veranlaßt hat, läßt sich nicht mehr rekonstruieren.

[27] Bahr (Anm. 16), S. 212.

[28] M. Siegler: „Sie hören an der Geräuschkulisse, daß ein deutscher Angriff rollt. – Ein Endspiel als nationales Ereignis", in: G. Eisenberg/H.-J. Linke (Hg.): Fuffziger Jahre, Gießen 1980, S. 87–96, S. 96.

[29] W. Benjamin: Das Kunstwerk im Zeitalter seiner technischen Reproduzierbarkeit, Frankfurt/M. 1963, S. 42.

[30] Wie wir Weltmeister wurden. Kampf und Sieg der Deutschen Fußball-Nationalelf, Berlin 1954. Das im Lothar Blanvalet-Verlag erschienene Taschenbuch war schon neun Tage nach Beendigung der Fußballweltmeisterschaft auf den Markt gebracht worden. Vgl.: Weltmeisterschaft. Ein Schnellschuß, in: Der Spiegel, 8. Jg., Nr. 29 vom 21. 7. 1954, S. 31.

[31] Vgl. hierzu auch den – freilich nicht ganz ernst gemeinten – Heldenkatalog im Kapitel ›Schöpfungsmythos und Goldenes Zeitalter. Ein nachkriegsgeschichtliches Epos‹: „Tugenden tapferer Krieger, jetzt schienen sie richtig geleitet,
Tugenden, die ein jeder bewies im täglichen Leben,
Der im stillen und unerkannt die Arbeit vollbrachte,
Die ihm auferlegt war zum Wohle des Ganzen, und also
Fand in der Truppe von Bern ein Volk sich selber bestätigt (...)",
in: R. Gries/V. Ilgen/D. Schindelbeck: Gestylte Geschichte. Vom alltäglichen Umgang mit Geschichtsbildern, Münster 1989, S. 258.

[32] Die im folgenden angeführten Zitate werden im einzelnen nicht nachgewiesen; sie entstammen diversen nach dem 4. Juli 1954 erschienenen Zeitungs- und Zeitschriftenberichten.

[33] Eine Entscheidung Fritz Walters gegen Deutschland und für Spanien hätte nicht nur den Mythos der Mannschaft zerstört, sondern ihn selbst wohl auch auf Lebenszeit diskreditiert. Der Tugendheros Fritz Walter hat auch die Phantasie der Spielfilmproduzenten beflügelt. Der Handlungsgang eines geplanten Melodrams mit ihm selbst in der Hauptrolle sah z. B. vor: „Fritz Walter widersteht ungerührt den Lockungen ausländischer Manager einschließlich eines Verführungsversuchs durch das Mädchen Madeleine. Doch wird er durch einen falschen Freund endlich überlistet und gibt statt eines Autogramms versehentlich eine Vertragsunterschrift. Er sieht sich unfreiwillig nach Uruguay verkauft, entreißt im Pariser D-Zug dem Manager Z. den Vertrag, zerfetzt ihn, springt vom fahrenden Zug, reist ins Traininglager zurück, weckt Herberger und meldet: '1:0 für Deutschland!'" In: Der Spiegel, 8. Jg., Nr. 41 vom 6. 10. 1954, S. 31.

[34] Die Lebensgeschichte des Helmut Rahn ist im Gegenteil eine Folge sprunghafter Entscheidungen. Vgl. das unveröffentlichte Manuskript von Horst Steffens: Helmut Rahn, Saba und das Wirtschaftswunder.

[35] H. Strauf (Hg.): Stoltenberg's Werbelehre. Kurz gefaßt und neu bearbeitet von H. Strauf, Essen 1965, S. 28 f.

[36] Frei (Anm. 6), S. 149.

[37] So gibt etwa K.-H. Graudenz im Buch der Etikette, München 1956, S. 253, Tips für die „rollernde" Eva: „Machen Sie sich die Tatsache zunutze, daß Sturzhelme heute nicht mehr drückende, unelegante stählerne Monster sind, sondern sehr zweckmäßige, in allen Farben erhältliche federleichte Kopfbedeckungen, die Ihr reizendes Köpfchen mit ziemlicher Sicherheit vor Beschädigungen schützen, wenn Sie einmal die Balance verlieren sollten oder andere Sie anfahren."

[38] Was der vom bühnenwirksamen Spektakel geblendeten Öffentlichkeit freilich entging: Wie der Fußball-Präsident war auch der Goggo-Roller, dessen Produktionsziffern von Monat zu Monat sanken, längst ein Auslaufmodell. Als Landmaschinen- und Rollerfabrikant Hans Glas 1952 in strömendem Regen vom Münchner Oktoberfest nach Dingolfing heimkehrte und unter den Brücken hunderte völlig durchnäßter und zerknirschter Rollerfahrer sah, wurde ihm schlagartig bewußt, daß diese Leute, sobald sie nur über etwas mehr Geld verfügten, bald auf einen Kleinwagen umsteigen würden. Unter Aufbietung aller technischen und finanziellen Mittel arbeitete er fortan fieberhaft an der Umstellung der Produktion auf das 'Goggomobil', das dann im Januar 1955 auf dem Markt erschien und seine Firma vor dem Konkurs bewahrte.

[39] Vgl. zum ambivalenten Charakter des 'Made in Germany' („Der Tod ist ein Meister aus Deutschland …") D. Head: Made in Germany. The corporate identity of a nation, London 1992, S. 115 f.

[40] Süddeutsche Zeitung vom 6. 7. 1954.

[41] Zit. nach Bundeszentrale für politische Bildung (Hg.): Einigkeit und Recht und Freiheit. Nationale Symbole und nationale Identität (Schallplatte und Beiheft), Bonn 1985, S. 20.

[42] Heuss besaß in allen Sparten moderner Massenkommunikation eine lange Erfahrung. Zunächst als Wahlkämpfer, politischer Publizist und Kultur-Redakteur (seit 1906), später als Hochschullehrer und Abgeordneter des Reichstags (zwischen 1924 und 1933) sahen sich er und seine Frau Elly Heuss-Knapp, die wohl renommierteste Werbetexterin der dreißiger und vierziger Jahre, während des Dritten Reiches gezwungen, auf die Gebiete der Wirtschaftswerbung und Public-Relations-Aufgaben auszuweichen. Heuss verfaßte u. a. die Lebens- und Firmengeschichten von Robert Bosch und Justus Liebig. Seinen Ruhm als Homme de lettre allerdings verdankt er vor allem seinen Charakterminiaturen berühmter Zeitgenossen aus Politik und Kultur.

[43] Der Empfang der Weltmeister in Berlin (…) und Bonn, in: Süddeutsche Zeitung vom 20. 7. 1954.

[44] Vgl. K. Füßmann/U. Wacker: Theodor Heuss. Ein Leitbild des Liberalismus, St. Augustin 1989, S. 45.

[45] Bundeszentrale für politische Bildung (Anm. 41), S. 30.

[46] H. Glaser: Kleine Kulturgeschichte der Bundesrepublik Deutschland 1945–1989, Bonn 1991, S. 154.

[47] M. Overesch: Grenzen der Erneuerung. Die bundesdeutsche Nationalhymne, in: Journal Geschichte, Nr. 1/1988, S. 12–17, S. 17.

[48] So erkennt der Brite David Head noch in der modernen Audi-Kampagne unter dem Slogan „Vorsprung durch Technik" – in britischen Tageszeitungen bewußt in deutscher Sprache geschaltet! – eine Spielart des „Made in Germany" bzw. „Deutschland über alles!", vgl.: D. Head (Anm. 39), S. 113.

Magische Formeln

„Mach mal Pause" – „Keine Experimente!":
Zeitgeschichte im Werbeslogan

Seit der Währungsreform entwickelte sich im Westdeutschland der fünfziger Jahre rasch eine neue, amerikanisch beeinflußte Konsumwirklichkeit; Markenartikel lösten die vertrauten 'Lose-Ware-Produkte' auf breiter Front ab. Sie sollten die Bausteine einer im Entstehen begriffenen Anschaffungskultur in der zweiten Hälfte der fünfziger Jahre und zugleich die Inbegriffe eines „leichteren" und „zukunftsgerichteteren" Lebens werden. Bald ist der Markenartikel aus dem bundesdeutschen Alltag nicht mehr wegzudenken, und so ist es nicht übertrieben, ihn als wesentlichen Bestandteil der sozialen Umwelt und Kultur überhaupt zu bezeichnen. Markenartikel freilich müssen sich selbst verkaufen und brauchen deshalb Werbung: „Innerhalb der 'Dramaturgie der Wirtschaftswunderzeit'", so schon der Befund des Kulturhistorikers Hermann Glaser, „(kommt) der Werbung eine zentrale Rolle zu."[1]

Immer muß Werbung darauf abzielen, zeitbedingte Bewußtseinsbestände wie Stimmungen, Meinungen, Hoffnungen zu erfassen und für ihre Zwecke auszunutzen. Diese versucht sie zu verdichten, zu überhöhen und dem Verbraucher zusammen mit den beworbenen Produkten als Anmutungserlebnis zurückzugeben. Der Erfolg einer Werbekampagne ist darum ein aussagekräftiger Gradmesser dafür, wie gut die Stimmungslandschaft einer Zeit erfaßt und formuliert wird, wobei natürlich selten oder nur indirekt das Bedrohliche und Hemmende artikuliert werden kann. Werbung als von Profis erstellte Botschaft von Produkt und Anbieter „in willenbewegender Form" (so der 'Werbeanwalt' Wilhelm Weidenmüller bereits in den zwanziger Jahren) ist kalkulierte und auf Wirkungsmaximum angelegte Kommunikation. Ihr Stil tendiert zu aphoristischer, sprichwörtlicher oder epigrammatischer Verknappung.[2] Vor allem Werbeslogans, als Zeitgeist-Repliken, spiegeln nicht nur ein Stück Sozialgeschichte, sondern wirken auf sie zurück. Der Mentalitätshistoriker ist deswegen aufgefordert, diese Quellen auf ihre Leistungsfähigkeit hin zu überprüfen und nutzbar zu machen.

Werbung in den fünfziger Jahren:
Frohe Botschaft einer zauberhaften Zukunft

Den Menschen der Nachkriegszeit vermittelte Werbung einen neuen Erfahrungshorizont: Hinter der einzelnen Anzeige, dem einzelnen Slogan, eröffnete sich eine womöglich unabsehbare Produktlandschaft konkreter, käuflicher Dinge, welche die Werbeversprechen einlösten und legitimierten. Daß Versprechen überhaupt gehalten wurden, war eine beglückende Erfahrung, waren doch die ebenfalls werbenden, aber demaskierten Versprechungen aus dem Dritten Reich und der unmittelbaren Nachkriegszeit noch in frischer Erinnerung. Werbung formulierte glaubwürdige, zauberhafte 'Zukunft': Die saubere, geschlossen-heile Produktwelt erschien als der Gegenpol zu jener Vergangenheit, deren häßliches Ruinengesicht noch allerorts in das Bewußtsein hineinragte. Diese sinnlich fühlbaren Gegensätze waren ein gutes Fundament für die große mentale Kraft, die man – cum grano salis – der Werbung in den fünfziger Jahren zusprechen darf.

Abb. 11: Altmeister der Werbesprüche: Hubert Strauf (1904–1993).

Arbeit und Konsum werden zu den zentralen Kategorien des Lebens in der Nachkriegszeit. Selbst jene Menschen, bei denen man aufgrund ihrer antifaschistischen Vergangenheit ein eher distanziertes Verhalten dazu vermuten möchte, geben sich der neuen Konsumwelt hin. Nicht ein hochbrisantes tagespolitisches Thema wie die Wiederbewaffnung fesselt das Interesse, die Gedanken des Einzelnen sind vorwiegend auf eine Verbesserung seiner Lage ausgerichtet: „Man hat wirklich nur das Materielle im Kopf gehabt."[3] Eine solche Einstellung repräsentierte durchaus die kollektive Lebensphilosophie der fünfziger Jahre: „Weil man das Gefühl hatte, daß man um die ganze Jugend betrogen worden war, wollte man einfach mal anfangen zu leben. Und leben hieß bei uns, sich auch was gönnen können. (...) Aber das war dann auch eine Sache des Geldes, und Geld war eben nur über Arbeit zu haben, also hat man gearbeitet."[4]

In einer der wenigen Agenturen der Zeit, in Hubert Straufs Essener 'Die Werbe', wird Werbung – und Werbegeschichte – gestaltet. „Es war", so Strauf, „eine Zeit, wo man eine Marke aufbauen konnte, wenn man die Leute nicht täuschte." Strauf selbst konzipierte viele der erfolgreichsten Kampagnen und Slogans der Nachkriegszeit wie „Pril entspannt das Wasser", „Herta, wenn's um die Wurst geht", „Ruhrkohle – weil's vernünftig ist", „Ninoflex – atmungsaktiv" oder „Nimm doch Konserven". Seine beiden populärsten Slogans sollen uns einen ungewohnten Zugang zur Zeitgeschichte eröffnen; in ihrer sprichwörtlichen Eingängigkeit[5] wurden sie zu *den* mentalen Imperativen der späten Adenauerzeit.

Arbeitsgeschichte im Werbeslogan: „Mach mal Pause"

Die Entwicklungsgeschichte von Coca-Cola in Deutschland zeigt nicht nur, wie das „amerikanischste aller Produkte" für die deutschen Verbraucher zu einer Selbstverständlichkeit wurde. Gerade der berühmte Mach-mal-Pause-Slogan – „für die Nachkriegsjahre so etwas wie ein geflügeltes Wort"[6] – spiegelt in seiner Genese und in seiner Ablösung ein signifikantes Stück Mentalitätsgeschichte der Nachkriegszeit.

Für kaum ein Unternehmen dürften die Ausgangsbedingungen in Deutschland 1946 günstiger gewesen sein als für die Coca-Cola-Company: „Als der Krieg vorbei war, hatten die GIs zehn Milliarden Cokes getrunken und die Company besaß 64 produktionsbereite Abfüllfabriken in Übersee."[7] Doch trotz euphorischer Einstellung allem Amerikanischen gegenüber blieben US-Produkte bis weit in die fünfziger Jahre hinein mehr Kult- als Alltagsgegenstände. Auch Coca-Cola ist zwar weithin bekannt, aber noch längst keine konsumtive Alltäglichkeit.

Man schreibt das Jahr 1954. In der jungen Bundesrepublik herrscht emsige Geschäftigkeit; die Wachstumsraten explodieren, schon bemerkt der Wirtschaftsminister mit Sorgen Anzeichen einer sich überhitzenden Konjunktur, sieht die Inflation sich beschleunigen, die Preise außer Kontrolle geraten, erwägt Gegenmaßnahmen. In den oberen Etagen der Gesellschaft grassiert die 'Managerkrankheit', in den unteren schuften die 'Workaholics' mit manischer Verbissenheit. Zeitungen und Zeitschriften geißeln die Seuche der Zeit: „Mit der Firma verheiratet. Die Tyrannei der Schaffer."[8] Und auf einmal sind, wie ein bannender Zauberspruch, drei Worte, vier Silben da: „Mach mal Pause!" Eingängig, auf die Verhältnisse exakt zugeschnittenen, winkt ein wohldosierter Lichtblick im Arbeitsalltag. Jeder begreift: Das hat gefehlt, die kurze Pause, Coca-Cola.

Abb. 12: Über die Mauer hinweg: Werbeslogan als Agit-Prop-Parole.

Mit Hubert Straufs selbstlaufendem Slogan explodieren die Umsatz-Ziffern der Company. In ihrer Eingängigkeit gilt die Coca-Cola-Werbung schon bald als Werbung schlechthin. „'Mach mal Pause', denken die Leute, so funktioniert Reklame."[9] Einer der ersten, der die epochale Dimension des Slogans erkannte, war Willi Bongard. In seinem 1964 erschienenen Buch ›Fetische des Konsums‹ stellte er ihn der Parole 'Proletarier aller Länder vereinigt euch!' zur Seite, wies aber auch ironisch auf den Unterschied hin: „Der Slogan setzte sich viel rascher durch."[10]

Bis dahin aber war es ein langer Weg: „Den Spruch habe ich den Coca-Cola-Leuten zwei Jahre lang vergeblich verkauft. Die Juristen lehnten ihn ab. Das sei ein Imperativ und die Sprache sei zu schnoddrig", erinnerte sich Hubert Strauf.[11] Schließlich kam der Zufall zu Hilfe. Der Werbeleiter des Konzerns beauftragte ihn, einen Prospekt für Autobahnraststätten zu entwerfen, da es nach großen Anstrengungen gelungen war, an den Autobahnraststätten zwischen Siegburg und Frankfurt eine Verkaufslizenz für Coca-Cola zu erhalten. Strauf betitelte den Raststättenprospekt mit dem Slogan, der für das Faltblatt wie angegossen paßte: „Daß das der Slogan war, haben die Coca-Cola-Leute gar nicht gemerkt. (...) Aber 1955 ging das dann sehr rasch, alle hatten das auf einmal in der Nase, und der Coca-Cola-Chef Max Keith sagte immer wieder: 'Das ist ein Hit!' Doch den Mut, damit zu starten, den hatten sie nicht aufbringen können. Das hat sich dann so auf eigenen Beinen eingeführt."

Volle zehn Jahre lang sollten die drei Worte die Bundesdeutschen während und nach der Arbeit begleiten. Getränkeautomaten, in den Betriebsstätten und Kantinen aufgestellt, lösten den Pausenappell ein, die Rundfunkwerbung mit dem genialen Pausenpfiff setzte ihn funkgerecht um. Voraussetzung für den Erfolg war natürlich die kleine, handliche 0,2-Liter-Flasche: „Die Portionsflasche war ja das Gegebene, es gab nur dies eine Produkt, heute haben die 28 verschiedene Packungen." So nahm der Spruch nicht nur das Kernstück bundesdeutscher Nachkriegswirklichkeit auf, sondern gestaltete es mit. Die amerikanische Limonade konnte als eine der ersten Einlösungen des großen konsumtiven Versprechens gelten, das mit den gefüllten Schaufenstern am Tage nach der Währungsreform im Bewußtsein der Menschen verankert wurde: Anteil an der neuen Zeit für 20 Pfennige – für jedermann.

Leistung und Erfolg des „Mach-mal-Pause"-Slogans beruhten darauf, daß er unmittelbar aus den Befindlichkeiten und Situationen (am Baugerüst, an der Tankstelle, in der Kantine) der Arbeitsgesellschaft argumentierte und von da aus zum Komplementären, zum Konsum animierte. Niemandem kam es in den Sinn, daß der Arbeitseifer leiden könnte. Das 'mal' war ja nicht allein eine Abmilderung der imperativischen Formulierung, sondern auch eine – verharmlosende – Dosierung.[12] Der Spruch wurde zum magischen Zauberschlüssel, den Dämon Arbeitswut wenigstens für einige Minuten in die Ecke zu bannen. Wie die Zigarettenpause ist die Coca-Cola-Pause die winzige humane Rast, die, als existentiell notwendig erkannt, zum regulativen und unentbehrlichen Bestandteil der Arbeitswelt selbst emporsteigt. „Der Arbeitsprozeß war ja die beste Excuse, deshalb ist die Kampagne ja auch da aufgekommen, und die ersten Sachen mit dem Pausenpfiff haben wir ja am Bau gemacht, an der Tankstelle, wo eben der Streß war. Als das kam, 1954, 55, 56, da wurde ja so richtig der Streß empfunden als etwas Ungewohntes, und jeder spürte: ʻMensch, die bringen uns ja auf Vordermann.ʼ“ So bewahrheitete und stabilisierte sich in der eben als ʻkleinʼ definierten Pause auch ein im Arbeitsprozeß aufgebauter ʻKonsensʼ auf flüssig-angenehme Weise.

Raffiniert war der Spruch in seiner Wirkungsweise. Volker Klotz wies schon 1963 auf das geschickte „Täusch- und Vertauschmanöver" hin, als er meinte, der Slogan mache sich die „Methode des pervertierten Altruismus" zunutze, wodurch ein moralischer Imperativ entstehe: „Ein Wohlmeinender (tritt) von außen heran, der dem unermüdlich arbeitenden Zeitgenossen ein Halt! zuruft (Mach mal Pause!) und ihm das Recht, ja die Pflicht auf Genuß verkündet. Dieser Außenstehende übernimmt damit die dankbare Aufgabe, das zu formulieren, wovor der Pflichteifrige sich scheut. Saure Tage – froher Abend; eine fürsorgliche Instanz, die diesem Gegensatz das Imprimatur erteilt? Abermals geschieht hier Täuschung und Vertauschung. Suggeriert wird, der Angesprochene, der an seinem harten Arbeitstag für seine Familie sich angestrengt hat, möge nun auch einmal an sich selber denken."[13]

Moralische Konsumsperren mußten abgebaut, konsumtive Kompetenz langsam aufgebaut werden. Daß die vollbrachte Arbeit quasi selbst nach der Pause ruft und nicht der unangebrachte und vorlaute Wille des Einzelnen, der sich gegen den verpflichteten Geist der Arbeitsgemeinschaft wendet – dieser Erfassung und Umsetzung der vorherrschenden mentalen Struktur der fünfziger Jahre verdankt der Slogan seine ungeheure Wirkung. „Jedesmal", so der amerikanische Werbepsychologe Ernest Dichter 1957, „wenn Sie ein Genußmittel verkaufen (...), müssen Sie die Schuldgefühle des Käufers einlullen und ihm Absolution erteilen."[14]

Über den Arbeits-Konsens beschwört der Spruch aber auch den Sprach-Konsens der kleinen Leute, die zwar ʻschloddrigʼ daherreden mögen, aber desto gewissenhafter ihrer Arbeit nachgehen: Folgerichtig intoniert der Slogan Idiome der Alltagssprache des Ruhrgebiets. Die Arbeiter der Kohle- und Stahlindustrie werden ja von jeher als ʻVortruppʼ des wirtschaftlichen Wiederaufstiegs verstanden. Nichts ist glaubwürdiger und erzeugt den

„Eindruck der Vertraulichkeit"[15] nachhaltiger, als den Pausenappell in ihrer Sprache vorzuformulieren und so ins westdeutsche Wir-Gefühl einzubinden.

Heinz Nordhoffs Befürchtungen sinkender Arbeitsmoral

Gegen Ende des Jahrzehnts wurde (mangelnde) Arbeitsmoral zum Problem. So stellte der Wirtschaftsideologe Christian von Ferber 1959 in seiner Schrift ›Arbeitsfreude‹ fest, daß vor allem die Industriearbeiter aus ihrem Selbstverständnis heraus kein stabiles Arbeitsethos hätten, im Gegensatz zu jenen, die laut v. Ferber in „Berufen" tätig sind: „Die selbständigen oder ihnen gleichstehenden Berufe: Unternehmer, Ingenieur, Arzt, Rechtsanwalt, ltd. Angestellter, höherer Beamter unterliegen einem gesellschaftlichen 'Zwang' zur Leistung (...); ein derartiger Konkurrenzdruck, wie er bei den 'Berufen' festzustellen ist, besteht offensichtlich unter der Industriearbeiterschaft nicht. (...) Eine Konkurrenz um die dem Prestige und dem Einkommen nach untersten Arbeitsplätze ist nur bei einer absoluten Knappheit von Verdienstmöglichkeiten denkbar."[16]

„In der ersten Hälfte der sechziger Jahre mehrten sich die Anzeichen dafür, daß die besonderen Wachstumsbedingungen der westdeutschen Nachkriegswirtschaft ausliefen. (...) Verteilungskämpfe von bis dahin ungekannter Schärfe brachen aus. Das soziale Klima wurde frostig."[17] Der nun einsetzende Verlust an wirtschaftlicher Dynamik sollte sich allerdings erst in der Rezession 1966/67 voll auswirken; faktisch schien anfangs der sechziger Jahre eine kaum günstiger denkbare Situation erreicht: „Die Arbeitslosenquote war seit ihrem Höhepunkt Anfang 1950 (12,2 %) Jahr für Jahr gesunken; die Vollbeschäftigung hatte sich in den Jahren von 1961 bis 1966 auf einem bis dahin kaum gekannten Niveau stabilisiert."[18] Für die Situation ungelernter Industriearbeiter bedeutete dies eine reale Positionsverbesserung: „Aufgrund der starken Nachfrage nach Arbeitskräften herrschte eine rege Konkurrenz der Betriebe um die Beschäftigten, wodurch die Belastung am Arbeitsplatz – neben der Lohnhöhe – zu einem Kriterium für die Arbeitsplatzwahl wurde. Die Betriebe waren zunehmend gezwungen, hohe Leistungsanforderungen zu reduzieren oder sie überproportional hoch zu bezahlen."[19] In einer Studie des Rationalisierungs-Kuratoriums der Deutschen Wirtschaft von 1965 macht sich Erich Ulich Gedanken über Fehlzeiten im Betrieb[20]: „Die Situation der Vollbeschäftigung und des dadurch bedingten Mangels an Arbeitskräften hat in neuerer Zeit eine zunehmende Relevanz des Fehlzeiten-Problems auch für die deutsche Industrie zur Folge." Die Arbeitsmoral sei keine endogene Tugend mehr, neben den Krisen der Armut gebe es auch Krisen der Hochkonjunktur, die darum das soziale Verhalten genau so negativ beeinflußten wie die Not, „weil die Verhaltensnormen schwankend werden".[21]

Mitte der sechziger Jahre stattet der Coca-Cola-Chef in Deutschland, Max Keith, dem größten Kunden in Norddeutschland, dem Volkswagenwerk, einen Besuch ab. Als er mit Heinz Nordhoff die großen Laufstege in den Produktionshallen abgeht, macht ihn dieser plötzlich auf die roten Punkte aufmerksam: „Sehen Sie mal, da steht überall 'Mach mal Pause' drauf. Meinen Sie nicht, daß das auf die Arbeitsmoral wirkt?" Noch 1989 erinnerte sich Hubert Strauf lebhaft daran, wie aufgeregt der Cola-Chef aus Wolfsburg nach Essen zurückkam: „Das ist dem Keith derart in die Knie gegangen, daß er zu mir sagte: 'Strauf, weg mit dem 'Mach mal Pause', wir brauchen was Neues, lassen Sie sich was einfallen!" So markiert die Ablösung des 'großen Slogans' einen wichtigen Einschnitt in der bundesdeutschen Nachkriegsgeschichte; schon Willi Bongard hat dies so empfunden, als er 1964 feststellte, daß eine Ära zu Ende gegangen sei, „die Ära nämlich, in der das 'Mach mal Pause' noch seine Berechtigung hatte. Dieser Slogan (...) hat seinen Sinn in einer Zeit verloren, in der die Arbeitszeit als Unterbrechung der Pause angesehen wird."[22]

Wahlgeschichte im Werbeslogan: „Keine Experimente!"

„Ein guter Slogan muß ins Zentrum einer Kampagne rücken. Er soll ausdrücken, worum es bei der anstehenden Wahl geht und im besten Falle auch das Motiv für die Wahl einer Partei oder Person mitliefern. Wie sehr ein Slogan das ausdrücken kann, was in der Luft liegt und was die Grundstimmung in der Wählerschaft ausmacht, hat der CDU-Slogan von 1957 'Keine Experimente' gezeigt, der später als Charakteristikum für die politische Stimmung am Ende der fünfziger Jahre galt. Seine Aussagekraft hat sich fast zu einem geflügelten Wort verselbständigt."[23] Die Wahlkampagne der CDU für die Bundestagswahl 1957 trägt – zum ersten Mal in der deutschen Nachkriegsgeschichte – die Handschrift von Profis, von Werbefachleuten. Die Kampagne war, wie Heidrun Abromeit schon 1972 feststellte,[24] weitgehend denen der Markenartikelwerbung angenähert: Die Wahlargumente kulminieren kaum in Thesen und Programmen, sondern vor allem in der Person des 81jährigen Bundeskanzlers als der „Produktpersönlichkeit". Wo der Kanzler zu Wahlveranstaltungen erschien, verkündeten Plakate schon im Vorfeld messianisch: „ER kommt". Bezeichnend der Kommentar eines Schweizer Beobachters: „Niemand, der (...) die ganze Propaganda sieht, käme auf die Idee, daß am 15. September eigentlich

Parlamentswahlen stattfinden. Jeder muß annehmen, daß dann der Bundeskanzler gewählt wird."[25]

Der Slogan 'Keine Experimente' ist entsprechend nicht ohne die Vorstellung von der Person Adenauers bzw. dessen Bildnis denkbar. Folglich beherrschten Kopfplakate die Anschlagwände und verdrängten die noch in den ersten Bundestagswahlen häufigen Textplakate völlig. Des Kanzlers Bildnis war ikonenhaft aufbereitet worden: „Ein österreichischer Künstler wurde berufen, das eindrucksvolle Gesicht des Kanzlers zu verjüngen und zu dramatisieren. In freier Anlehnung an eine Photographie stellte Aigner ihn in tiefem Ernst dar, sonnengebräunt, blond und mit durchdringenden, strahlend blauen Augen, die dem Betrachter zu folgen schienen. 'Die Leute', sagte Heck, 'wollen einen herrscherhaften Typ', und die gesamte Parteiorganisation war begeistert, als das Adenauer-Plakat erschien."[26]

Die Wahlkampfmanager der CDU waren sich lange vor der Wahl darüber im klaren, daß „eine erfolgreiche Werbung im wesentlichen einfach sein muß (...) Sie sicherten sich die Dienste einer Anzahl von Werbefachleuten mit kommerzieller Erfahrung, und die wichtigsten Werbeaufträge wurden nach außen (...) vergeben, so auch an Hubert Strauf[27]:

Von mir aus hab ich mich eigentlich nicht in die Politik eingemischt. Aber als dann nach den ersten Schauerjahren in der jungen Bundesrepublik die 57er Wahl kam, trat man auf mich zu. Alte Freunde von mir wie Heinrich Krone, Rüdiger Altmann, Johannes Gross und Peter Horn waren ja inzwischen in Amt und Würden. Und es hieß wohl: 'Strauf macht doch so wirksame Reklame, können wir den nicht mal herholen? Und so kam ich dann vor den Wahlkampfausschuß auf die Akademie Eichholtz und unterbreitete dort aus dem hohlen Bauch meinen Vorschlag 'Keine Experimente'. Natürlich wurde ich nicht sofort begeistert aufgenommen. Man suchte mehr 'politische Botschaft'. Ich mußte eindringlich erinnern an die Situation des schlichten Wählers, der mit sich allein hinter dem Schirm der Wahlzelle nach dem richtigen Platz für sein Kreuzchen sucht: An was denkt zum Beispiel Lieschen Plüsch in den wenigen Augenblicken? An die großen Momente politischer Entscheidungen, an Ihre fulminanten Reden im Bundestag, an Ihre emsigen Bemühungen um Ihr Image? Wohl kaum, die hat ganz andere Vorstellungen. Woher ich das denn wüßte und wie ich drauf käme? Ich antwortete: Wie ich drauf komme, weiß ich nicht. Ich bin ein Arbeitersohn aus Essen, habe immer guten Kontakt mit Mitmenschen aller Schichten halten können, in der Jugendarbeit, in der Wohlfahrt, im Studium – ich habe eine 'gute Nase', wenn Sie so wollen (...). Ich wurde in der Diskussion richtig auseinandergenommen: Das schaukelte sich immer höher, und mein Vorschlag schien schon vom Tisch, bis folgende Worte Konrad Adenauers die Diskussion entschieden: 'Nee, nee, meine Damen und Herren, wenn die Reklamefritzen[28] dat meinen, dann machen wa dat so!' Ihm hatte die Lösung von Anfang an zugesagt, ihm imponierte ja gerade, daß das eben keine politische Formulierung war, sondern die Umsetzung der allgemeinen Weisheit 'Mitten im Strom soll man die Pferde nicht wechseln'. Ich hatte nichts mehr getan als eine Kurzform mit Musik, eine werbewirksame Form zu finden."[29]

Der außergewöhnliche Wahlerfolg der Union 1957 (50,2 Prozent) beruhte zum größten Teil darauf, daß es gelang, eben jene politisch indifferenten Lieschen Plüschs und Otto Müllers – die als Konsumenten ja inzwischen schon einige Jahre an den allgegenwärtigen Stil der Markenartikelwerbung gewöhnt waren – anzusprechen.[30]

Dazu gehörte auch die Strategie der konsequenten Trennung zwischen aggressiven Wahlkampfschlachten vor handverlesener Stammwählerschaft in geschlossenen Hallen – Adenauer hat trotz des „schönen Wetters", worauf er mehrfach in seinen Wahlreden hinwies, nie im Freien gesprochen – und der doch sehr viel sanfteren Plakat- und Anzeigenwerbung. Diese wandte sich vornehmlich an die Unentschlossenen und an Wähler des an-

Abb. 13: Die Lage war noch nie so ernst: 50,2 %.

deren Lagers. In ihrer Vieldeutigkeit war die große Konsensformel 'Keine Experimente' darauf abgestellt, dieses Stimmenpotential der Union zuzuführen. Strauf: „'Keine Experimente' war im Grunde nicht auf Politik, sondern allgemein auf das Zeitempfinden zur Politik gestimmt." Obwohl 'Keine Experimente' als entleerte Weltanschauung des allgemeinen Konsenses für die meisten wählbar war, blieb doch einzig Adenauer als Person (und damit die CDU) der Garant und Einlöser dieser Aussage. Umgekehrt wurde gleichzeitig „mit dem Ausdruck 'Experimente' das politische Programm der SPD benannt, das (...) nicht konkret faßbar sei und dessen Folgen nicht vorhersehbar seien".[31]

Mehr Weltanschauung freilich mußte der eigenen Anhängerschaft geboten werden: Zum Auftakt des Wahlkampfes im Juni 1957 sprach Adenauer vor 20000 katholischen Männern in Bamberg: „Es handelt sich darum, ob dieses Deutschland, ob Europa christlich bleibt oder ob es kommunistisch wird."[32] Der Höhepunkt der ideologischen Auseinandersetzung folgte dann in der berühmten Rede in der Nürnberger Messehalle am 7. Juli: „Wir sind fest entschlossen, daß die SPD niemals an die Macht kommt. Warum sind wir so fest dazu entschlossen? (...) Wir glauben, daß mit einem Sieg der Sozialdemokratischen Partei der Untergang Deutschlands verknüpft ist." „Adenauer", so Hans-Peter Schwarz, „hat 13 Jahre hindurch seine Machtbasis legitimiert, indem er die Opposition delegitimiert hat."[33] Je näher aber der Wahltag rückte, desto sanfter und versöhnlicher wurden die Auftritte des Kanzlers, desto deutlicher trat die Strategie der großen Konsensformel zutage. Auch unter der SPD-Wählerschaft gebe es, so der Kanzler, durchaus vernünftige Menschen, die, wenn sie sich nur einmal besännen, gut und gern CDU wählen könnten.

'Keine Experimente' – die breite Brücke vom Wahlvolk zum Kanzler

Die große Zustimmung, die Straufs Wahlkampfslogan bei Adenauer erfuhr, resultierte vor allem daraus, daß der Kanzler ihn außen- und deutschlandpolitisch auslegte. Die Akzeptanz und mentale Schlagkraft des Slogans beim Wähler beruhte jedoch darauf, daß er wirtschaftspolitisch verstanden wurde. So ist es kein Zufall, wenn schon im Januar 1957 auch der Weinbrand-Produzent Jacobi für sein Produkt '1880' eben diesen Slogan einsetzt: „Jeder vernünftige Mensch entscheidet sich für das Beste. Auch bei der Wahl eines Weinbrandes."[34] Daß die Wahl ein Konsumplebiszit sei, befand auch die Washington Post. Ihr Kommentar: „Die Deutschen haben den Weihnachtsmann gewählt. Sie sahen auf ihr Portemonnaie, fanden es voll und stimmten gegen eine Veränderung."

Aus der Sicht der Gewählten fungierte 'Keine Experimente' als eine doppelte Absolution: Es verpflichtete sie keineswegs, inhaltliche Programme umzusetzen, und gewährte ihnen zugleich volle Handlungsfreiheit. In Lieschen Plüschs Wahrnehmung wiederum schien das, wenn es nur so weitergehe wie bisher, als der richtige Weg. Die semantische Ähnlichkeit mit der Wahlkampfaussage der Union aus dem Jahr 1986/87 'Weiter so, Deutschland!' ist frappierend. 'Weiter so, Deutschland!' aber entwickelte längst nicht jene dramaturgische Spannung, die die Text-Bild-Komposition 'Keine Experimente!' – auch aufgrund ihres historischen Orts – auszeichnete: Den aufrüttelnden Worten auf der einen Seite antwortete das beruhigende Bildnis des Alten auf der anderen, ein in sich geschlossenes Zeichensystem, das zugleich Ansprache und Integration leistete. Noch waren ja die Erinnerungen an Zusammenbruch und unmittelbare Nachkriegszeit in der Bevölkerung wach, selbst bei den damals jüngsten Wählern, den Einundzwanzigjährigen. Verglichen mit jener Zeit mußten die Zustände nun, im Jahr 1957, als geradezu paradiesisch empfunden werden. Nur vor dem mentalen Hintergrund dieses Kontrastes ist es zu verstehen, warum eine Ex-negativo-Formulierung als die positivste aller Möglichkeiten verstanden werden mußte. Der Gestus, mit dem 'Keine Experimente' auftrat, schien zudem in sich etwas von der Würde, Qualität und Festigkeit eines kategorischen Imperativs zu enthalten.

Welche Akzeptanz beide Slogans erfuhren – und noch erfahren! –, wie sehr beide zu allgemeinen Bewußtseinsbeständen der späten Adenauerzeit geworden und miteinander verwoben waren, zeigt schließlich die amüsante Beobachtung, die Joachim Stave mitteilt: „Jemand hatte auf ein Plakat des damaligen Bundeskanzlers Adenauer den Coca-Cola-Slogan geschrieben: Mach mal Pause."[35]

Anmerkungen

[1] H. Glaser: Kulturgeschichte der Bundesrepublik Deutschland. Zwischen Grundgesetz und Großer Koalition 1949–1967, München 1985, S. 97.

[2] So z. B. V. Klotz: „Dem Muster des Sprichworts folgend, ist er (der Werbeslogan) scheinbar rund und bestätigt, gibt er vermeintlich ein Fazit wieder, das aus Erfahrung gewonnen ist, die jedermann teilt." Ein „entscheidendes Moment seiner Eigenart" sei, „daß er immer wieder die Nähe seiner akkreditierten Ahnen Sprichwort und Aphorismus sucht", in: P. Nusser: Anzeigenwerbung, München 1975 (zuerst 1963), S. 96–104, S. 103 f.

[3] B. Hochstein: Die Ideologie des Überlebens, Frankfurt/New York 1984, S. 46.

[4] Zit. nach ebd., S. 259.

[5] Siehe den frühesten Vergleich zwischen Werbeslogan und Sprichwort von M. Hain, in: Der Deutschunterricht, Jg. 15, 1963, Heft 2, S. 40

[6] U. Biedermann: Ein amerikanischer Traum. Coca-Cola: Die unglaubliche Geschichte eines hundertjährigen Erfolges, Hamburg/Zürich 1985, S. 123 ff. Zur „Sprichwörtlichkeit" von Werbeslogans vgl. auch den klassischen Aufsatz von Leo Spitzer: Amerikanische Werbung als Volkskunst verstanden, in: P. Nusser (Anm. 2), S. 180–206.

[7] H. Fritz: Das Evangelium der Erfrischung, Siegen 1980, S. 20.

[8] Frankfurter Illustrierte vom 8. Mai 1954.

[9] M. Merkel: Vorbilder, München 1988 (Hubert Strauf, S. 28–39), S. 39.

[10] W. Bongard: Das große Geschäft mit der kleinen Pause. Vom Aufstieg und Niedergang eines großen Slogans, in: ders.: Fetische des Konsums, Düsseldorf 1964, S. 80–91, S. 81.

[11] Die Angaben Hubert Straufs basieren auf mehreren Gesprächen mit den Verfassern.

[12] Vgl. auch J. Möckelmann/S. Zander: Form und Funktion des Werbeslogans, Göppingen 1970, S. 60: „Eines der am häufigsten gebrauchten Mittel zur Milderung des Befehlstons ist das Hinzufügen von Wörtern wie 'bitte', 'mal', 'doch' usw."

[13] Klotz (Anm. 2), S. 104.

[14] Zit. nach: Der Spiegel, 11. Jg., Nr. 32 vom 7. 8. 1957, S. 41.

[15] Vgl. R. Römer: Die Sprache der Anzeigenwerbung, Düsseldorf 1968, S. 180.

[16] C. v. Ferber: Arbeitsfreude. Wirklichkeit und Ideologie, Stuttgart 1959, S. 101 f.

[17] W. Abelshauser: Wirtschaftsgeschichte der Bundesrepublik Deutschland 1945–1980, Frankfurt/M. 1983, S. 98.

[18] Ebd., S. 110.

[19] B. Köppl: Intensivierung kontra Humanisierung. Die Arbeitssituation unqualifizierter Industriearbeiter, Frankfurt/M. 1979, S. 93.

[20] E. Ulich: Über Fehlzeiten im Betrieb, Köln 1965, S. 9.

[21] Ebd., S. 12.

[22] Bongard (Anm. 10), S. 91.

[23] P. Radunski: Wahlkämpfe. Moderne Wahlkampfführung als politische Kommunikation, München 1980, S. 100.

[24] H. Abromeit: Das Politische in der Werbung, Wahlwerbung und Wirtschaftswerbung in der Bundesrepublik, Opladen 1972, S. 63.

[25] So G. Suters Kommentar im schweizerischen Landessender Beromünster; zit. nach: Der Spiegel, 11. Jg., Nr. 37 vom 11. 9. 1957, S. 26.

[26] U. W. Kitzinger: Wahlkampf in Westdeutschland. Eine Analyse der Bundestagswahl 1957, Göttingen 1960, S. 80.

[27] Ebd., S. 69.

[28] Laut Römer (Anm. 15, S. 11) stammt die Bezeichnung „Reklamefritze" noch aus den zwanziger Jahren: „Der Reklamefritze im Volksmund war kein ernstzunehmender Mensch (...) Das Wort Reklame ist in Werbefachkreisen für unangenehmes Schreien und Anlocken beibehalten worden." Mitte der zwanziger Jahre ist dann fast durchgängig 'Reklame' von 'Werbung' verdrängt worden.

[29] Aus den in den zurückliegenden Jahren gemachten Erfahrungen mit lebensgeschichtlichen Erinnerungen von Werbefachleuten haben sich inzwischen einige der

kollektiven Erzählfiguren des Berufsstandes herauskristallisiert, so daß wir hier, im Gegensatz zur Erstveröffentlichung dieses Aufsatzes im ›Journal Geschichte‹ im Jahr 1989, Straufs Ausführungen nicht unkommentiert lassen möchten. Zunächst ist festzustellen: Die Formel 'Keine Experimente!' mag er forciert haben, seine originäre „Erfindung", wie es seine Erzählung glauben machen will, ist sie kaum. Bereits um die Jahreswende 1956/57 war sie so geläufig wie volkstümlich, daß sie sowohl von Markenartiklern als auch der Public-Relations-Organisation „Die Waage" werblich eingesetzt wurde. Insofern hat Straufs Schilderung über den 'Auftritt seines Lebens' einige Stilisierungen erfahren. Wie so viele seiner Kollegen mußte auch er – als der einfache Arbeitersohn, der das bessere Wissen von den Empfindungen des Volkes in sich trägt – die richtige Werbeidee und -strategie gegen ebenso einflußreiche wie besserwisserische Intellektuelle mit List und zuweilen Glück durchsetzen – seien dies nun die Juristen bei Coca-Cola oder Adenauers Berater. Da die wahren Leistungen des Werbefachmanns in der Öffentlichkeit nicht anerkannt werden können, er im Gegenteil immer wieder Kränkungen seiner Auftraggeber hinnehmen muß und oft genug und ohne sich beklagen zu dürfen von ihnen in die Wüste geschickt wird, gehören so starke Auftritte des Musters 'Adenauer und ich' (freilich stets hinter verschlossenen Türen!) zu den dringend benötigten Glanzlichtern in seiner Lebenserzählung. In diesem Sinne stellt Adenauers abwertendes Aufwerten der Person des „Reklamefritzen" eine überaus wohlkalkulierte Pointe dar, die für viele erlittene Zurücksetzungen entschädigen muß.

[30] „In dieser Wahl traten mehr denn je solche Wahlberechtigten in die Wahlzellen, die sich nicht unbedingt an jeder Wahl beteiligten, und es waren ihre Stimmen, die der Regierung ihren glänzenden Sieg brachten." Zit. nach Kitzinger (Anm. 26), S. 258.

[31] M. Toman-Banke: Die Wahlslogans von 1949 bis 1994, in: Aus Politik und Zeitgeschichte. Beilage zur Wochenzeitung Das Parlament vom 23. 12. 1994, S. 1–6.

[32] Maschinenschriftlicher Text nach einer unkorrigierten stenographischen Mitschrift des Bundespresseamtes im Archiv der Stiftung Bundeskanzler-Adenauer-Haus in Rhöndorf.

[33] H. P. Schwarz: Adenauers Kanzlerdemokratie und Regierungstechnik, in: Aus Politik und Zeitgeschichte, Beilage zur Wochenzeitung Das Parlament vom 6. 1. 1989, S. 15–27, S. 26.

[34] In: Das Schönste. Die Monatsschrift für alle Freunde der schönen Künste, Nr. 1/1957, S. 66.

[35] Zit. nach Römer (Anm. 15), S. 207.

Hymnen des Konsums

„Wohl dem, der dann im Goliath sitzt ...": Alltag und Mentalität der Nachkriegszeit im Spiegel der Werbelyrik

Ein Jüngling fährt zum Rendezvous,
da stürzt ein Schutzmann auf ihn zu.
Verängstigt stoppt der junge Mann,
der Schutzmann aber lacht ihn an:
„Ahaa – auch Uhu-Line
Ihr Oberhemd ist faltenlos
und glatt wie meins, es sitzt famos,
das heißt: auf Uhu-Line-Art!
Auf Wiedersehen, gute Fahrt!"
Ahaa – auch Uhu-Line![1]

Was als dramatisches Intermezzo anfängt, löst sich im konsumtiven Ahaa-Konsens auf. Der gestrenge Ordnungshüter entpuppt sich als freundlicher Konsumwart, vor dem der ängstlich schlotternde Jüngling dank seines gestärkten Hemdes glorreich besteht. Gern erteilt der Polizist die nötige Absolution, das kontrollierte Oberhemd setzt seinen Weg fort. Die vorgebliche Heiterkeit der Szene vermag den rigiden Geist der fünfziger Jahre nicht zu verbergen: Erst der durch die Autoritätsinstanz kontrollierte und formierte Mensch atmet erleichtert auf. Das Oberhemd als ein Stück Öffentlichkeit ist wie die passende Krawatte (Slogan: „Erkennungsmarke am Hals") ein problematisches Kleidungsstück, ist unbestechliches Kennzeichen für die Qualität des darin befindlichen Menschen. Niemals mehr in der Geschichte der Bundesrepublik werden sich Konsumstandards als Moralstandards so rigoros geltend machen wie in der zweiten Hälfte der fünfziger Jahre.

Wo Konformität und Konvention regieren, werden sie zugleich zu den probatesten Mitteln sozialen Überlebens, weil 'man' in ihnen untertauchen kann. Es ist die große Zeit eben dieses kleinen Wörtchens. Benimmbücher wie das ›Einmaleins des guten Tons‹ oder das ›Buch der Etikette‹[2] erreichen schwindelerregende Auflagenhöhen und versprechen ein 'Man'-Rückgrat

Abb. 14: Gestärkt und auf (Vers-)Form gebracht: das kontrollierte Oberhemd. ▶

aus Formen und Normen: „Bezaubernd" sei Eva und „Adam korrekt".[3]
Als ob ein großes unsichtbares Reeducation-Programm machtvoll durch-
gesetzt werde, so präsentiert sich überall der angepaßt-makellose Muster-
mensch. Und wie real das 'Man'-Korsett im Alltag ist, belegen drastisch
die Anzeigen der Miederwarenhersteller: „Kein Grund zur Aufregung, meine Damen, auch wenn Ihr Körper beginnt, sich selbständig zu machen! Sie
können trotzdem begehrenswert und schön bleiben – allerdings muß das
Formgebende stärker sein als der Ausdehnungsdrang von innen, sonst
drückt sich alles durch. Tragen Sie also einen Thalysia-Edelformer (...)."
Er erst verleiht „dem äußeren Menschen eine makellose Silhouette und dem
inneren Menschen neue Spannkraft und Frische". Doch scheinen solche
Zwänge so nicht wahrgenommen worden zu sein, im Gegenteil, die Formung wird gesucht, empfindet man sich doch endlich als „schön, neu und
sauber", lebt auf im „Wohlgefühl der Perlonzeit: Kinder, was haben wir es
gut. Nicht nur wir sind immer frisch gewaschen, alle unsere Perlon-Sachen
sind es auch! Was ist das für ein Wohlgefühl! Was ist das für eine Freude!
Genießen wir sie richtig. Das gibt's noch nicht seit langem."[4] Die geord-
neten, die 'normalen' Lebensverhältnisse sind es, nach denen man sich so
lange gesehnt hatte und die nun für die meisten Bundesbürger Wirklichkeit
geworden sind. So wie man den Kindern droht: „Das tut man nicht!",
„geht man nicht mehr ohne Hut" und taucht ab in der „Linie Anonym",
von der Modezeitschrift ›Constanze‹ 1957 propagiert.

Zur Körpersprache des Gedichts

Daß die Werbung für die Oberhemdstärke 1956 auf Verses Füßen ein-
herkommt, ist kein Zufall. Über Gedichte bestand weithin Einigkeit. Ord-
nungsgemäß sollten sie ablaufen, 'schön' sollten sie sein und verständlich
dazu. Wie jene eben in den Schulbüchern der Zeit, wo Lyriker wie Ina
Seidel oder Werner Bergengruen im Sinne des Wortes maßgebend waren.
Wer uns heute die Lyrik der fünfziger Jahre zu repräsentieren scheint wie
Ingeborg Bachmann, Günter Eich oder Hans Magnus Enzensberger – von
der hermetischen Lyrik ganz zu schweigen –, tat dies selbst in den Augen
der akademisch gebildeten Zeitgenossen noch lange nicht.[5] Von den zeitgenössischen und zeitgemäßen Lyrikern von Format war außer Gottfried
Benn wohl kaum jemandem breitere Wirkung beschieden: nicht von ungefähr, beherrschte doch Benn souverän die Klaviatur der alten Töne. So
trafen sich Bildungsbürger und Normalverbraucher in ihrer Vorstellung
vom Gedicht als dem reinsten Gefäß des Wahren, Guten und Schönen. Und
hatte es denn nicht, anders als viele Werke der bildenden Kunst und Ar-

chitektur, den Krieg überdauert, unbeschadet? Wer sollte, wer konnte es in Frage stellen? Selbst Hochschullehrer nicht.

So werden die fünfziger Jahre zu einer großen Zeit formalpoetischer Diskussionen, wie die große Ost-West-Auseinandersetzung zwischen Johannes R. Becher und Walter Mönch um das Sonett zeigt.[6] Und als 1955 die Anthologie ›Transit‹ die lyrische Produktion der jungen Generation versammelt, bekennt selbst ein so renommierter Germanist wie Wolfgang Kayser, daß er mit diesen Gedichten nichts mehr anfangen könne, weil darin der Vers, für ihn Grundbedingung lyrischen Sprechens, nicht mehr aufzufinden sei![7] Die Zeichen der Zeit stehen auf Reeducation als Synthese von Biedermeier und Modernität, und das gilt selbst für das lyrische Gedicht: als korrektes Formgebilde leistet es seinen Beitrag zur neuen Anständigkeit und Gesittetheit.

Aufstieg und Niedergang des langen Werbegedichts

Zwar gibt es zahlreiche Untersuchungen über Form und Funktion der Sprache in der Werbung,[8] die natürlich auch Werbereime behandeln, doch keinerlei Untersuchungen über das Werbegedicht als besondere und zeitabhängige Gattung von Trivialliteratur. Außer der von Karl Graak herausgegebenen und eher unterhaltend als wissenschaftlich moderierten Anthologie ›Wirb oder stirb. 100 Jahre Lyrik in der Werbung‹[9] liegt nicht einmal eine ausreichende Dokumentation des Stoffgebiets vor. Zudem schlägt Graak, sehr unglücklich, als Definition von Werbelyrik den Terminus „Industrielyrik"[10] vor.

Wie die Wirtschaft selbst, so boomt ab 1954 auch das lange Werbegedicht, bis anfangs der sechziger Jahre höchstens noch das gereimte Verspaar gewünscht und gewagt wird. Damit ist auch schon der Unterschied zwischen Werbevers und -gedicht angesprochen. Franz Ulrich Gass, einer der produktivsten Werbelyriker der Nachkriegszeit, definiert das große Werbegedicht so: „Werbeverse von vier und mehr Zeilen bezeichne ich als Werbegedicht."[11] Wie ist dieses Phänomen sowohl mentalitäts- als auch literaturhistorisch zu deuten? Wer sind die Autoren? Warum formuliert sich ein nicht kleines Stück Zeitgeist im Werbegedicht? Warum kommt Lyrik als exquisite Textsorte, die vom Rezipienten hohe Eigenleistungen an Aufmerksamkeit und Empfänglichkeit einfordert, zum geschäftsmäßigen Einsatz für Markenartikel? Offenbar sind die Bedingungen in mehrfacher Hinsicht günstig.

Die mentale Befindlichkeit in der zweiten Hälfte der fünfziger Jahre ist gekennzeichnet durch ein stark ausgeprägtes inneres Ruhebedürfnis, das

die herrschenden Zustände ebenso schweigend wie leidenschaftlich bejaht,
und eine zugleich sich immer hektischer gerierende Konsumeuphorie: Es
sind die Jahre der Anschaffungskultur. Der Alltag zieht als phantastisches
Warenangebot vorbei und hat aufgrund der Mangelerfahrungen der
Kriegs- und Nachkriegszeit eine jetzt geradezu poetische Qualität. „Mach
mal Pause", „Genuß ohne Reue", „Schöner leben", „Keine Experimente",
„Haste was, dann biste was", so lauten die Maximen. Wie heute wieder
in der ehemaligen DDR sind es die Waren, die Millionen von Lebensplänen
Ziel und Inhalt geben und nach Weihe und Beglaubigung durch 'die Kunst'
verlangen. Sie sind die materialisierten Gedichte der Zeit, und umgekehrt
sind Gedichte wie Markenartikel und weisen genormte Qualitätsstandards
auf.

Im Schatten der herrschenden Konsumeuphorie geschieht aber Mitte der
fünfziger Jahre eine für die weitere wirtschaftliche Entwicklung folgenrei-
che Veränderung: die Wende vom Verkäufer- zum Kundenmarkt. Noch
wird dieser Wandel kaum wahrgenommen, und auch Rückwirkungen auf
Aussage und Gestaltung der werblichen Ansprache sind noch nicht zu
spüren. Werbefachleute bleiben bis Ende der fünfziger Jahre in der Bundesrepublik äußerst rar, wie die Aussage eines professionellen Werbefach-
mannes 1957 dokumentiert: „Heute (wird) vielleicht noch nicht ein Drittel
aller Werbeaufwendungen der Wirtschaft fachgerecht betreut! Wie emp-
findlich wird der Mangel erst sein, wenn für diese, für die Existenz des
Unternehmens immer wichtiger werdende Aufgabe überall Fachkräfte unbedingt notwendig werden, weil die 'selbstgehäkelte' Werbung nicht aus-
reicht und als unökonomisch erkannt ist?"[12] Andererseits ist abzusehen,
daß eine prosperierende (Markenartikel-)Wirtschaft sich diesen Dilettantismus auf der Anspracheseite nicht mehr lange wird leisten können: „Die
Zeiten neigen sich dem Ende zu, wo der Firmenchef dem humorbegabten
Buchhalter oder dem befreundeten Schulmeister sagen konnte: 'Sie machen
so lustige Verse und können so nette Witze erzählen, Sie können doch auch
meine Reklame machen!' Reklame, das war etwas, was man trieb, weil es
die andern auch trieben (...) An einen kontrollierbaren Erfolg glaubte man
kaum."[13]

In der zweiten Hälfte der fünfziger Jahre ist also sowohl in ökonomischer als auch gestalterischer Hinsicht noch sehr viel Freiraum vorhanden.
Manche ebenso wirkungslose wie skurrile Anzeige behauptet sich zäh, wie
auch mancher Berufsfremde in kürzester Zeit zum erfahrenen Fachmann
aufsteigt. Vor allem für die künstlerisch Begabten und die Wortgewandten
wie Schriftsteller, Journalisten, Kabarettisten, Rundfunkreporter eröffnet
sich hier und jetzt ein ebenso weites wie lukratives Betätigungsfeld. Naturgemäß verfügt dieser Typ von Werber über 'literarische' Empfänglichkeit,

wenn nicht gar eigene Erfahrungen und Fertigkeiten. Und die Zeitumstände erlauben ihm jetzt nicht nur, seine Ambitionen werblich auszumünzen,
sondern fordern es geradezu heraus.[14]

So plötzlich wie Mitte der fünfziger Jahre viele Produkte (Dujardin-
Weinbrand, Linde's Zichorien-Kaffee, Mennen-Rasierwasser) mit der Lyra
beworben werden, so plötzlich kehrt anfangs der sechziger Jahre wieder
die Prosa ein. Der Grund liegt in der veränderten wirtschaftlichen Lage,
die sich direkt auf Form und Funktion der werblichen Mitteilungen auswirkt; es „mehrten sich die Anzeichen dafür, daß die besonderen Wachstumsbedingungen der westdeutschen Nachkriegswirtschaft ausliefen. (...)
Verteilungskämpfe von bis dahin ungekannter Schärfe brachen aus."[15]
Erstmals mußte der VW-Konzern einen erheblichen Rückgang bei den
Verkaufszahlen hinnehmen. Plötzlich „war Werbung wirklich gefordert –
mußte etwas bewirken".[16] In den frühen sechziger Jahren gelingt aber
auch gerade deshalb der westdeutschen Werbewirtschaft der Anschluß an
internationales Niveau. Mit den gestiegenen absatzwirtschaftlichen Risi-
ken erhöhten sich ihre Etats spürbar. Das Geschäft ist professionell geworden, Werbung muß sitzen und ankommen. Freiräume zur textlichen
– und erst recht poetischen – Gestaltung von Werbebotschaften sind dahin. Schon 1958 hatte Franz Ulrich Gass bemerkt, daß sich die Situation
für den Werbelyriker zu dessen Nachteil zu ändern begann: „Schriftsteller
und Journalisten, die am Feierabend 'schnell ein paar lustige Werbereime
dichten' und früher zuweilen damit Erfolg hatten, stellen fest, daß der
Draht zur Industrie abzureißen beginnt. Sie müssen das Feld dem erfahrenen Fachmann räumen, der vielleicht noch keine Schule der Metrik
studiert hat, dafür aber mehr von Absatzwirtschaft und von der Ware
versteht."[17] Ein nüchtern gewordener, aufgewachter Verbraucher kann
und will nicht mehr durch Verse überzeugt werden. Fast spürbar steht die
Gefahr im Raum, daß Gedichte zu bloßen Karikaturen auf die beworbenen Produkte werden könnten. Schließlich entsteht 1961 eine Zeitschrift,
die die bislang geltende Wunderaura der Warenwelt gnadenlos demon-
tiert: die ›DM-Test‹.

Das goldene Zeitalter der Konsumhymnen

Als eine Art Initialzündung für das 1954/55 beginnende Zeitalter der
Konsumhymnen dürfen wohl die über 450 Gedichte aus der Feder von
Franz Ulrich Gass zum Lobe des NSU-Quickly-Mopeds gelten. Heiter und
humorvoll werden darin Zeitereignisse verarbeitet wie Adenauers Moskau-
reise oder die Einführung der Bundeswehr:

Als Bulganin die Quickly sah
stand er sehr tief beeindruckt da,
um dann bedauernd zu bekunden:
„Wie schade, nicht von uns erfunden!"
Wohl dem, der eine Quickly hat!

Bald schallen wieder die Trompeten
zu dem Kommando: „Angetreten!"
„Ich trete", sagt der kluge Mann,
„am liebsten meine Quickly an!"
Wohl dem, der eine Quickly hat.

Die Konsum-Schwejkiade konfrontiert über das Wortspiel mit „antreten"
humorvoll zwei Initiationsriten: die bei der Bevölkerung höchst unbeliebte
Einführung der Wehrpflicht im Januar 1956 mit der Erstanschaffung eines
Mopeds. Und die Gedichte kamen an: „Das Echo auf die Serie war erfreu-
lich. Tausende von Lesern sandten – wohlgemerkt unaufgefordert – Quick-
ly-Hymnen ein."[18]

Es ist der neue, durch Konsumstandards sich definierende 'Mittelstand',
der sein Niveau als Kulturniveau zelebriert (bekommt). Verse als bekannt
gute Ordnungen transformieren das Neue und Moderne aus der Welt der
Warenwunder und spiegeln es auf den Bodensatz des Gemütlichen und
Bewährten. „Schöner leben" versifiziert heißt auch immer „sicherer leben".
Das kunstfertig gearbeitete, wohlklingende und durch seine Konsumauf-
forderung „Wohlgefühl" auslösende Gedicht gibt dieser neu empfundenen
Stabilität Ausdruck und avanciert zum zeitgemäßen Lyrikbegriff, zum „Ei-
ersonett mit Blumenkohl"[19], wie sich ein Kochrezept im Oktober 1958
euphorisch anpreist. Stets aber ist es der Augenblick des Anschaffungs-
glücks, den das große und lange Werbegedicht in begeisterten Worten malt:

Wir alle zeigen wohl im Lenz
nur eine einzige Tendenz:
Wie Blätter und wie Blüten eben
ins Sonnenlicht hinauszustreben.

Wohl dem, der dann im Goliath sitzt
und sparsam fährt, weil 'eingespritzt',
wohl jenen, denen tausendfach
der Frühling lacht durch's Schiebedach!

Des Wagens ungestümer Schwung
ist somit für Begeisterung
und Lebensfreude neue Saat,
das garantiert ein Goliath![20]

Abb. 15: Motorisiertes Biedermeier: Frühling durchs Schiebedach.

Erich Kästner hat die fünfziger Jahre einmal ironisch-treffend das „motorisierte Biedermeier" genannt. Der ständige Epochenwechsel, der zwischen der inszenierten Biedermeierbehaglichkeit und dem neuen Autowunder schwingt, scheint hingegen seinerzeit keineswegs als Bruch empfunden worden zu sein.[21] Für heutige durch das Umweltbewußtsein semantisch ganz anders besetzte Begriffe will sich das klassische Repertoire an lyrischen Frühlingstopoi wie 'Lenz' oder 'Saat' gar nicht mehr auf das Motorisierungs-Erwachen reimen! Gerade deshalb entfaltet ein solches Gedicht heute um so eindringlicher den rührenden Charme begrenzter Horizonte,[22] führt uns eine Mentalität und Welt vor, an der wir sowohl durch unsere Geschichte noch Anteil haben als auch zugleich immer unsere historische Entfernung spüren. Im „ungestümen Schwung" pulsiert noch ein Glaube, eine Markenartikelbegeisterung.

Abb. 16: Festtag für Leberechts: Kühlschankträume werden wahr.

Schon 1958 bemerkt Günther Anders: „Sehr im Unterschied zu Benjamin machen wir ja auch die 'Serienprodukte', obwohl diese im Augenblick des Erwerbs unauratisch gewesen waren, nachträglich auratisch, wir 'aurafizieren' sie. (...) Die Sentimentalität dringt in unsere Beziehung zu Massenwaren genauso tief ein wie in unsere Beziehung zu Unikaten."[23] Vor allem die Erstausstattung mit langlebigen Gebrauchsgütern wie Autos oder Kühlschränken hatte die Qualität von Initiationsriten. Es war ja nicht irgendein Kühlschrank, den man sich anschaffte, sondern „unser" Kühlschrank. In einer Anzeige der Firma Bosch, die die deutsche Musterfamilie vorführt, inszenieren Vers und Graphik den Kühlschrankadvent: der Lieferwagen steht vor der Tür, der Kühlschrank ist ausgeladen und wird soeben ins Haus gebracht. Die ganze Familie, ja die ganze Straße ist anwesend und bestaunt das Ereignis. Das Gerät wird wie ein neues Familienmitglied empfangen:

> Neues von Leberechts
>
> Kinder, ist das eine Freude,
> unser Kühlschrank wird gebracht!
> Leberechts sind aus dem Häuschen,
> selbst klein Stups hilft mit und lacht.
>
> Während Klaus, der naseweise,
> gleich die Kostbarkeit enthüllt,
> kann Mama es noch nicht fassen,
> daß ihr Traum sich jetzt erfüllt.
>
> Nur die Nachbarn stell'n sich neidisch
> zu der Neuerwerbung ein:
> gar ein BOSCH! da sieht man's wieder –
> Stets muß es das Beste sein.[24]

Es ist die wunderbare Einlösung des großen Konsumversprechens, wie es am Tage nach der Währungsreform mit dem Blick in die gefüllten Schaufenster gegeben wurde, die hier geschieht und gefeiert werden will. Die Familie setzt sich ein Anschaffungsdenkmal, wobei der Neid der Nachbarn als Bedeutungsverstärker des Initiationsritus fungiert. Effektvoll kontrastiert die Prosa der Straße mit dem hymnischen Einzug ins Haus, zumal der Weg zum Kühlschrank hin ja ein langer und entbehrungsreicher war.

Neben der Erstausstattung mit Küchengeräten gehörte in der zweiten Hälfte der fünfziger Jahre auch die Anschaffung des Fernsehers zu den umwälzenden Ereignissen für viele Familien. Bewarb Grundig seine Geräte als „Zauberspiegel mit der Wunderröhre", so setzte Graetz ab 1956 auf eine Serie von Werbegedichten, die alle auf dem Gedanken der Informationskompetenz aufbauten:

Dein politisches Barometer

Ist denn Konrad Adenauers Blick
siegesfroh und zuversichtlich heute?
Das ist für die deutsche Politik
nämlich furchtbar wichtig, liebe Leute!

Oder werden etwa gar schon morgen
seine edlen Züge wieder bitter,
weil den Diplomatenschädel Sorgen
schwarz umwölken wie ein Ungewitter?

Kauf dir einen GRAETZ, verschaff dir Klarheit
und guck täglich in den Bildschirm rein!
Da siehst du die ungeschminkte Wahrheit
und wirst stets – dank GRAETZ – im Bilde sein.[25]

Im Spiegel des Gedichts erscheinen mit den Konturen des Alten auch die
der Zeit: mit Medien umzugehen mußte in den fünfziger Jahren erst ein-
geübt werden. Das große Staunen dominiert; halb gebannt, halb ergötzt
wird des Kanzlers Mienenspiel verfolgt, wobei die unterstellte Gemütsver-
fassung der Fernsehzuschauer stark an diejenige von Kindern im Kasper-
letheater erinnert. Das Fernsehgerät als Meßinstrument zur Stimmungs-
überprüfung: mit dem Druck auf die Einschalttaste kommt die Offenba-
rung, die den nötigen Informationsstand gewährleistet, ins Haus.

Abb. 17: Fernseher auf Stimmungsempfang: Auch du wirst stets im Bilde sein.

Aber nicht nur die Meilensteine der Anschaffung geben der Wunderzeit „des ereignislosen Fortschritts" (Lutz Niethammer) ihre hymnische Weihe, auch die kleinen Mirakel des Alltags waren Verse wert, wie folgendes Gedicht um das bekannte 'Spülwunder' zeigt:

> Ganz klar: Glanzklar mit Pril
>
> Von dem Dache bis zum Keller
> (seht, wie sich die Menschen regen)
> strahlt uns überall ein heller
> spiegelklarer Glanz entgegen.
>
> Dieses Bild spricht wirklich Bände:
> Sauberkeit in Höchst-Vollendung.
> Spiegelblanke Gegenstände
> deuten stets auf Pril-Verwendung.
>
> Autos, Glas, Geschirr und Bilder,
> Möbel, Zähne, Böden, Dielen,
> Mausefallen, Türen, Schilder:
> Pril wird Spiegelglanz erzielen.
>
> Wär's für Sie nicht auch am besten,
> alles nur mit Pril zu putzen?
> (Bloß zum Waschen weißer Westen
> können Sie es nicht benutzen!)[26]

Es ist, als ob das Deutsche Haus einer Grundreinigung unterzogen wird, wobei man dem Autor ein durchaus feines Gespür auch für die Grenze an Säuberungsmöglichkeiten, die in der Zeit lagen, zusprechen muß. Universell in der Anwendung an Gegenständen oder Körperteilen, versagt das Spülwunder ja ausgerechnet beim Waschen weißer Westen den Dienst. Die große Zeit der Vergangenheitsbewältigung steht ja auch erst noch an. Und für die Eiligen schließlich gibt es ja, beliebt, praktisch und seit 1950 wieder in „Friedensqualität", bewährten Ersatz: Persil.

Der Vers – ein Sprachfilter: „Rauchen mit Verstand"

Am konsequentesten und professionellsten verkaufte eine Zigaretten-Marke Konsumniveau als Kulturniveau. Im Frühjahr 1954 wurde eine große Werbegedicht-Kampagne gestartet. Es trat auf Kasimir Edschmid, Vizepräsident der Deutschen Akademie für Sprache und Dichtung, stöhnend unter den von der 'Managerkrankheit' gebeutelten Zeitläuften: „Die Menschen unserer Epoche haben heftig strapazierte Herzen. Sie verstärken die Vibration und Ruhelosigkeit des Daseins noch durch die pausenlose Art des Rauchens." Abhilfe winkt: „Lord ist berechtigt, als Vorkämpferin des Rauchens mit Verstand aufzutreten." Verskultur hilft eine neue Rauchkultur einzuführen, die Filterzigarette 'Lord' formt den neuen Rauchertypus mit. Fast im Monatsrhythmus tritt nun Schriftsteller um Schriftsteller auf und stellt seine Meinung zum Thema „Rauchen mit Verstand" in Gedichtform vor. Viele bekannte Namen sind dabei wie Irmgard Keun oder Werner Finck. Mehr der Prosa zuneigende Autoren dürfen sich natürlich auch der Form des Essays bedienen. So verfaßt Luise Rinser gleich einen kleinen Benimm-Kurs (sic!) mit Lord, zugleich eine Apologie der rauchenden Damen: „Kein anderes Requisit gibt uns Gelegenheit zu derart graziösen Bewegungen wie die Zigarette. Freilich will das anmutige Rauchen gelernt sein. Junge Mädchen halten Hand und Zigarette meist ohne Grazie, zu fest oder zu nachlässig, zu weit vorne oder zu weit am Mundstück; sie führen sie zu oft zum Mund und rauchen zu gierig, wie schlechterzogene Männer. Kein anderes Requisit auch gibt dem Manne so hübsche Gelegenheit, der Frau ebenso harmlos wie beziehungsreich und huldigend sich zu nähern, wenn er ihr Feuer reicht. Ein Teetisch und ein Gespräch zu zweien ohne den blauen, zarten Rauch und den leisen Tabakduft ist wie ein Raum ohne Vorhänge und ohne Blumen: nackt und hart."[27] Auch Irmgard Keun, von der das folgende Gedicht stammt, stellt sich als zeitgemäße Musterkonsumentin vor:

> Vorübergehend zwackt mich manchmal mein Gewissen,
> weil ich so fehlerhaft und unvernünftig bin,
> dann möcht ich leben wie ein altes Sofa-Kissen,
> wie eine sanfte, brave Muster-Bürgerin.
>
> Dann trink ich Milch und turne in der Frühe
> und lieg beim ersten Dämmerschein im Bett.
> Um mich zu bessern, scheu ich keine Mühe,
> und bin zu mir und meiner Umwelt nett-
>
> Nur das geliebte Rauchen aufzugeben
> erschien mir nie als lohnender Verzicht.
> Ein bißchen blauen Dunst brauch ich nun mal zum Leben,
> und zuviel edle Willenskraft bekommt mir nicht.
>
> Doch da ich Filterzigaretten rauche,
> bleibt jeder Selbstvorwurf mir unbekannt,
> ich fühl mich wohl und habe was ich brauche:
> Verstand durch Rauchen – Rauchen mit Verstand.[28]

Der Kabarettist Werner Finck wird von Lord so vorgestellt: „Er filtriert Zeitgeschichte und alles, was von Zeit zu Zeit wichtig ist – hier zum

Beispiel das aktuelle Thema: Filterrauchen." Sein Gedicht ist ein Muster an Versdisziplin und mutet in seinem Formenreichtum fast barock an:

> Menschen, die Entspannung brauchen,
> rauchen
> manchmal Pfeife, manchmal Zigarren,
> meistens Zigaretten,
> und sie betten
> so ihr Sein in Harmonie.
>
> Und es scheint auch klar erwiesen,
> diesen
> Rauchern geht es um den Spaß,
> ungeachtet, ob die Schwaden
> ihnen schaden,
> qualmen sie im Übermaß.
>
> Doch es raucht der echte Kenner,
> wenn er
> klug ist, immer nur filtriert,
> denn dann kann er seinem schönen
> Laster frönen,
> ohne daß er viel riskiert.[29]

Dem durch Versordnung gefilterten und geläuterten Wort entspricht offenbar der durch den Filter gereinigte Rauch. Immer sind es diese Paradigmen des Zeitalters 'Disziplin' und 'Konsum', die symbiotisch einander verstärken. Probleme, ihre Intellektualität in den Dienst werblicher Botschaften zu stellen, kannten die Autoren nicht. Kasimir Edschmid: „Ich rauche Filterzigaretten und ich bin bereit, zu ihrem Lob und ihrem Ruhm, auf Befragen, bei jeder Gelegenheit auszusagen, ohne mich als Person dabei wichtig zu nehmen." Wenngleich ein solches Arrangement von Geistigkeit und Geld auf eine beachtliche Tradition verweisen konnte – schließlich hatten schon Frank Wedekind (Maggi), Joachim Ringelnatz (Montblanc), Erich Maria Remarque (Continental Gummi) oder selbst Bertolt Brecht (Steyr) als Werbetexter zuweilen ihr Brot verdient[30] –, die Kampagne der Zigarettenfirma gab den Anlaß zu einer breiten, öffentlich geführten Diskussion über das Amt des Dichters in der sich formierenden Gesellschaft der Nachkriegszeit.

Stein des Anstoßes war der ostentative Austritt Bernt von Heiselers aus der Darmstädter Akademie für Sprache und Dichtung. Reklametexte zu schreiben sei mit der Würde von Autoren, die wie Edschmid auch noch Spitzenämter innerhalb der Akademie bekleideten, unvereinbar. Da von seiten der Verantwortlichen auf diese Vorgänge überhaupt nicht reagiert worden sei, ziehe er die Konsequenzen. Ein Schriftsteller, so Heiseler, müsse gewisse Beschränkungen in der Weise des Geldverdienens auf sich nehmen, „weil er für einen Bereich im Leben des Volkes steht, wo einige von den nicht käuflichen Werten verwaltet werden".[31]

Ausgerechnet über die Figur des Schriftstellers entfacht sich also die Modernisierungsdiskussion[32] der Zeit. Wo die einen schlicht den „Konkurs der künstlerischen Wahrheit"[33] ausmachen, schwärmen andere bereits von einem neuen, beweglicheren Autorentyp: „Wie schön ist es, einem Künstler und gar einem Dichter zu begegnen, der auch für die Realitäten dieser Welt aufgeschlossen ist!"[34] frohlockt der ›Mannheimer Morgen‹. Hier liege bereits das Musterbeispiel zukunftsweisenden Kultursponserings vor, befindet der in Steuerangelegenheiten nicht unbeschlagene Kommentator der Frankfurter ›Abendpost‹: „Wenn nun eine fortschrittlich eingestellte Zigarettenfabrik auf den Einfall kommt, renommierte Schriftsteller für ihr Fabrikat werben zu lassen und aus dem gewöhnlich nicht geringen und steuerlich abzugsfähigen Reklameetat eine bedeutende Summe abzweigt, die den Kulturträgern zugute kommt, so ist dagegen nichts einzuwenden und von Würdelosigkeit kann keine Rede sein."[35]

In Ostberlin deutete man 'Fortschritt' freilich anders: „Das Ganze ist, von der Geschäftsseite her gesehen, die brutale Wirklichkeit dessen, was wir als Amerikanisierung der Kultur bezeichnen: Man läßt die wirklichen Künstler verhungern, die echte Kunst sterben, um dann als 'Ausweg' den kommerziellen und politischen Reklametexter hinzustellen."[36]

Doch auch in der Bundesrepublik fehlte es an nachdenklichen Stimmen nicht: „Warum steht denn der Dichter, oder sagen wir vorsichtiger, der Schriftsteller nicht mehr im Mittelpunkt des öffentlichen Interesses?" fragte das ›Heidelberger Tageblatt‹: „Man mag die Entwicklung der Zeit bedauern. Wer sich aber von ihr ausschließt, wird bald am Rande der Zeit stehen. Das dürfen unsere Schriftsteller nicht. Thiess, Edschmid und Rombach haben den Mut, es mit den Tendenzen unserer Tage aufzunehmen!"[37] Und den vielleicht spitzbübischsten Kommentar lieferte die Hamburger ›Zeit‹: „Welch ein Maß von Vertrauen wird der heutigen deutschen Literatur da von einem Mann des harten Geschäftsalltags entgegengebracht!"[38]

Preislied auf die Marktwirtschaft

Daß die perfektesten und elegantesten Werbegedichte von 'richtigen' Dichtern verfaßt wurden, war nicht nur den Zigarettenherstellern bekannt, die sich von der ganzen Diskussion nicht beirren ließen und ihre Kampagne ohne Abstriche fortsetzten. Auch die mit der Propaganda für Staat und Gesellschaft betrauten Public-Relations-Fachleute richteten ihre Botschaften zunehmend auf die Vorliebe des Zeitgeistes nach lyrischer Anmutung aus und suchten ständig nach guten Autoren. Wo so viele rühmenswerte Artikel erzeugt und verkauft wurden wie in der Bundesrepublik, konnte der Staat und die in ihm geltende Wirtschaftsordnung ja auch kaum etwas anderes sein als ein 'gutes Produkt'. Und „Wohlstand für alle!" war ja längst mehr als nur die wohlfeile Propagandamünze Ludwig Erhards, Ende 1959 stand ebendiese Formel auch im Godesberger Programm der SPD! Aus einer langen wirtschaftspolitischen Auseinandersetzung war die Marktwirtschaft als souveräner Sieger hervorgegangen: Grund genug, auch ihr das verdiente Preislied zu singen. Freilich schien dazu eine schlichte Anzeigenserie wenig geeignet, bewegte Bilder mußten es, nach Ansicht der betreuenden Public-Relations-Agentur,[39] schon sein. Als humorvoller Zeichentrickfilm verpackt wird das Loblied auf die Marktwirtschaft in Angriff genommen. Mit Vicco von Bülow und Eugen Roth findet sich ein Künstlergespann, das den Stoff kongenial umzusetzen versteht. Hauptperson des Drei-Minuten-Films, der im Frühsommer und Herbst 1960 in fast 500 Lichtspielhäusern in der Bundesrepublik gezeigt wird, ist Otto Normalverbraucher in Gestalt des Loriotschen Knollennasenmännchens:

> „Ein Mensch, so wie die Menschen sind,
> fühlt sich als Wirtschaftswunderkind,
> sieht manchen seiner Träume reifen
> und glaubt, er braucht bloß zuzugreifen.
>
> Doch wer sich nur an Träume hält,
> gar bald aus allen Wolken fällt:
> Die Hände – leer am Ende dann.
> Der Mensch fängt besser klein erst an,
> und kriegt als Lohn für seinen Fleiß
> ein Bildungszeugnis, schwarz auf weiß.
>
> Berufswahl trifft nun unbeirrt
> der Mensch, der frei wählt, was er wird.
> Der Mensch, vom Mißerfolg verdüstert,
> hört, was das schlechte Ich ihm flüstert:
> „Was man mit Arbeit schwer erreicht,
> das Spiel des Glücks bringt es dir leicht!"
>
> Doch wie gewonnen, so zerronnen.
> Mit leeren Händen neu begonnen!
> Der Mensch, in neuer Illusion,
> sucht eine Organisation.
> Wer sich auf andere verläßt,
> verlassen ist – so stellt er fest.

Noch immer sind die Hände leer.
Dem bessren Ich geh hinterher!
Steh, statt zu laufen mit der Herde,
mit beiden Füßen auf der Erde.
Der freien Wirtschaft erster Satz:
Selbst ist der Mann – frei ist der Platz.
Draus leitet ab Satz Nummer Zwei:
Erst Fortbildung macht wirklich frei.

Der Mensch mit seinen Zielen reift,
wenn ein Rad in das andre greift
Selbst ist der Mann, er hat's geschafft
zum Meister und zur Meisterschaft.
Anstatt mit leerer Hand zu grollen,
schöpft er nun plötzlich aus dem vollen.
So ist der Mensch, wie man hier sieht,
stets selber seines Glückes Schmied,
schafft, was er will, aus eigner Kraft
in der SOZIALEN MARKTWIRTSCHAFT.[41]

Auf den ersten Blick scheint es sich lediglich um eine weitere Variante jener „Ein Mensch"-Gedichte zu handeln, die Eugen Roth so berühmt gemacht haben. Daß hier indes ein überaus raffiniertes Arrangement sprichwörtlicher Redensarten zum Propaganda-Einsatz kommt, das wird zunächst wohl kaum jemandem bewußt geworden sein. Neben einigen idiomatischen Ausdrücken („aus allen Wolken fallen", „aus dem vollen schöpfen") sind es vier Sprichwörter („Wie gewonnen, so zerronnen!"; „Wer sich auf andere verläßt, verlassen ist"; „Selbst ist der Mann"; „Jeder ist seines Glückes Schmied"), aus denen die Botschaft geradezu unmerklich erwächst. Sie alle aber verzeichnet schon die von Sebastian Franck 1552 bei dem Frankfurter Drucker Christian Egenolff herausgegebene ›Sammlung deutscher Sprichwörter‹[40]. Eugen Roth bedient sich also aus dem seit vierhundert Jahren abgespeicherten Fundus an Lebensweisheiten im sozialen Gedächtnis und ordnet sie virtuos der neuen Lebensphilosophie 'Soziale Marktwirtschaft' unter, die erst ganz am Ende als Begriff erscheint, bevor Loriots Knollennasenmann seinen Lebenslauf vor dem westdeutschen Kinopublikum konsumfroh beschließen darf!

Anmerkungen

[1] In: Quick vom 26.5.1956.
[2] Siehe dazu C. Kleßmann: Zwei Staaten, eine Nation. Deutsche Geschichte 1955 – 1970, Bonn 1988, S. 55: „Vom 'Einmaleins des guten Tons', das 1955 erschien, wurden bis 1959 24 Auflagen mit 765 000 Exemplaren gedruckt."

³ K.-H. Graudenz/E. Pappritz: Das Buch der Etikette, München 1956, S. 10 f.

⁴ In: Quick vom 18. 4. 1954.

⁵ O. Knörrich: Die deutsche Lyrik seit 1945, Stuttgart 1978, S. 110 ff.

⁶ D. Schindelbeck: Die Veränderung der Sonettstruktur von der deutschen Lyrik der Jahrhundertwende bis in die Gegenwart, Frankfurt/Bern/New York 1988, S. 13 ff.

⁷ W. Kayser: Geschichte des deutschen Verses, München 1971, S. 151 ff.

⁸ So z. B. die literaturwissenschaftlich ausgerichtete Arbeit von R. Römer: Die Sprache der Anzeigenwerbung, Berlin 1968, oder die linguistisch orientierte Untersuchung von A. Heiz: Wie argumentiert Werbung?, München 1978.

⁹ K. Graak: Wirb oder stirb. 100 Jahre Lyrik in der Werbung. Die schöne Kunst der Selbstdarstellung, Köln 1988. Vgl. auch H. Hartwig: Das Wort in der Werbung, München 1974, S. 81 ff.

¹⁰ Ebd., S. 13. Es wird nicht klar, ob der Begriff ein Gattungsbegriff sein soll, ob er die Inhalte oder gar die Produzenten meint.

¹¹ F. U. Gass: Der Werbevers – ein Muntermacher, o. O., o. J.

¹² H. Strauf: Das Nachwuchsproblem ist brennend, in: Der Volkswirt, H. 9/1957, Beilage, S. 76 f.

¹³ F. U. Gass: Besser werben mit Humor. Ein heiterer Verkaufshelfer, Stuttgart-Degerloch 1958, S. 100.

¹⁴ Eine idealtypische Verkörperung dieses Werbers war z. B. Heinz Hartwig, zusammen mit Hermann Mostar Begründer des Nachkriegskabaretts „Die Hinterbliebenen" sowie Ghostwriter des schwäbischen Originals Willy Reichert.

¹⁵ W. Abelshauser: Wirtschaftsgeschichte der Bundesrepublik Deutschland, Frankfurt/M. 1983, S. 98.

¹⁶ H. Lampe: Vom Wandel der Werbewelten rund um das Auto. Amerikanisches Know-how für deutsche Agenturen nach '45, in: Horizont-Special '40 Jahre Werbung in der Bundesrepublik', Beilage von Horizont. Zeitung für Marketing, Werbung und Medien, Nr. 41/1989, S. 60.

¹⁷ Gass (Anm. 13), S. 100.

¹⁸ Ders: Der Werbevers, o. O., o. J., S. 3.

¹⁹ In: Frankfurter Illustrierte vom 18. 10. 1958.

²⁰ In: Frankfurter Illustrierte vom 26. 3. 1955.

²¹ Der erfolgreichste Film Mitte der fünfziger Jahre war ›Sissi‹. „Sissi ist nicht nur eine bayerische Prinzessin des vorigen Jahrhunderts, sie ist auch eine Westdeutsche des 20. Jahrhunderts." Zit. nach C. Seidl: Der deutsche Film der fünfziger Jahre, München 1987, S. 133.

²² Zum Bild der fünfziger Jahre und dessen Aneignung heute mittels des „soziopolitischen Kindchen-Schemas" vgl. „Bilder der 'Golden Fifties': ein Heimatpuzzle", in: R. Gries/V. Ilgen/D. Schindelbeck: Gestylte Geschichte. Vom alltäglichen Umgang mit Geschichtsbildern, Münster 1989, S. 129 ff.

²³ G. Anders: Die Antiquiertheit des Menschen, Bd 2., München 1980, S. 44.

²⁴ In: Münchner Illustrierte vom 19. 4. 1958.

²⁵ In: Der Spiegel, 10. Jg., Nr. 46 vom 14. 11. 1956, S. 44.

²⁶ In: Der Spiegel, 11. Jg., Nr. 10 vom 6. 3. 1957, S. 21.

[27] In: Der Spiegel, 9. Jg., Nr. 7 vom 9.2.1955, S. 5.

[28] In: Quick vom 1.10.1955.

[29] In: Der Spiegel, 9. Jg., Nr. 21 vom 22.6.1955, S. 39.

[30] Das verstärkte Interesse an Werbung als literarischer Kategorie und zeitgeschichtlicher Quelle dokumentiert auch die kritische Gesamtausgabe der Werke Frank Wedekinds, innerhalb deren sämtliche vom Dichter verfaßten Reklametexte inzwischen vorliegen. Siehe dazu H. Vincon (Hg.): Frank Wedekinds Maggi-Zeit. Reklamen/Reiseberichte/Briefe (= Pharus IV), Darmstadt 1992. Vgl. auch „Frank Wedekind als Werbetexter bei Maggi und Familie Wedekind in Hannover". Eine Sonderausstellung des Theatermuseums und -archivs des Niedersächsischen Staatstheaters Hannover vom 9. September bis zum 31. Oktober 1993.

[31] Das Quellenmaterial der im folgenden dokumentierten Zigarettenaffäre wurde uns von der Deutschen Akademie für Sprache und Dichtung Darmstadt freundlicherweise zur Verfügung gestellt.

[32] Siehe hierzu den umfangreichen Sammelband von A. Schildt/A. Sywottek: Modernisierung im Wiederaufbau. Die westdeutsche Gesellschaft der 50er Jahre, Bonn 1993.

[33] S. Herrle: Die lyrische Werbetrommel. Wird das Dichterwort zur Handelsware?, in: Der Tag vom 9.9.1954.

[34] W. Gilles: Der Künstler und die Wirklichkeit: Ein Montag-Morgen-Kommentar, in: Mannheimer Morgen vom 16.8.1954.

[35] J. Herchenröder: Streitfrage für Darmstadts Akademie: Darf ein Dichter für den Reiz der Filterzigarette werben?, in: Abendpost vom 24.8.1954.

[36] Von der Freiheit, Reklametexte zu dichten, in: Berliner Zeitung vom 28.9.1954.

[37] H. Ohff: Krach um Reklame, in: Heidelberger Tageblatt vom 17.8.1954.

[38] Gefiltert, in: Die Zeit vom 26.8.1954.

[39] Sowohl das Gedicht auf den Bosch-Kühlschrank als auch der Werbefilm für die Soziale Marktwirtschaft sind im Auftrag und nach der Idee der Frankfurter Werbeagentur Hanns W. Brose bzw. deren PR-Abteilung „Gesellschaft für Gemeinschaftswerbung (GfG)" entstanden. Für ihren Kunden „Die Waage. Gemeinschaft zur Förderung des sozialen Ausgleichs e.V." wurden von der GfG zwischen 1952 und 1965 die PR-Kampagnen zur Propagierung von ‚Erhards Sozialer Marktwirtschaft' erarbeitet. Die Geschichte des Waage-Vereins, eines informellen Zusammenschlusses bundesdeutscher Unternehmer, und seine Rolle und Bedeutung für die sozial-, mentalitäts- und kommunikationsgeschichtlichen Entwicklungen in der Bundesrepublik ist Untersuchungsgegenstand des von der Deutschen Forschungsgemeinschaft Bonn finanzierten Forschungsprojekts zur deutsch-deutschen Propagandageschichte in Freiburg und Leipzig.

[40] S. Franck/C. Egenolff: Sprichwörter/Schöne/Weise Klugreden, Frankfurt/M. 1552: „Wie gwunnen/so verschwunden"; „Keiner verlasse sich auff den andern"; „Selbs ist der man"; „Es hat einer glück/darnach er thut". Karl Simrocks im Jahr 1846 veranstaltete Ausgabe ›Die Deutschen Sprichwörter Gesammelt‹, Frankfurt/M. 1846 (Reprint Dortmund 1978) verzeichnet unter Nr. 3647: „Wie gewonnen, so zerronnen"; Nr. 306: „Wer sich auf andere verläßt, der ist verlassen"; Nr. 9484: „Selber ist der Mann"; Nr. 3784: „Jeder ist seines Glückes Schmied".

Public Relations der Stärke

„Wachsamkeit ist der Preis der Freiheit": Wie man den Bürgern die NATO verkaufte

Ostersamstag, 4. April 1959: In Mainz hat sich Lauris Norstad, der NATO-Oberbefehlshaber, eingefunden, um der größten und farbenprächtigsten Militärparade beizuwohnen, die es in der kurzen Geschichte der Bundesrepublik bis dahin gegeben hat. Mit seinem Erscheinen erweist der amerikanische Vier-Sterne-General der Bedeutung des jüngsten[1], durch die exponierte Lage am 'Eisernen Vorhang' aber wichtigsten, Partners seine Reverenz. Die Hymnen der beteiligten neun Nationen werden intoniert, schließlich beginnt der Vorbeimarsch von 5000 Soldaten – vorneweg ein Fallschirmjägerbataillon der Bundeswehr zu den Klängen des Marsches „Alte Kameraden". Tausende von Zuschauern, seit dem frühen Morgen um die besten Plätze bemüht, konsumieren brav „NATO-Brezeln", beurteilen wohlwollend den disziplinierten Auftritt der jungen Bundeswehr, spenden den kanadischen Dudelsackpfeifern den größten Beifall und rufen allen Neu-Alliierten ein kräftiges Helau zu. Es herrscht Volksfeststimmung – fast wie am Rosenmontag, wie der Korrespondent der Frankfurter Allgemeinen notiert.[2]

Die Mainzer Veranstaltung war unter propagandistischen Gesichtspunkten jedoch nur das Sahnehäubchen einer seit 1955 laufenden Public-Relations-Kampagne der Bundesregierung. Der anspruchsvolle Impetus lautete auch 1959 unverändert, einer potentiell wehrunwilligen, gar wehrfeindlichen Bevölkerung[3] den NATO-Beitritt, die Wiederaufrüstung und last but not least die atomare Bewaffnung der Bundeswehr als notwendige Investitionen einer gewinnbringenden Zukunftsoption, der Westintegration, peu à peu schmackhaft zu machen.

Am selben Tage, als in Mainz und in anderen Städten die Soldaten paradierten, erschien in den Tageszeitungen eine Anzeige des Presse- und Informationsamtes der Bundesregierung (BPA). Unter dem Slogan „Wir sind nicht allein!" wurde den Lesern die NATO als ein „Bündnis freier Völker zum Schutze freier Menschen" empfohlen. Die Anzeige und sechs andere waren Hauptbestandteil einer eigens für das NATO-Jubiläum konzipierten Werbekampagne. Ihrer Analyse sowie der Darstellung der propagandistischen Arbeit des BPA im Bereich der „Öffentlichkeitsarbeit in Verteidigungsfragen" soll dieser Beitrag dienen.

Schon in der Frühzeit des BPA hatte es nicht an Versuchen gefehlt, das zunächst karg ausgestattete und ohne ausreichendes Konzept operierende 'Amt' zu einem 'Informationsministerium' auszubauen, wie es der Plan des Staatssekretärs und eigentlichen PR-Chefs der Bundesregierung, Otto Lenz, 1953 vorsah. Allein, das Vorhaben, ein in den Augen der Zeitgenossen runderneuertes 'Propagandaministerium' zu installieren, mußte sich selbst dekuvrieren.[4]

Als im Umfeld der Pariser Verträge und des anstehenden NATO-Beitritts eine qualitative Veränderung der bis dahin eher marginal betriebenen 'Wehraufklärung' zwingend erforderlich war, einigte sich die Dienststelle Blank – deren Pressestab[5] eigentlich im gleichen Teich wie das 'Wehr'referat fischte – mit dem BPA. In einer am 12. November 1954 signierten Vereinbarung wurde zu Protokoll gegeben: „Der Gedanke des Ausbaus des Pressereferats zu einer Presseabteilung innerhalb der Dienststelle Blank, welche umgehend auch Aufgaben der Bearbeitung und Weiterleitung von Grundlagenmaterial der Wehraufklärung durchzuführen hätte, wird übereinstimmend abgelehnt. Diese Aufgaben liegen eindeutig beim Bundespresseamt (...)."[6] Dem BPA wurde damit die Koordinierung und Durchführung der gesamten verteidigungspolitischen PR anvertraut,[7] dem Pressestab des zukünftigen Verteidigungsministeriums verblieben die Presseinformation über Truppenangelegenheiten und natürlich die Nachwuchswerbung. Leiter des neu eingerichteten Großreferates „Öffentlichkeitsarbeit in Verteidigungsfragen (ÖV)" im BPA wurde Hanns Küffner, das 'Wehr'referat hingegen aufgelöst. Das Großreferat war keiner Abteilung des BPA angegliedert, sondern unterstand direkt Amtsleiter Felix von Eckardt.[8]

„Auch Du trägst Verantwortung":
Stationen der NATO-Werbung vor 1959

Eine der ersten Aktivitäten bestand darin, in einer „Sonderaktion zur Unterrichtung der Bevölkerung über Ziele und Auswirkungen der Pariser Verträge" die damit verbundenen Verpflichtungen wie Aufstellung einer Bundesarmee und den kommenden NATO-Beitritt zu propagieren. Das BPA bediente sich hierfür eines speziellen Instruments, welches schon im Bundestagswahlkampf 1953 von der CDU mit großem Erfolg eingesetzt worden war: der berühmten „Werbomobile" von der Firma Mobilwerbung. Es handelte sich um unscheinbar wirkende Volkswagen-Busse, die, ausgerüstet mit Filmprojektoren und Lautsprechern, durch die Bundesrepublik zockelten und vor allem im ländlichen Raum die Bevölkerung mit Informationen 'versorgten'. Die Mannschaft jedes Werbebusses bestand aus einem Fahrer – zugleich Techniker und Filmvorführer – und einem eigens geschulten Redner, der nach der Filmvorführung Fragen beantworten oder Diskussionen anleiten sollte. Dem Vorführungs-Team fiel auch die Aufgabe zu, eine Rezipientenanalyse vorzunehmen, indem es über jeden Einsatzort und die dort geäußerten Bevölkerungsmeinungen genau Buch führte.[9] Die Redner wurden von der „Arbeitsgemeinschaft demokratischer Kreise (AdK)"[10] gestellt, einem eingetragenen Verein des Adenauer-Intimus Hans Edgar Jahn,[11] und seit dessen Gründung aus dem ominösen Reptilienfonds (Titel 300)[12] entlohnt. Die Wagen waren bei jedem Wetter einsetzbar – wenn es regnete, konnte der Filmprojektor ausgebaut werden, und die Filme wurden dann im Dorfgasthaus oder einem angemieteten Saal gezeigt. Auf die Arbeit der Mobilwerbung hielt man im BPA große Stücke, wie eine Stellungnahme von Referatsleiter Küffner verrät: Sie „ist eine Firma, die in der Bundesrepublik ohne Konkurrenz ist (...). Die Mobilwerbung ist vor mehreren Jahren (1952, die Autoren) auf Initiative des damaligen Staatssekretärs Dr. Lenz gegründet worden; die Bundesregierung und der Bundesverband der Deutschen Industrie haben nicht unbeträchtliche Starthilfe geleistet. Meines Wissens ist der Bundesverband der Deutschen Industrie der Haupteigentümer der Firma (...). Auf dem Gebiet der Informationstätigkeit zu Gunsten der NATO und der Freiwilligenwerbung (...) sind die erzielten Erfolge zu einem nicht unerheblichen Teil das Ergebnis der Tätigkeit der Mobilwerbung."[13]

Das rollende Inventar der Firma Mobilwerbung war aber nicht nur im wahrsten Sinne des Wortes Vehikel für die PR-Botschaften des ÖV-Referates: In dem Maße, in dem sich die Aktivitäten des BPA und seines Referates ausweiteten, expandierten auch die 'Geschäfte' der Mobilwerbung. Zur Wahrnehmung der Aufgabenvielfalt und aus Verschleierungsgründen wurden von der Mobilwerbung daher spezielle Tochterfirmen gegründet: die „Deutsche Reportagefilm GmbH" etwa, die sich mit der Herstellung von Werbefilmen beschäftigte, oder die Verleihfirma „Deutscher Filmdienst", das „Werbestudio 7 Remagen" als Werbeagentur und schließlich auch der Verlag „Deutsche Korrespondenz GmbH", der dem Journalisten Erich Peter Neumann gehörte.[14] In der 'Frontstadt' Berlin kümmerte sich als eine Art Außenvertretung die „Gesellschaft für Ausstellungen KG" um die aufklärerischen Belange des BPA. Als Geschäftsführer der Mobilwerbung zeichnete der Werbeberater Peter Tinschmann. Insgesamt, soweit sich das Knäuel der Firmenverflechtungen noch entwirren läßt, arbeiteten mindestens 14 Subunternehmen der Mobilwerbung für das BPA.[15] Brauchte sich das Amt in der Öffentlichkeit so schon nicht mehr als spiritus rector zu offenbaren – was sicherlich die Glaubwürdigkeit der Kampagnen erhöhte, wenn nicht herstellte –, umgab es sich zudem noch mit einer Reihe von Vereinen und Gesellschaften, die anstelle des BPA in Broschüren die Herausgeber oder auf Plakaten die Initiatoren mimten. Dazu zählten beispielsweise ein von der Mobilwerbung ins Leben gerufener „Arbeitskreis für europäische Politik", die bekannte „Deutsche Atlantische Gesellschaft" (eine Gründung von Staatssekretär Lenz und dem CSU-Abgeordneten Richard Jäger) oder die „Europa-Union Bonn". Eine Reihe von 'Fremdfirmen'[16] rundete das regierungsamtliche PR-Imperium[17] ab. Meist dienten sich diese Unternehmen dem BPA selbst an, von der durchaus nachvollziehbaren Hoffnung motiviert, sich eine konjunkturunabhängige Geldquelle zu erschließen.[18]

Hatten sich schon in der ersten PR-Aktion des Referates die Werbomobile bewährt, so traf dies in erheblich höherem Maße auf eine Wanderausstellung zu, die ab Juni 1956 durch die deutschen Lande tingelte. Das Konzept für die Ausstellung hatte der Bonner Journalist Waldemar Lentz entworfen, der, wie nicht wenige seiner Kollegen, ständiger Mitarbeiter des BPA oder der Bundeszentrale für Heimatdienst war. Lentz verpackte die Inhalte ('Abriß der Geschichte der NATO', 'Situation nach 1945', 'neue Waffentechniken', 'das Bündnissystem') in einen imaginären Dialog, indem er den Rezipienten mit einem vertraulichen 'Du' unmittelbar ansprach: „Das ist Deine Welt! Sie ist geteilt in die Welt der Freiheit und die Welt der Sklaverei. Du bist dabei – und mittendrin!" In der Ausstellung wurde dem so Eingestimmten eine Geschichtslektion aus dezidiert regierungsamtlicher Weltsicht verabreicht: Im „Ringen um Deutschland" habe erst die NATO den Völkern Europas wirkliche „Freiheit" gebracht. Und, Gott sei Dank: „Wir sind dabei! Deutschland in der NATO." Am Ausgang wurde der Besucher nochmals an die staatsbürgerliche Pflicht gemahnt: „Auch *Du* trägst Verantwortung!" Wer weiterlas, durfte folgende Weisheiten mit auf den Nachhauseweg nehmen: „Der Kampf um Deutschland hört nicht auf! Die Sowjets glauben an den Haß zwischen uns und dem Westen (...). *Wir* wissen um die Kraft freier Völker in der Gemeinschaft (...). *Unsere Chance* ist die Völkerfamilie der NATO! (...) Was kannst Du dabei tun? (...) Du kannst Verantwortung mittragen. Sage es Deinem Nächsten."[19]

Untergebracht war die im Juni 1956 eröffnete Ausstellung in zwei großen Omnibussen der Mobilwerbung, deren Seitenwände heruntergeklappt werden konnten. Vorgesehen waren sechs Monate Laufzeit, der Kostenaufwand lag bei 218 760 DM.[20] Ziel der Ausstellung war nicht nur, die Menschen mit der NATO überhaupt und Westdeutschlands wichtige Rolle in ihr vertraut zu machen, sondern zugleich das über den Zweck eines reinen

Militärbündnisses hinausgehende Selbstverständnis der NATO als eine Art 'Commonwealth of Nations' zu transportieren. Folgerichtig dominierten in der letzten Ausstellungssequenz unter dem Motto „Freie Welt rund um den Atlantik" Begrifflichkeiten wie „Atlantische Kulturgemeinschaft" oder simple Le(e)hrsätze wie „Die NATO ist mehr als ein Militärbündnis". Um dieser Intention gerecht zu werden, aber auch, um die NATO als Garanten des Wirtschaftswunders darstellen zu können – um durch diese Verknüpfung ein positives Image auf ein weniger positives zu übertragen –, hatte ÖV-Referatsleiter Küffner im Vorfeld der Ausstellung in einem Brief an den Bundesverband der deutschen Industrie angeregt, die Wirtschaft solle doch in der Ausstellung ihre Produkte bzw. sich selbst in angemessener Form präsentieren. Die Idee fand, wie es scheint, keinen Widerhall.[21]

Die NATO-Wanderausstellung war nur der Auftakt einer in den kommenden Jahren regen Ausstellungstätigkeit.[22] So hatte der Landesverband Bayern der „Europa-Union" im Auftrag der Bundeszentrale für Heimatdienst 1957 eine Ausstellung namens „Europa ruft" entwickelt, die für die Idee des europäischen Einigungsprozesses werben sollte. Flugs betätigte sich das ÖV-Referat als Trittbrettfahrer, indem es die Ausstellung durch die Mobilwerbung übernehmen ließ. Der besondere Kniff war, die an sich militär-neutrale Ausstellung in ein Forum zur Propagierung des NATO-Gedankens umzuwidmen. Hinzu kam eine zweite Überlegung: Wenn die Menschen nicht zum Propheten kommen, muß der Prophet zu ihnen gehen – ergo klapperte die doppelt getarnte Ausstellung während der Ferienmonate im Sommer 1957 die Badeorte an der Nordsee ab.[23]

Natürlich gab es neben den Wanderausstellungen auch ein Standardprogramm, das von den 'Diensreisenden' der Werbomobile absolviert werden mußte. Es lebte vor allem durch die dabei gezeigten Filme. Den Anfang machte stets ein 30minütiger aktueller Film aus der Reihe „Deutschlandspiegel", eine Art Wochenschau; Kurzreferate und weitere Filme schlossen sich an.[24] Auch wenn vorausgesetzt werden kann, daß die meisten Filme über einen längeren Zeitraum im Programm blieben bzw. ältere auch in späteren Kampagnen Verwendung fanden, lag es doch auf der Hand, daß es einen großen Bedarf an 'brauchbarem', d. h. propagandistisch verwertbarem Filmmaterial gab. Das BPA konnte bei der NATO-Werbung zunächst auf die aus amerikanischer Produktion stammende Reihe „Meet Your Allies" (dt. „Die Atlantische Gemeinschaft") zurückgreifen; diese sogenannten Länderfilme stellten in lockerer Form die einzelnen Mitgliedsstaaten der NATO vor. War hier eine Aufführung durch die Werbomobile in den Ortschaften unproblematisch – „lernten" doch die Menschen so ihre europäischen Nachbarn oder Nordamerika kennen –, konnte sich die positiv gestimmte Erwartungshaltung der Besucher ändern, wenn es um die filmische Darstellung des – anfangs nur prospektiven – deutschen Wehrbeitrags ging. In seiner Not sah sich das BPA im Ausland um und bemühte sich, Filme aus solchen Staaten zu bekommen, „deren demokratischer Leumund ebenso einwandfrei war wie ihre militärische Unschuld".[25] Bereits 1953 wurde daher ein Film über die Schweizer Armee angekauft und auf deutsche Verhältnisse umgeschnitten. Vor allem mußte die schon im Titel „Wehrhaft und frei" anklingende Zentralaussage, die eidgenössische Neutralität als ultima ratio staatlicher Verfaßtheit, eliminiert werden: Einen krasseren Gegensatz zu den Bemühungen, der Bevölkerung den anstehenden NATO-Beitritt der Bundesrepublik zu verkaufen, hätte es wohl kaum geben können. Ab 1955 wurde die modifizierte Fassung schließlich in Kinos bzw. auf den Projektoren der Werbomobile gespielt.

In den Jahren 1957 bis 1959 waren als ständige Filme „Der große Irrtum", „Der Rote Schatten" und „Bündnis des Friedens" im Programm. Letztgenannter Streifen, ursprünglich eine Fernsehsendung des Nordwestdeutschen Rundfunks vom Juli 1955 mit dem Titel „Bündnis für den Frieden",[26] thematisierte das 'reiche Innenleben' der NATO: Live-Interviews mit den NATO-Oberen wechselten mit Reportagen über die Geschäftigkeit des Pariser Hauptquartiers. Im Zentrum stand die Pseudo-Diskussion zwischen einem 18jährigen, der den Sinn des NATO-Bündnisses bezweifelte, seiner indifferenten Mutter und einem Reporter, dem die Rolle des Stichwortgebers und alleswissenden Erzählers zufiel.

Plakataktionen ließ das ÖV-Referat ab 1955 durchführen. Ein 'gefundenes Fressen' aus propagandistischer Sicht war der Ungarnaufstand 1956, der sich auch Jahre später noch, wie das Beispiel der 59er-NATO-Anzeigenkampagne zeigen wird, ausschlachten ließ. 1956 reagierte das Referat prompt auf die Entwicklung in Ungarn: Bereits im November und Dezember 1956 wurde ein Plakat geklebt „Ungarn mahnt – verteidigt die Freiheit": Vor der ungarischen Flagge fährt ein russischer Panzer drohend auf den Betrachter zu. Im Impressum zeichnete der „Arbeitskreis für europäische Politik" verantwortlich, der auch die Idee für dieses Plakat entwickelte und mit dem ÖV-Referat abstimmte. Im Januar 1957 führte das psychologische Institut der Universität Bonn eine Akzeptanzanalyse des Plakates durch, die das Umschwenken der Stimmung bestätigte: Die Niederschlagung des Ungarnaufstands ließ einen Großteil der Bevölkerung, der Aufrüstung, NATO-Beitritt und Bundeswehr gleichgültig oder ablehnend gegenüberstand, zur Wehrpolitik der Bundesregierung eine positivere Einstellung gewinnen. Auf den ohne eigenes Zutun zu ihren Gunsten ausgefallenen Stimmungsumschwung bauend, ließen die BPA-Profis diese einmalige Chance nicht ungenutzt: Zunächst wurde mit einem zweiten

Ungarn-Plakat im März 1957 nachgelegt: „Vergiß Ungarn nie" war eine im Hinblick auf den Rezipienten gleichermaßen Reminiszenz und Drohung enthaltende Parole.

Zeitgleich ließ das BPA Plakate kleben, die den NATO-Gedanken aufgrund der veränderten politischen Großlage ungleich offensiver propagieren konnten bzw. das gewachsene Selbstbewußtsein der Propagandisten dokumentieren. Die atlantische Gemeinschaft konnte sich nun als Allheilmittel gegen 'Vergewaltigungen' wie in Ungarn preisen: „Die deutsche Bundeswehr und die NATO bringen Sicherheit für alle."[27]

„Wer sichert die Freiheit?" – Das NATO-Jubiläum 1959

Das Feld der öffentlichen Meinung war durch vielfältige Aktivitäten also bereits mehrfach umgepflügt, als das ÖV-Referat 1959 die Jubiläumskampagne für die NATO in Angriff nahm. Bereits im Juli 1958, als die propagandistischen Schlammschlachten um die Atombewaffnung der Bundeswehr gerade im Abklingen begriffen waren, machte sich das ÖV-Referat Gedanken um eine angemessene Würdigung des 10. Jahrestages der NATO am 4. April 1959 und seine Präsentation in der Öffentlichkeit.

Konkret vorgesehen war zunächst eine Plakataktion für den 1. bis 10. April. In diesem Zeitraum fiel nicht nur der Jubiläumstag der NATO, sondern 1959 auch das Osterfest: Mit Recht wies das mit der Durchführung beauftragte Werbestudio 7 darauf hin, daß der Termin eine rechtzeitige Anmietung von Anschlagtafeln erfordere, da zu Ostern die Anschlagflächen durch Markenartikel-Plakate frühzeitig belegt seien. Empfohlen wurden auch mindestens zwei Formate, um in der Platzfrage flexibel zu sein. In die Aktion sollten Bundesinstitutionen wie Post und Bahn oder Bürgermeisterämter als Multiplikatoren einbezogen werden: Die Wände der Postämter, Bahnhöfe und Amtsstuben waren schließlich kostenlose Werbeflächen.[28] Ein Mitte Dezember 1958 erstellter Aktionsplan des Referates[29] sah als Procedere vor, daß die eingeschalteten Werbemittler – also diejenigen Firmen, die das Kleben der Plakate vor Ort organisierten – ihre Kostenvoranschläge via Werbestudio an das BPA zu richten hatten, woraufhin nach Prüfung der endgültige Auftrag erteilt werden sollte. Die Kosten, so schätzte das Werbestudio, beliefen sich auf 280 000 DM.[30] Mit der Gestaltung der Plakate wurde das Atelier für Film, Foto und Grafik Zürich beauftragt[31], dessen Grafiker J. Müller-Brockmann zwei Motive entwarf. Im ersten, einem Schriftplakat, erscheint über der in zartem Lila gehaltenen riesigen Bildgrafik „nato" der Jubiläumsslogan „10 Jahre Nato, 10 Jahre Sicherheit". Beim zweiten Motiv werben vor einem hellgrauen Hintergrund

Abb. 18: Keine Sorge, Volksfürsorge:
Familienplakat der NATO-Kampagne 1959.

die Hände eines Riesen, die sich schützend über eine Liliputanerfamilie
(Mann, Frau und Kind) wölben, für die atlantische Gemeinschaft. Dieses
Plakat erregte nach Aushang alsbald die Aufmerksamkeit der ausländi-
schen Presse. So spöttelte die Züricher Zeitung ›Die Tat‹: „'Wenn die
NATO nicht wäre, hätten die Bolschewiken euch Deutsche in der Bundes-
republik schon längst am Wickel.' Das steht nicht da (auf dem Plakat),
aber das soll der Beschauer denken."[32]
   Hinsichtlich der Verteilung der beiden Motive wurde ein Vorschlag Peter

Tinschmanns beherzigt, der das größere, in farblicher wie grafischer Hinsicht auffälligere Schriftplakat in Städten über 50 000 Einwohner eingesetzt
wissen wollte, während das kleinere in Orten unter 50 000 Einwohnern
geklebt werden sollte.[33] Die Plakate wurden wie geplant angeschlagen. Das
ÖV-Referat war jedoch mißtrauisch, ob die Klebeanschläge korrekt durchgeführt und die Plakate möglicherweise abgerissen oder überklebt worden
waren. So wurde eine Anschlagfirma mit einer Nachkontrolle beauftragt.
Das Unternehmen untersuchte in der Zeit vom 9. 4. bis 18. 4. überall in
Schleswig-Holstein die Aushangstellen und hielt eine Vielzahl der vorge-
fundenen Situationen im Foto fest.[34] Neben den knallig-bunten Plakaten
der Markenartikel, zu Ostern 1959 hauptsächlich Coca-Cola, die Zigaretten Overstolz, Eckstein und Lux sowie die Spül- und Waschmittel Pril und
wipp, wirkt es unscheinbar, ein Umstand, der die PR-Profis im Solde des
BPA auch befremdete: „Sie und die anderen Herren Ihres Amtes (des ÖV-
Referats), die das Bild (Foto einer Litfaßsäule) gesehen haben, werden doch
sicherlich mit uns übereinstimmen, daß ein noch so gut gemachtes Plakat
einen großen Teil seiner werbenden Kraft einbüßt, wenn es zwischen Thea-
terankündigungen, Tanzkursen, Kinoreklame und sonstigen Plakaten ein-
gezwängt ist."[35]

Parallel zur Plakataktion war die Münchner Werbeagentur Busskamp &
Koch beauftragt worden, eine Anzeigenserie zu entwerfen, die in den Wochen um das Jubiläum in den Publikumszeitschriften der Bundesrepublik
geschaltet werden sollte. Bereits kurz nach Weihnachten 1958 hatten die
Münchener entsprechende Vorschläge erarbeitet, Otto Marcks vom ÖV-
Referat eine erste Begutachtung vorgenommen[36] und Peter Tinschmann
Mitte Januar die Kosten für die gesamte Kampagne berechnet.[37] Am 23. 1.
1959 fand in Bonn ein Arbeitstreffen statt.[38] Basierend auf den bereits vor-
liegenden Entwürfen der Agentur wurde für die Illustrierten-Anzeigen be-
schlossen: Jede solle ein „Familienfoto" enthalten, das von den NATO-
Flaggen umrahmt wird; am Fuß der Anzeige müßte die Figurine eines
Bundeswehrsoldaten erscheinen zusammen mit dem NATO-Emblem. In die
Texte solle das bislang fehlende Argument eingeflochten werden, es sei der
NATO zu verdanken, „daß die Bundesrepublik nicht das Objekt einer
Erpressung 'von außen' geworden ist und dies deshalb, weil mit Hilfe der
NATO die Bundesrepublik ein Verteidigungssystem aufzuweisen hat".[39]
Leider fehlen in den Archivalien die der Diskussion zugrunde liegenden
Vorschläge von Busskamp & Koch,[40] so daß eine genaue Analyse des
Entscheidungsprozesses (welche Vorschläge wurden wie übernommen, was
wurde gestrichen, was hinzugefügt, welchen Tenor hatte die ursprüngliche
Fassung?) unterbleiben muß bzw. nur hypothetisch erfolgen kann. Es
scheint jedoch klar, daß die von der Werbeagentur entworfenen Texte wohl

eher die Bundeswehr argumentativ in den Vordergrund rückten, Referatsleiter Küffner aber eine internationalere, den Bündnisgedanken hervorhe-
bende Lösung bevorzugte und stärker die politisch-gesellschaftliche Seite,
weniger die militärische des Bündnisses akzentuiert wissen wollte. Darauf
deutet auch folgende Anweisung hin: „Im Text soll davon abgesehen werden, Formulierungen zu wählen wie etwa 'Bedrohung aus dem Osten, bzw.
Bedrohung durch die Sowjetunion'. Es soll zum Ausdruck gebracht werden, daß die Verteidigungsgemeinschaft sich gegen eine Bedrohung überhaupt richtet."[41] Diese Forderung ist in den Endfassungen allerdings nur
teilweise umgesetzt; in allen sechs Anzeigen finden sich mit Formulierungen
wie „Eiserner Vorhang", „Gefahr des Kommunismus", Flucht „von drüben", „Mann aus Magdeburg" direkte Fingerzeige auf das feindliche System. Allerdings bleibt der Gegner undefiniert: Nach dem Begriff 'Sowjetunion' fahndet der Leser vergebens.

Für die fotografischen Inszenierungen gab es Regieanweisungen, die ein
bezeichnendes Licht auf die über die Propagierung des reinen NATO-Gedankens hinausreichenden Ambitionen der Bonner PR-Profis werfen: „Bei
den dargestellten Familienszenen soll kein zu hohes Niveau, sondern das
des mittleren Lebensstandards zum Ausdruck kommen, also keine 'Film
und Frau'[42]-Szenen, keine modischen Stars, kein Mercedes, sondern anstelle dessen Eigenheim,[43] frauliche Typen, Kleinwagen, eventuell sogar (...)
eine 'radelnde Familie'."[44] Bei der Analyse der Anzeigeninhalte werden wir
auf die im Zitat angesprochene Lebensweltanschauung und den Zweck
ihres Einsatzes in den Anzeigen zurückkommen.

Bei der Gestaltung der Soldaten-Figurinen 'Luftwaffe' und 'Heer' in den
Anzeigen war Busskamp & Koch ein Lapsus unterlaufen; sie hatten keine
bundesdeutschen Soldaten zeichnen lassen, sondern solche, die in pseudo-
amerikanischen Uniformen steckten. Doch das war für die Auftraggeber
ein rasch korrigierbarer Fehler. Viel wichtiger schien ihnen die Umsetzung
eines anderen Gesichtspunkts: „In der Darstellung (der Figurinen) soll keine kämpferische, sondern eine defensive Ausdrucksweise gewählt werden."[45] Die Soldaten-Figurinen machen in der Tat keinen heroischen Eindruck, obwohl Luftwaffen- wie Heeressoldat männlich-markant und entschlossen wirken. Das ihnen beigesellte 'Werkzeug' (Panzer, Düsenjäger,
Schiffsruder) unterstreicht eigentlich den von der Freiwilligenwerbung der
Bundeswehr bevorzugten 'Techniktouch' in der Darstellung bundesdeutscher Soldaten.[46] Die Intention, selbst über die Grafik den defensiven Charakter des Bündnisses zu transportieren, läßt ein sensibles Beobachten des
zeittypischen atmosphärischen Codes in bezug auf die Präsentation militä-
rischer Dinge in der Öffentlichkeit – trotz des seit Ungarn 'gestärkten
Selbstvertrauens' – erkennen: Noch waren die Auseinandersetzungen um

die Atombewaffnung der Bundeswehr vor allem im Jahre 1958 keine Episode der Vergangenheit.

Es war beabsichtigt, in den Illustrierten und dem Nachrichtenmagazin ›Der Spiegel‹ jeweils drei Motive zu schalten, wobei darauf geachtet werden sollte, daß sich die einzelnen Sujets nicht überschnitten.[47] Die Kosten beliefen sich auf 225 000 DM für die Serienanzeigen und 250 000 DM für die Anzeige am 4. April 1959 in Tageszeitungen.[48] Zusammen mit den Kosten für die Plakataktion ergab sich die stolze Gesamtsumme von 763 000 DM, die auch zunächst bewilligt wurde. Nach einer überraschenden Etatkürzung, deren Gründe sich nicht mehr rekonstruieren lassen, mußte allerdings die Gesamtsumme auf 600 000 DM reduziert werden. Das hatte zur Folge, daß die jeweils als letzte in der Dreierstaffel vorgesehene Anzeige storniert werden mußte.[49] Welche Irritationen mit der kurzfristigen Storno-Aktion gerade bei den Meinungsbildnern, auf die das BPA in seiner Arbeit ja angewiesen war, hervorgerufen werden konnten, führt eine Einschätzung des mit der Rückrufaktion betrauten Werbestudios 7 vor Augen: „Bei den Anzeigen in den Tageszeitungen läßt sich nichts einsparen, da es aus politischen Gründen nicht geraten erscheint, einzelne Tageszeitungen nicht mit dieser Anzeige zu belegen."[50] Die Reaktionen der Zeitungen erfolgten wie befürchtet. Insbesondere die Wochenzeitungen beklagten sich bitter darüber, daß sie von der Annoncierung ausgenommen blieben: „Wenn wir daran denken, in welcher Form gerade DIE ZEIT stets über aktuelle Belange der NATO berichtet hat, so glaubten wir, die berechtigte Hoffnung haben zu können, daß im Rahmen der jetzt vorgesehenen Veröffentlichungen auch eine Einschaltung in unserer Zeitung erfolgt."[51] Die Mittelkürzung ließ sich jedoch nicht durch das Anzapfen anderer Töpfe kompensieren und die Aktion mußte in der abgemagerten Version durchgeführt werden, also zwei Anzeigen pro Illustrierte, gar nur eine für den ›Spiegel‹.

„Wir sind nicht (mehr) allein": Die Botschaften der Anzeigenkampagne

Sonne – Sommer – Strandurlaub: In der Zeitungsanzeige läuft eine junge Familie jauchzend dem Betrachter entgegen. Das Elternpaar, sein Kind zwischen sich an den Händen haltend, ist eine Metapher für die Tugend 'Unschuld'. Die kleine Familie steht aber nicht nur für eine sorgenfreie, da behütete Zukunft, sondern zugleich auch für den (jungen, noch 'unschuldigen') Staat Bundesrepublik. Indem sie ihn repräsentiert, absolutiert sie ihn auch – weniger von den Sünden der Vergangenheit, sondern mehr von den zeitgenössischen, der Wiederaufrüstung beispielsweise.

Der oberhalb der Familie positionierte Slogan 'Wir sind nicht allein' verbindet das familiäre Idyll graphisch mit den übergeordneten Beschützern, Personifikationen der einzelnen NATO-Mitgliedsstaaten. Die Allgewaltigen, in den Himmel erhoben, wachen gleich dem Zeusschen Pantheon in ihrer Ratsrunde über Wohl und Wehe ihrer Schutzbefohlenen. Wie Vater und Mutter ihr Kind schützen, behüten die NATO-Götter die als Inkarnation aller Mitgliedsstaaten stehende Familie – dies ihre dritte Funktion. Die Darstellung der NATO-Personen im Schattenriß soll grafisch auf ihr eher unsichtbares Wirken verweisen, mit der tiefen Schwärzung aber auch die Festigkeit des Bündnisses bekräftigt werden. Indem die Identifizierbarkeit der NATO-Personen (als Repräsentanten der USA, Großbritanniens, der BRD usw.) in der Anonymität des Schattenrisses verschwimmt, wird außerdem noch die Idee von der in der NATO versammelten gleichberechtigten Völkergemeinschaft angedeutet, ein Aspekt, der hinsichtlich des internationalen Stellenwerts der Bundesrepublik für den (westdeutschen) Betrachter von potentiellem Interesse ist: 'Wir sind wieder wer.' Die Einheit der bildlichen Komposition wird durch einen die beiden Darstellungen verbindenden und umschließenden, sich auf den Betrachter hin dehnenden Bann- oder Schutzstrahl erreicht: Der Rezipient fühlt sich durch den sich ihm öffnenden Strahl eingeladen, am Weltenglück der (Völker-)Familie teilzunehmen. Die Windrose der NATO, als leuchtende Sonne das junge Familienglück bestrahlend, verstärkt die sich aufdrängende Atmosphäre himmlischer Absegnung der auf der rechten Seite der Anzeige plazierten Botschaft. Indem das sozialpsychologisch fest verankerte, sakral aufgeladene Motiv der heilen (und heiligen) Familie für die NATO-Werbung in Dienst gestellt und auf den Staat – angelegt als großer Familienbetrieb – übertragen worden ist, erübrigt sich im Hinblick auf den Text (fast schon) eine rationale Argumentation: Wer Manifestationen sakrosankter Traditionsbilder mobilisiert, fußt nicht nur auf sicherem mentalen Terrain, sondern heiligt im Selbstlauf seine Absichten. Noch ein anderer Gesichtspunkt spricht in diesem Zusammenhang für die Indienstnahme des Familienklischees: Es ist die Sehnsucht des Individuums „nach dem Wiedererkennen von Familienverhältnissen in der Wirklichkeit. Diese Sehnsucht überzieht die gesamte Welt mit einem Raster, in dem sich die ursprünglich erlernten Familienbeziehungen, die Liebe und der Haß gegenüber den Urobjekten wiederholen."[52] Auf das dialektische Muster der Anzeige bezogen – hier weniger, in den Serienanzeigen sofort ins Auge fallend – meint das: Das Familienklischee ruft beim Rezipienten das vorrationale Strukturelement einer Scheidung der Welt in 'gut' und 'böse' wach, auf der einen Seite der gute Westen (die Liebe), auf der anderen der böse Osten (der Haß).

Wir sind nicht allein: Unsere Freiheit ist in guten Händen: Noch nie

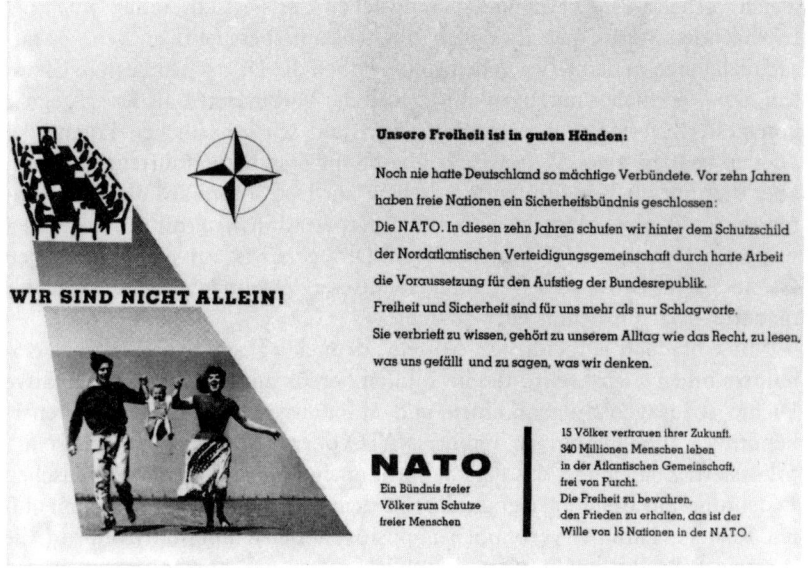

Abb. 19: Ein Platz an der Sonne: Zeitungsanzeige zum NATO-Jubiläum
am 4. April 1959.

hatte Deutschland so mächtige Verbündete! In dieser Reihenfolge gelesen,
wird eine ins Unterbewußtsein abgelagerte Interpretation vergangener
Wirklichkeit aufgerufen und gleichzeitig zu einer für den Betrachter neuen
Erkenntnis synthetisiert. Die seit Bismarcks Zeiten politisch so trefflich
einsetzbare Horrorvision einer 'Einkreisung' Deutschlands, nicht erst seit
der Zeit des Dritten Reiches gut abgespeicherte Erkenntnis des kollektiven
Unbewußten und in diesem Aggregatzustand nach 1945 von der demokratischen Umerziehung unberührt, wird hier zu einem durch die Negation
ins Positive gekehrten Befreiungsschrei: „Wir sind nicht allein!" Ein zweiter
Aspekt ist in diesem Aufschrei semantisch angelegt: „Wir sind nicht *mehr*
allein!", müßte der Satz eigentlich vollständig lauten, denn: „Noch nie
hatte Deutschland so mächtige Verbündete." Indem die internationale Völkerfamilie der NATO die Bundesrepublik in ihren Schoß aufgenommen
hat, sind die (West-)Deutschen nach einer fast fünfzehnjährigen 'Bewäh-
rungsfrist' nicht länger die Parias unter den Völkern. Durch die Aufnahme
in den illustren Zirkel ist gleichzeitig eine politisch-moralische Absolution
erteilt: Die begangenen nationalsozialistischen Sünden verblassen vor den
Aufgaben, die die Bundesrepublik im Rahmen der NATO-Konstruktion –
nicht nur im eigenen, sondern im Interesse aller – wahrnehmen soll. Zu-

gleich verheißt der Verbündeten-Satz neben der Festschreibung eines befriedigenden Status quo aber auch eine Zukunftsperspektive: Wenn es tatsächlich einen neuen Krieg geben sollte, haben die Deutschen bessere Chancen, ihn – endlich – mitzugewinnen, weil die Verbündeten als Kriegsgegner von gestern vermöge ihrer militärischen und wirtschaftlichen Potenz die Niederlagen in zwei Weltkriegen überhaupt erst herbeiführten. Insofern, aber dies nur als Begleitintention, haben 'wir Deutschen' aus der Geschichte gelernt. Zugleich legt der Satz eine Interpretationsstruktur an, die in den weiteren Textverlauf einführt und als Drohgebärde auf den potentiellen Gegner zielt: Durch die Mächtigkeit unserer Verbündeten sind auch wir mächtig – darum nehmt euch in acht!

Mit einfachen sprachlichen Mitteln, dem die Texte regierenden Personalpronomen „wir", wird die im Bildteil bereits angelegte kommunikative Dichte sozusagen aufgenommen und auf die gewünschte Rezipientenerkenntnis: „auch ich bin ein Teil der NATO oder möchte es zukünftig sein", fokussiert. Zugleich ist das Personalpronomen aufgrund seiner lexemischen Bedeutung am besten geeignet, die mit dem visuellen Aufrufen des mentalen Rasters 'Familie' verbundenen positiven Einstellungshorizonte in die vermeintliche Rationalität des sprachlichen Raumes zu transportieren und dort zu perpetuieren. Auf der gesellschaftspolitischen Ebene schreibt das „wir" besitzergreifend eine Interessengemeinschaft von Sender und Empfänger, von Bundesregierung und Bundesbürger(n) fest, die den Leser mahnt, sich dem scheinbaren Konsens anzuschließen. Aus begreiflichen propagandistischen Gründen werden die realen historischen Zeitumstände harmonisiert: Der Text unterstellt, daß die bundesdeutsche Wiederaufrüstung ohne gesellschaftliche Brüche verlaufen sei – in diesem Zusammenhang wurde bereits auf die heftigen Kontroversen um die Atombewaffnung der Bundeswehr 1958 verwiesen. Ist eine Bewertung hier noch – je nach politischem Standpunkt – Auslegungssache, scheuen die Anzeigenmacher auch nicht vor einer, die historischen Fakten negierenden Vergangenheitsaneignung zurück: So wird behauptet, Sinn der NATO sei es seit ihrer Gründung gewesen, mit ihrem „Schutzschild" das westdeutsche Wirtschaftswunder zu ermöglichen. Das Tempo des historischen Prozesses wird bis zur Geschichtsklitterung verkürzt – gehört die Bundesrepublik doch erst seit 1955, mithin knapp vier Jahre, zum erlauchten Kreis des Militärbündnisses –, aus der Perspektive regierungsamtlicher Beeinflussungsstrategie jedoch logisch in die stets aufwärtsstrebende Verlaufskurve Adenauerscher Politik eingepaßt. Auch die Tatsache, daß die Bundesrepublik bis zur Ratifizierung der Pariser Verträge im April 1955 quasi unter Besatzungskuratel stand, gerät da zu einer historischen Lappalie.

In den Serienanzeigen können die aus Platzmangel in der Zeitungsanzeige nur komprimiert offerierten Botschaften sowohl ausführlicher dargelegt als auch vermittels eines belletristischen Szenarios für den Rezipienten weniger abstrahiert und konsumfreundlicher verpackt werden. Im oberen Teil jeder Anzeige zieht ein Milieufoto als Eyecatcher die Aufmerksamkeit des Lesers auf sich. Wir erinnern uns, daß bei dem Bonner Arbeitstreffen hier Sujets des „mittleren Lebensstandards" zum Einsatz kommen sollten. Teilweise sind die Forderungen realisiert; wir erkennen zwei Ferienmotive, eines davon als Campingurlaub mit Kleinwagen (Käfer) inszeniert, das andere zeigt die uns bereits aus der Zeitungsanzeige bekannte junge Familie am Strand, deren grenzenlos-fröhliche Unbeschwertheit durch die Bildunterschrift „Plötzlich eine Stumme: Stoj!" allerdings jäh gebremst wird. Die durch den Gegensatz Bildmotiv–Bildunterschrift ohnehin erzeugte Spannung wird durch den sprachlichen Kniff, das russische 'stoj' statt des deutschen 'halt' zu gebrauchen, zusätzlich angeheizt: So kann 'stoj', ebenso wie 'njet' oder das durch die deutschen Kriegsgefangenen kolportierte 'dawai' als mentale wie symbolische Kurzformel das Begriffsfeld 'Unfreiheit' repräsentieren. Drei andere Fotos greifen Situationen des städtischen Alltags auf: einen Zeitungskauf am Kiosk, zeitungslesende ältere Männer auf Parkbänken und schließlich ein sich verabschiedendes junges Paar auf der Straße. Das Foto der sechsten Anzeige sprengt allerdings den skizzierten Rahmen: Es handelt sich um eine historische Aufnahme aus dem Ungarnaufstand 1956. Die damit evozierte Rückerinnerung an die Niederschlagung mit einem die damaligen Freiheitshelden noch nachträglich diskriminierenden Titel ›Kämpfen ohne Hoffnung!‹ – Motto: mit der NATO wäre das nicht passiert – erweist sich wieder einmal als propagandistischer Dauerbrenner, desavouierte sich doch damals die angebliche Friedensliebe des gegnerischen Systems vor westlichen Augen am eindrucksvollsten. Das Auseinanderfallen von Anspruch und Wirklichkeit, zumindest nach westlichem Verständnis, legitimiert zugleich Sinn und Zweck der NATO.

In den Texten, die sich in drei didaktische Sequenzen teilen, wird das jeweilige Eyecatcherfoto als Aufhänger zur Entwicklung des die Anzeigen beherrschenden Strukturschemas 'Schwarz – Weiß', 'guter Westen' versus 'böser Osten', eingesetzt. Die im Zusammenwirken von Foto und interpretierender Bildbeschreibung transportierten Botschaften, der schützenswerte Kanon demokratischer Grundrechte wie Reisefreiheit, Meinungsvielfalt, Pressefreiheit, Selbstbestimmungsrecht des Menschen als herausragende Lebensqualitäten der westlichen Staaten (vor allem: der Bundesrepublik) wird gegen die zugehörigen negativen Binäroppositionen gesetzt: die Unfreiheit des Ostens in allen Spielarten. Vor der ausgebreiteten Folie demokratischen Lebensverständnisses kann die Wirklichkeit hinter dem 'Eisernen Vorhang' als säkularisiert-gemilderte Variante des Danteschen Inferno entworfen

Plötzlich eine Stimme: Stoj!

Nein, hinter diesen ausgelassenen Eltern mit ihrer Tochter heißt es nicht plötzlich: Halt! Diese drei tollen über den Strand von Scheveningen oder von Norderney - sie sind ganz sicher. Aber es gibt andere Eltern, die nicht aus Spaß laufen - sondern aus Verzweiflung. Sie schleppen Rucksäcke, haben ernste Gesichter und pressen ihre Kinder schützend an sich. Denn es wird auf sie geschossen, weil sie über eine Grenze wollen, die wir mit kalter Sachlichkeit den „Eisernen Vorhang" nennen. Diese Menschen sind davon überzeugt, daß unser Leben in Freiheit erträglicher ist als ihr Leben in Furcht.

Wer sichert diese Freiheit?

Vor zehn Jahren haben 15 freie Nationen ein Sicherheitsbündnis geschaffen: die NATO. Wir sind nicht mehr schutzlos einem Angriff oder einer Erpressung ausgeliefert.

Mächtige Verbündete sorgen mit uns dafür, daß unser Alltag frei ist von Furcht. Wir wollen so leben, wie wir es für richtig halten.

15 Völker vertrauen ihrer Zukunft.
340 Millionen Menschen leben
in der Atlantischen Gemeinschaft,
frei von Furcht.
Die Freiheit zu bewahren,
den Frieden zu erhalten –
das ist der Wille von 15 Nationen
in der NATO.

NATO
Ein Bündnis freier Völker
zum Schutze freier Menschen

Abb. 20: Und der Zukunft zugewandt: Serienanzeige NATO-Kampagne 1959.

werden: so sind die Menschen dort „verzweifelt"; „sie haben Angst" oder „es wird auf sie geschossen, weil sie über eine Grenze wollen". Nachdem dem Leser die Perfidie des feindlichen Systems vor Augen geführt ist, tritt die NATO als umfassender Garant des westlichen Lebenscredos und Abwehrbollwerk seiner Bedrohung auf: Nach der rhetorischen Einführung: „Wer sichert die Freiheit?", umreißen kantige, zu Stereotypen geronnene Weisheiten und formelhafte Bekenntnisse eine Art Katechismus des Bündnisses: „Wie durch einen Deich geschützt sind Freiheit und Sicherheit unseres Alltags." – „Wir sind nicht mehr schutzlos einem Angriff oder einer Erpressung ausgeliefert." – „Gemeinsam mit uns wachen 14 Völker über die Freiheit und die Sicherheit." Bezeichnenderweise im Ungarn-Motiv: „Kämpfen ohne Hoffnung!" kulminieren diese Formeln in einer Warnadresse an den Gegner, welche zugleich als eine den lesenden Bundesbürger beruhigende Losung dient: „Ein Angriff auf Deutschland ist ein Angriff auf die freie Welt. Und ein solcher Angriff ist aussichtslos."

Bei den Serienanzeigen finden sich wie schon in der Zeitungsanzeige bestimmte Signalwörter und Wortzusammenstellungen, die als formelhafte Wendungen die Nachwirkung der Botschaften steigern und sie von der Anzeigenbindung lösen: „Leben in Freiheit" versus „Leben in Furcht", „Freiheit und Sicherheit", „Bedrohung und Erpressung" und immer wieder: „Sicherheit" – in einer sich kontinuierlich steigernden Lesekurve: „sicher – Sicherheit – Sicherheitsbündnis". Auf das Signalwort „Sicherheit" werden wir bei einer Gesamtwertung der NATO-Kampagne zurückkommen.

Zusammen mit der jeweils daneben plazierten Soldaten-Figurine bildet der letzte Textteil grafisch wie symbolisch den festen, soliden, Vertrauen erweckenden 'Boden' der Anzeige wie des Bündnisses. Bei den Soldaten-Figurinen sind durch personelle Referenten alle drei Waffengattungen, Luftwaffe, Marine, Heer, vertreten, wobei die Figurine eines Düsenjägerpiloten auf drei der sechs Anzeigen abgebildet ist. Für dieses 'Übergewicht' gibt es zwei Gründe. Zum einen läßt sich die im Bild-Text-Verband angelegte Assoziationskette 'Freiheitsgenuß – Sicherheitsbündnis (NATO) – Schutzschirm' durch einen Düsenjägerpiloten am überzeugendsten allegorisieren. Zum anderen ist die Bevorzugung der Luftwaffe in den Anzeigen auf die nuklearstrategische Umorientierung bundesdeutscher Rüstungsplanungen zurückzuführen, zu deren Aushängeschild der „Starfighter F-104" der Firma Lockheed werden sollte.[53]

Abb. 21: Die Freiheit, die ich presse . . .: Serienanzeige der NATO-Kampagne 1959. ▶
Abb. 22: Halt! Geschützte Liebe: Serienanzeige der NATO-Kampagne 1959. ▶▶

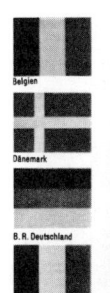
Belgien

Dänemark

B. R. Deutschland

Frankreich

Griechenland

Großbritannien

Island

Italien

Kanada

Luxemburg

Niederlande

Norwegen

Portugal

Türkei

USA

Bleibt es bei morgen?

Selbstverständlich — was wir heute verabreden, gilt auch morgen noch.
Wir sind an Freiheit und Sicherheit so gewöhnt, daß selbst ein Blick in
die Zeitung uns nicht zu erschrecken vermag.

Was gibt uns diese Sicherheit?

Vor zehn Jahren haben 15 freie Nationen ein Sicherheitsbündnis geschaffen: die NATO. Wir sind der Gefahr des Kommunismus nicht mehr
schutzlos ausgeliefert.

Noch nie in der Geschichte hatte Deutschland so mächtige Verbündete.
Sie wachen gemeinsam mit uns darüber, daß auch in Zukunft die Freiheit und Sicherheit unseres Alltags erhalten bleiben. Es ist jener Alltag,
der uns die Möglichkeit gibt, auch morgen noch jene Menschen zu treffen, die wir lieben.

**15 Völker vertrauen ihrer Zukunft.
340 Millionen Menschen leben
in der Atlantischen Gemeinschaft,
frei von Furcht.
Die Freiheit zu bewahren,
den Frieden zu erhalten —
das ist der Wille von 15 Nationen
in der NATO.**

N A T O Ein Bündnis freier Völker
zum Schutze freier Menschen

Im Zusammenhang mit der Propagierung des Starfighters als neuer Wunderwaffe NATO-Deutschlands bleibt schließlich noch auf eine, die NATO-Kampagne flankierende Maßnahme des BPA hinzuweisen: Anfang Januar 1959 bestellte Referatsleiter Küffner bei einem Wiesbadener Verlag drei Maternseiten[54], wobei sich eine mit der Luftwaffe unter besonderer Berücksichtigung der neugekauften Starfighter beschäftigen sollte.[55] Die Maternseite mit dem Titel ›Gefahr droht aus der Luft – Unsere Luftwaffe steht Tag und Nacht zum Einsatz bereit‹ wurde im März 1959 kleinen Regionalzeitungen angeboten.[56] Auf der Mater sind acht Fotos verschiedener Flugzeugtypen abgebildet, das Foto mit dem Starfighter ist in der Mitte plaziert. Im Text finden sich bezeichnende Sequenzen wie diese: „Nur eine schlagkräftige Luftwaffe kann in der Lage sein, einem gegen die Bundesrepublik gerichteten Angriff (...) zu begegnen. (Der Starfighter) kam den technischen Forderungen am nächsten (...). Dieser Typ hält den Höhen- und den Geschwindigkeitsweltrekord und sticht durch seine einfache Konstruktion hervor." Die Seite endet mit einem Vivat auf die Luftwaffe: „In der großen Verteidigungsgemeinschaft ist die deutsche Luftwaffe nur ein Teilstück, für uns aber ist sie ein Bekenntnis zur Freiheit, die wir im Falle eines Angriffs so teuer wie möglich verkaufen wollen."[57]

Wir und die NATO: „eine Schicksalsgemeinschaft"

Ziehen wir Bilanz: Die NATO-Kampagne 1959, unter propagandistischen Qualitätsmerkmalen ein kleines Meisterwerk, spiegelt in der Zusammenschau mit ihren Vorläufern die gewandelte Zeitatmosphäre wider. Der Positionswechsel des Agierens aus der Defensive, Kennzeichen der Wanderausstellung von 1956, in die Offensive 1959 ist nur möglich, wenn sich die Bewertung des zu bewerbenden Gegenstands, der NATO, bei den Rezipienten geändert hat: Anders als 1956 braucht der 'Kunde' nicht mehr bekniet zu werden; die damaligen Anstrengungen, jeden einzelnen über das intime 'Du' mühsam für die Regierungspolitik zu gewinnen, sind 1959 einem selbstbewußten „Wir" gewichen: Die Propagandisten, aufgrund von Meinungserhebungen die Mehrheit der Bevölkerung hinter sich wissend, können sich nun als Sprachrohr des Mainstreams gerieren. Insofern stellen die Anzeigen auch eine Art Bilanz der bisherigen Regierungspolitik dar: Die NATO hat, spätestens seit der Niederschlagung des Ungarnaufstandes, in den Augen der Menschen eine konkrete Aufgabe, sie braucht nicht mehr künstlich legitimiert zu werden. Das Anerkennen ihrer Daseinsberechti-

gung verabsolutiert in der Rückschau den 'richtigen' Weg der Adenauerschen Gesamtpolitik.

Die in den Anzeigen verwendeten Formeln „Freiheit in Sicherheit", vor
allem aber das die Texte regierende Signalwort „Sicherheit" rekurrieren auf
dieses gestiegene Bedürfnis der bundesdeutschen Bevölkerung, die eigene
wie staatliche Prosperität beschützt zu wissen. Der Begriff knüpft damit an
den Erfolgsslogan des Wahlkampfes 1957 an: „Keine Experimente" – unter
diesem Signum konnte die CDU das erste und einzige Mal in der Wahlge-
schichte der Bundesrepublik eine absolute Mehrheit gewinnen. Die Propagandisten des ÖV-Referates machten sich das mit dem Slogan verbundene
semantische Wortfeld zunutze, indem sie um den Topos „Sicherheit" herum
die Anzeigen aufbauten. Zugleich ermöglichten ihnen die sprachlich-se-
mantischen Assoziationslinien des Begriffs, über die reine Bewerbung des
Produkts NATO hinaus, den Staat Bundesrepublik als treusorgenden Fa-
milienvater im Rahmen eines imaginären 'contrat social' zu präsentieren:
Der Staat hat seine Pflicht getan, indem er seinen Bürgern den bestmögli-
chen Schutz angedeihen läßt. In Anerkennung dieser Prämisse stellt sich
jemand, der den Willen des „Wir" negiert, außerhalb des Gesellschaftsver-
trages.

Unter funktionalistischen Gesichtspunkten verfolgte die Kampagne im
wesentlichen drei Ziele: Zum ersten war sie als propagandistische Maßnahme gedacht gegen die Bestrebungen der DDR-Agitation, die Bundesrepublik aus der Westintegration zu lösen. Zweitens sollte mit der Kampagne
Stellung gegen die von der SPD eröffnete Neutralitäts-Diskussion[58] bezogen
werden. Und schließlich zielte sie in zweierlei Hinsicht auf die Bevölkerung:
Einerseits sollte ein 'Flagge zeigen' das Selbstbewußtsein der Bundesregierung dokumentieren, andererseits den Indifferenten unter den Rezipienten
signalisieren, daß es Zeit wäre, sich auf die Siegerseite zu begeben. Die
Reaktionen aus dem Lager des politischen Gegners und der Bevölkerung
auf die Kampagne waren allerdings mager: Im ›Neuen Deutschland‹ trat
das NATO-Jubiläum hinter der aus DDR-propagandistischer Sicht sehr viel
relevanteren Diskussion um das SPD-Angebot zurück – folglich wurden
die Anzeigen überhaupt nicht beachtet. Auf Westseite reagierten nach der
Veröffentlichung des Motivs „Plötzlich eine Stimme: Stoj!" im ›Spiegel‹
lediglich zwei Leser; der eine vermutete den Verein 'Rettet die Freiheit' als
Auftraggeber und der andere glaubte den Text „vom edelsten Goebbels-
geist durchdrungen"[59]. Wenn sich die Wirkung von Werbung, insbesondere
politischer, nur an den Rezipientenmeinungen messen ließe, wäre es um sie
schlecht bestellt.

Die Kampagne von 1959 war die letzte größere PR-Aktion des BPA in
der Geschichte der NATO-Werbung. Die Berlin-Krise 1959 und ganz be-

sonders der Mauerbau 1961 erübrigten kostspielige Image-Anzeigen für das westliche Verteidigungsbündnis: Die atlantische Gemeinschaft als 'Schutz und Schild', als Garant des westlichen way of life, war von der bundesdeutschen Bevölkerung längst akzeptiert.

Anmerkungen

[1] Die Bundesrepublik war in Erfüllung der Pariser Verträge am 5.5.1955 als 15. Mitglied der NATO beigetreten. Dieser Preis war als Gegenleistung für die Erteilung der Souveränität (formelle Aufhebung des Besatzungsstatuts) zu entrichten. Zur Vorgeschichte des NATO-Beitritts, dem Scheitern der EVG (Europäische Verteidigungsgemeinschaft) und den Auseinandersetzungen um den Deutschland-Plan siehe jetzt H. Ehlert/C. Greiner/G. Meyer/B. Thoß: Die NATO-Option, München 1993 (Anfänge westdeutscher Sicherheitspolitik 1945–1956, hrsg. vom Militärgeschichtlichen Forschungsamt Freiburg).

[2] Vgl. die Presseberichte über die Mainzer Parade in der Süddeutschen Zeitung vom 6.4.1959 (W. Feucht: Geburtstagsfeier im Gleichschritt) und in der Frankfurter Allgemeinen Zeitung vom 6.4.1959 (B. Naumann: Marschtritte von neun Nationen).

[3] Nach den Erhebungen des Instituts für Demoskopie Allensbach gab es gegen die Wiederbewaffnung bzw. für die Abschaffung der Bundeswehr bis zum Ungarnaufstand im Oktober 1956 relative Mehrheiten: 42 % gegen, 39 % für eine eigene Armee (Febr. 55); 45 % gegen, 40 % für (Mai 55); 43 % gegen, 38 % für (Okt. 56); 34 % gegen, 50 % für (Nov. 56); 30 % gegen, 54 % für (Febr. 57); 33 % gegen, 50 % für (Okt. 58); 31 % gegen, 48 % für (Juli 60). Bis zum Mauerbau im August 1961 war trotz des sich verschärfenden Kalten Krieges (Berlinkrise) ein starkes Drittel der Befragten nach wie vor nicht von der Aufrüstung zu überzeugen. Das Zahlenmaterial wurde den zwei Bänden: Jahrbuch der öffentlichen Meinung 1957, Allensbach 1957, S. 295 ff. und Jahrbuch der öffentlichen Meinung 1958–1964, Allensbach 1965, S. 470 ff. entnommen.

[4] Vgl. ausführlich zum Lenz-Plan H. O. Walker: Das Presse- und Informationsamt der Bundesregierung, Frankfurt/M. 1982, Kap. 7, S. 274 ff.

[5] Zum organisatorischen Werdegang des Presse- und Informationsstabes im Bundesministerium der Verteidigung vgl. J. Kannicht: Die Bundeswehr und die Medien – Material zur Presse- und Öffentlichkeitsarbeit in Verteidigungsfragen, Regensburg 1982 (Die Bundeswehr. Eine Gesamtdarstellung, Bd. 14, hrsg. v. H. Reinfried u. H. F. Walitschek), S. 14 ff.

[6] Aus dem Protokoll eines Gesprächs zwischen Ministerialdirigent Edmund Forschbach, stellvertretendem Leiter des BPA, und Adenauers Militärexperten Oberst Johann Adolf Graf Kielmansegg vom 13.11.1954, S. 1 (zit. nach: Walker [Anm. 4], S. 229).

[7] Das neue Referat erhielt einen eigenen Haushaltstitel („Öffentlichkeitsarbeit in Verteidigungsfragen", Nr. 309), dessen Mittel aus dem Etat der Dienststelle Blank

bzw. des Verteidigungsministeriums bezahlt wurden. Diese Konstruktion hatte zwei Vorteile: Einmal konnte das Referat durch Führung eines eigenen, offenzulegenden Titels aus der Diskussion um die Verwendung des Adenauerschen Reptilienfonds (Titel 300), der jahrelang mehr oder minder die einzige Geldquelle des BPA war, ausgeklammert werden. Zum anderen war die Bundesregierung gegenüber den NATO-Verbündeten natürlich daran interessiert, möglichst hohe Verteidigungskosten nachzuweisen, auch wenn diese nur auf dem Papier existierten (vgl. dazu Walker [Anm. 4], S. 229 f.). Die Höhe des BPA-Etats lag 1955 bei rund 11 250 000 DM aus dem Reptilienfonds, den Titel 309 gab es noch nicht. 1960 flossen aus dem Reptilienfonds 13 000 000 DM und aus Titel 309, seit 1956 bestehend, 8 320 000 DM. Diese Summe wurde bereits für das Haushaltsjahr 1958/59 veranschlagt (Quellen: Walker [Anm. 4], S. 108, Frankfurter Rundschau vom 7. 7. 1958, Süddeutsche Zeitung vom 5. 7. 1958).

[8] Zur Rolle der Regierungssprecher und Amtsleiter des BPA vgl. die Studie von B. Weth: Der Regierungssprecher als Mediator zwischen Regierung und Öffentlichkeit. Rollen- und Funktionsanalyse von Regierungssprechern im Regierungs- und Massenkommunikationssystem der Bundesrepublik Deutschland (1949–1982), Diss. Würzburg 1991; zu Felix v. Eckardt s. insbesondere S. 101 ff.

[9] Akribisch genau ist in den Analysen Ort, Datum, Zahl der Besucher usw. festgehalten. Als Beispiel sei hier aus einem Bericht über die Ausstellung „Unsere Luftwaffe" 1959 zitiert: „Bad Godesberg – 3. 11.–8. 11. 1959 – Zahl der Besucher: 15 696 (…). Am 4. November wurde aus der Filmveranstaltung eine Protestveranstaltung. Es wurden die Filme 'Düsentriebwerksmechaniker', 'Treffpunkt über den Wolken' und 'Fla-Rakete Nike in der Luftverteidigung' gezeigt. Offenbar erregte der Nike-Film den Unwillen mehrerer Besucher. Sehr lautstark und wenig wortgewandt verlangten sie das Ende der Wehrpflicht, eine allgemeine Abrüstung und das Verbot von Atombomben und Raketenwaffen für die Bundeswehr. Wir baten die 'Opponenten' über den Lautsprecher zu uns an den Wagen und versuchten, mit ihnen ein ernsthaftes Gespräch zu führen. Unsere Mühe war jedoch fruchtlos, denn als die Leute merkten, daß wir uns ernsthaft mit ihnen unterhalten wollten, brachen sie das Gespräch ab und verschwanden in der Dunkelheit (…)." (Letzter Zwischenbericht über die Durchführung der Ausstellung „Unsere Luftwaffe" vom 20. Oktober bis zum 29. November 1959, S. 3 f.; der undatierte Bericht ist auf Briefpapier der Mobilwerbung geschrieben: Bundesarchiv-Militärarchiv Freiburg i. B. [BA-MA], BW 1/101561.)

[10] Die PR-Organisation „Arbeitsgemeinschaft demokratischer Kreise", von Jahn 1951 gegründet, hatte bereits 1953 über 6000 freie Mitarbeiter. Die Organisation führte entweder eigene Tagungen durch (so, in Zusammenarbeit mit dem BPA, die berüchtigten „wehrpsychologischen Kurse") oder stellte Redner für Fremdveranstaltungen ab. Daneben arbeitete die Tarnorganisation aber auch nachrichtendienstlich, indem sie über die innenpolitischen Gegner der Adenauerregierung Material aller Art sammelte und aufbereitete. Finanziert wurde das Kalte-Kriegs-Unternehmen von der Bundesregierung; es unterstand direkt dem Staatssekretär im Bundeskanzleramt, Otto Lenz, bzw. seinem Nachfolger, Hans Globke. Jahns Agitprop-Gruppe hielt nach eigenem Bekunden bis zum Beginn der Großen Koalition 1966 über 100 000

Veranstaltungen ab. Erst zu diesem Zeitpunkt wurde die AdK aufgelöst, hatten die jahrelang bespitzelten und angegriffenen Sozialdemokraten dies doch zur Bedingung für ihren Koalitionseintritt gemacht; s. dazu den Artikel von S. Stosch: Adenauer: „Im Wahlkampf führt der Angriff zum Sieg." In: Die Zeit, vom 20.11.1992.

[11] Vgl. die Memoiren von H. E. Jahn: An Adenauers Seite. Sein Berater erinnert sich, München 1987. Jahn, ehemaliger nationalsozialistischer Führungsoffizier, hatte früh erkannt, daß die neue Staats-Propaganda in jedem Falle Reminiszenzen an den Goebbelsschen Propagandastil vermeiden mußte. 1979 wurde der damalige Europaabgeordnete von der eigenen Vergangenheit eingeholt: Als seine antisemitischen Ausfälle während des Dritten Reiches bekannt wurden, war seine politische Karriere beendet. Aufschlußreich für die Situation der Public Relations in der frühen Bundesrepublik aus der Sicht eines Insiders ist auch Jahns Buch: Vertrauen, Verantwortung, Mitarbeit. Eine Studie über Public Relations in Deutschland, Oberlahnstein 1953.

[12] Der Fonds „Zur Verfügung des Bundeskanzlers für Förderung des Informationswesens" (Titel 300, in Anlehnung an Bismarcks 'Reptilienfonds' von Opposition und Presse ebenso bezeichnet) war während der gesamten Regierungszeit Adenauers ein erstrangiges Politikum. Die SPD forderte Jahr um Jahr seine Offenlegung im Bundestag, doch der einzige, der einen Einblick in die Verwendung der Fonds-Gelder erhielt, war der Präsident des Bundesrechnungshofes (Näheres s. Walker [Anm. 4], S. 32 ff.). Vgl. auch F. A. Buchwald: Adenauers Informationspolitik und das Bundespresseamt – Strategien amtlicher Presse- und Öffentlichkeitsarbeit in der Kanzlerdemokratie, Diss. Mainz 1991, S. 61.

[13] Aus dem 'Plädoyer' Hanns Küffners für die Firma Mobilwerbung; Hintergrund waren die Ermahnungen des Finanzreferatsleiters Hemmerling, bei Aufträgen des BPA grundsätzlich auch Angebote anderer Unternehmen einzuholen (Aktennotiz vom 8.12.1958, Bundesarchiv [BA], B 145/3433).

[14] Erich Peter Neumann, u. a. auch Berater Adenauers, gründete zusammen mit seiner Ehefrau, der späteren 'Demoskopiepäpstin' Elisabeth Noelle-Neumann, das Institut für Demoskopie Allensbach.

[15] Vgl. die Angaben bei Buchwald (Anm. 12), S. 59, Anm. 69, der sich auf Informationen des langjährigen stellvertretenden BPA-Chefs Werner Krueger bezieht.

[16] Diese Firmen wurden vom BPA entweder punktuell für spezielle Aufgaben herangezogen oder waren mehr oder minder ständiger Arbeitspartner. Eher der ersten Kategorie zuzurechnen sind die Annoncenexpeditionen und Plakatanschlagfirmen wie Anzeigen-Fackler München, die Westdeutsche Anzeigen-Gesellschaft Prigge u. Co. Köln (WESTAG) oder die Berliner Annoncen-Expedition (BAE) Frankfurt/M. Zur zweiten Kategorie gehörten vor allem Werbeagenturen, die z. T. über 10 Jahre oder länger Kampagnen betreuten; so z. B. die Werbeagentur Dr. Hegemann, Hannover und Düsseldorf, die Allgemeine Wirtschaftswerbung Dr. Grupe u. Co. Bonn (ALWA) und die Public Relations und Verlagsgesellschaft Lothar v. Balluseck KG Bonn (ESTO).

[17] Buchwald (Anm. 12), S. 59 spricht sogar von einem 'Werbekonzern'.

[18] Manches Unternehmen kam auch auf Lobbyistenwege in den Genuß von BPA-Geldern wie z. B. Anzeigen-Fackler München: Die Vertretung der bayerischen Wirt-

schaft in Bonn hatte sich für eine Berücksichtigung der Firma eingesetzt, weil Franz Xaver Fackler Münchner CSU-Stadtrat war (BA, B 145/1824).

[19] Aus dem undatierten Konzept der NATO-Wanderausstellung, Vorschlag 1 (BA, B 145/0813).

[20] Vgl. die Briefe von Referatsmitarbeiter Marcks vom 29. 3. und von Finanzreferatsleiter Hemmerling vom 5. 4. 1956 an die Mobilwerbung (BA, B 145/0813); zum Tourneeplan der Ausstellung mit genauer Fahrtstrecke und Verweildauer pro Ort: BA, B 145/0812.

[21] Brief Hanns Küffners vom 3. 11. 1955 an den BDI (BA, B 145/0813). Eine Stellungnahme des BDI ist im Aktenmaterial nicht vorhanden.

[22] Zwei Beispiele: Die Ausstellung „Das Janusgesicht der kommunistischen Wehrpropaganda" (März–Okt. 1957; Arbeitstitel: „Wehrpropaganda So und So") war für den inneren Dialog konzipiert: Mit ihr sollten die Wehrbereitschaft der Bundeswehr gestärkt und die Soldaten gegen die DDR-Wehragitation immunisiert werden (Unterlagen: BA, B 145/3429). Mit der Marine-Ausstellung „Die See verbindet die Völker" (Nov. 1957) wollte man das Interesse junger Männer für den Seefahrtsgedanken wecken, darüber hinaus aber auch Nachwuchs für die Marine rekrutieren (Unterlagen: BA, B 145/3430).

[23] Unterlagen zu dieser Ausstellung: BA, B 145/3429.

[24] Die Verfasser folgen hier den Ausführungen bei Buchwald (Anm. 12), S. 74.

[25] Ebd., S. 75.

[26] Ebd., S. 79 f.

[27] Die Idee stammte von Verteidigungsminister Strauß. Als Initiator trat ein „Bundesluftschutzverband e.V. Köln" in Erscheinung, eine Tarnorganisation des Verteidigungsministeriums; Unterlagen in: BA, B 145/3429.

[28] Alle Vorschläge sind einem Schreiben des Werbestudio-7-Vertreters Hoffmeister an das BPA vom 12. 11. 1958 entnommen (BA, B 145/3441, A-Akte); die Vorschläge wurden fast alle realisiert.

[29] Vorlage des Referatsmitarbeiters Marcks vom 15. 12. 1958 (BA, B 145/3441, A-Akte).

[30] Schreiben Küffners vom 28. 7. 1958 an den im Pressestab des Verteidigungsministeriums tätigen Oberstleutnant Freytag v. Loringhoven (BA, B 145/1586).

[31] Rechnung des Züricher Ateliers in: BA, B 145/3441, A-Akte.

[32] Kolumne ›Zwischen Gestern und Morgen‹, Die Tat, Zürich vom 28. 4. 1959.

[33] Brief Tinschmanns auf Privatpapier vom 29. 1. 1959 an Küffner (BA, B 145/3441, A-Akte). Küffner erteilte am 4. 2. 1959 in einem Schreiben an Hoffmeister, Werbestudio 7, den Auftrag für die Plakataktion; alle Vorschläge Tinschmanns und Hoffmeisters sind darin berücksichtigt. Insgesamt waren für die Plakatierungsaktion 288 400,– DM bewilligt. Von dem Buchstabenplakat wurden 3000 Stück zum Preis von 10 950 DM und von dem Familienplakat 46 000 Stück zum Preis von 26 280 DM gedruckt (Auftragserteilung u. Rechnung der Druckerei Lohse, Frankfurt/M.: BA, B 145/3441).

[34] Die Universal Anzeigen und Werbedienst GmbH kontrollierte – nach eigenen Angaben – 49 Orte mit 329 Anschlagplätzen, fand 32 Stellen mit kleinen Mängeln vor, alle anderen waren in Ordnung. Dem undatierten Bericht sind 32 Fotos von

Litfaßsäulen und 16 von Plakatwänden/Sonderanschlagstellen beigefügt (BA, B 145/3441, B-Akte).

[35] Schreiben Hoffmeisters, Werbestudio 7, an Marcks, ÖV-Referat, vom 22.5.1959 (BA, B 145/3441, A-Akte).

[36] Schreiben Busskamp & Koch GmbH & Co. vom 29.12.1958 an Küffner mit den Entwürfen für die Anzeigen; darin handschriftl. Anm. Marcks': „Während meines Aufenthaltes in München sah ich bereits einen Teil der Entwürfe u. glaube, daß Busskamp richtig liegt" (BA, B 145/3441, A-Akte).

[37] Schreiben Tinschmanns – diesmal auf persönlichem Briefbogen – vom 22.1. 1959 an Küffner. Tinschmann plädiert hier auch für eine bisher nicht vorgesehene Anzeige in den Tageszeitungen zum Jubiläumstag am 4. April – ein Vorschlag, der aufgegriffen wurde. Die Kosten für eine 3/4seitige Anzeige in den Illustrierten bewegten sich zwischen 17 760 DM (Quick, damals auflagenstärkste Zeitschrift mit 1 119 518 verkauften Exemplaren) und 2600 DM (Der Feuerreiter, Auflage: immerhin noch 236 752 Exemplare); die in den Tageszeitungen zu schaltende drittelseitige Anzeige lag bei den großen überregionalen Zeitungen zwischen 4200 DM (Frankfurter Allgemeine) und 2800 (Handelsblatt) (BA, B 145/3441, A-Akte). In der Frankfurter Allgemeinen ist die Anzeige aus unbekannten Gründen nicht geschaltet worden.

[38] An dem Treffen nahmen Küffner als Verantwortlicher, ein Dr. Bauer vom BPA als Vertreter der Abteilung V (Film, Funk, Bild, Fernsehen), Major Brüggemann vom Pressestab des Bundesministeriums der Verteidigung, Hoffmeister vom Werbestudio 7 als Koordinator und zwei Vertreter der Werbeagentur Busskamp & Koch teil.

[39] Protokoll (hier 'Kontaktbericht' genannt) des Treffens am 23.1.1959 in der Anlage eines Schreibens der Werbeagentur Busskamp & Koch an Küffner vom 26.1.1959 (BA, B 145/3441, A-Akte).

[40] In einem Schreiben an Küffner vom 9.1.1959 hatte die Werbeagentur die von ihr erarbeiteten Vorschläge beigefügt; es ist nur dieses Anschreiben im BA vorhanden (BA, B 145/3441, A-Akte).

[41] Vgl. Anm. 37.

[42] Renommierte Film-Illustrierte der fünfziger Jahre.

[43] Zur soziopolitischen Funktion des Eigenheimgedankens s. V. Ilgen: Das wahre Glück in den eigenen vier Wänden. Geschichte des Eigenheims als Geschichte einer Sehnsucht, in: Das Parlament, Nr. 12–13, 25. 3./1. 4. 1994.

[44] Vgl. Anm. 37.

[45] Ebd.

[46] Die Freiwilligenwerbungen der Bundeswehr heben von Anfang an auf den technischen Aspekt des Soldatenberufs ab; ab 1962, dem Jahr der Hamburger Flutkatastrophe, bei der die Bundeswehr eine 'gute Figur' machte, werden sehr gern die Motive 'Helfer' und 'Krisenmanager' inszeniert. Zur Darstellung des Soldaten als Techniker in Werbeanzeigen vgl. die Studie der Pädagogen B. Meyer/B. Sandhaas/U. Storz/G. Zanolli: 'Wir produzieren Sicherheit' – Sozialisations- und Integrationsfunktion des Militärs als Unterrichtsthema, Waldkirch 1976.

[47] Vgl. Streu- und Kostenplan in einem Schreiben von Busskamp & Koch an Küffner vom 27.1.1959 (BA, B 145/3441, A-Akte); vorgesehen waren jeweils die

Illustrierten-Ausgaben Nr. 13–15, die, bei wöchentlichem Erscheinungsrhythmus, zwischen dem 23. 3. 1959 und 11. 4. 1959 ausgeliefert wurden: Das NATO-Jubiläumsdatum 4. 4. lag damit genau in der Mitte.

[48] Auftragserteilung Küffners an Hoffmeister, Werbestudio 7, mit Schreiben vom 4. 2. 1959 (BA, B 145/3441, A-Akte).

[49] Schreiben Hoffmeisters an Küffner vom 17. 3. 1959 (BA, B 145/3441, A-Akte).

[50] Ebd.

[51] Schreiben der Zeitung ›Die Zeit‹ an das BPA vom 17. 3. 1959; ähnlich auch die Reaktion der Anzeigenabteilung des ›Rheinischen Merkurs‹ in einem Brief an Küffner vom 14. 3. 1959 (BA, B 145/3441, A-Akte).

[52] O. Negt/A. Kluge: Öffentlichkeit und Erfahrung. Zur Organisationsanalyse von bürgerlicher und proletarischer Öffentlichkeit, Frankfurt/M. 1977, S. 137.

[53] Vgl. dazu F. Buchholz: Strategische und militärpolitische Diskussionen in der Gründungsphase der Bundeswehr 1949–1960, Frankfurt/M. u. a. 1991, S. 267 ff.

[54] Matern sind von darauf spezialisierten Verlagen angebotene Vorlagen mit fertig gesetzten Zeitungsartikeln insbesondere für kleinere Regionalzeitungen, die redaktionell nicht in der Lage sind, sogenannte Großthemen zu bewältigen. Über Matern läßt sich hervorragend Propaganda treiben, weil die Auftraggeber im Hintergrund bleiben.

[55] Auftragsschreiben Küffners an den Wiesbadener Materndienst v. Graberg & Görg vom 5. 1. 1959 (BA, B 145/3648).

[56] Schreiben v. Graberg & Görg an Küffner vom 4. 5. 1959 mit einer Übersicht über die Zahl der bis zu diesem Zeitpunkt akquirierten Zeitungen: Von 34 Anforderungen waren bereits 18 gedruckt worden (BA, B 145/3648).

[57] Maternseite „Gefahr droht aus der Luft" des Verlages v. Graberg & Görg, undatiert (BA, B 145/3647).

[58] Die SPD schlug in ihrem sogenannten Deutschlandplan vom März 1959 eine entmilitarisierte Zone in Mitteleuropa vor; zugleich sollten paritätisch besetzte Gremien aus der BRD und der DDR Wege zu einer möglichen Wiedervereinigung diskutieren.

[59] Leserbriefe in: Der Spiegel, 13. Jg., Nr. 17 vom 22. 4. 1959, S. 14.

Der Duft des Goldes

Parfum „Amun": Das Museum auf dem Frisiertisch.
Ein Markenartikel als Geschichts- und Kulturträger

Majestätisch strahlt auf der schwarzglänzenden Schachtel die aufgepräg-
te Goldmaske Tutanchamuns. Nach behutsamem Lösen der Papplasche
öffnet sich der Sarkophag: Auf schwarzem Samtimitat, ein mattschimmern-
der Korpus mit vergoldetem Sprayaufsatz, ruht der Flacon mit dem Eau
de Toilette. Gegenüber auf dem Innendeckel, unter einer zum Logo ver-
dichteten Sphinx, im Goldprägedruck das Orakel: „So einzigartig wie die
Duftkomposition ist auch das Design dieser Serie. Jede Packung zeigt ein
anderes altägyptisches Motiv und erzählt seine eigene geheimnisvolle Geschichte, deshalb trägt die Duft-Serie Amun die Bezeichnung ‘Egyptian
Collection’ (...). Die Büste mit ihrer goldenen Gesichts- und Halspartie
sowie Augenbrauen und Wimpern aus Lapislazuli stellt Tutanchamun als
Sonnengott dar." Grabräuber, die wir sind, entreißen wir die Spraymumie
ihrer Gruft. Leer bleibt die Grabstätte zurück, nur ein eingeklebter Gold-
papierstreifen kündet von der begangenen Tat. Eingehüllt in den „Duft,
der Ihr Geheimnis bleibt", wenden wir uns der Verbraucher(innen)bro-
schüre zu.

„Ägypten vor drei Jahrtausenden", heißt es da, „Zeit des Goldes und
der Götter. Wohlgeruch erfüllte die Tempel. Der Duft galt als Zeichen der
Gegenwart der Götter." Auf acht dem Papyrus nachempfundenen Seiten
entwerfen hier Texte archäologischen, kunst- und kulturhistorischen In-
halts in virtuoser Mischung Bilder vom alten Ägypten. Historische Illustra-
tionen und Hieroglyphen umrahmen die Kurzeinführungen in Kleidung,
Kunst und Religion. Zentrales Thema ist das Verhältnis von Mann und
Frau, und natürlich die Sakralität des Duftes im Pharaonenreich. Die Leserin erfährt den Schöpfungsmythos des Urpaares Schu und seiner Schwe-
stergattin Tefnut, deren „Tränen auf die Erde fielen und sich dort in wohl-
riechende Pflanzen" verwandelten. Der Duft, so in die Welt herabge-
schwebt, wird in der Broschüre suggestiv beschworen, der Ton ist lyrisch:
„Der strahlende Glanz der aufsteigenden Sonne, der Duft der Blumen in
der Abendkühle, ein heiterer Gedanke auf der Waage des Tages, das und

Abb. 23: Hieroglyphen der 80er: Egyptian Collection.

viel mehr waren den sinnenfreudigen Ägyptern ihre Frauen. 'Leuchte mir, daß ich Deine Schönheit sehe', sangen sie in ihrer Hymne an die Sonne. " In dem Brevier heißt es weiter: „Ein Liebender vergleicht seine Schöne mit dem Stern, der zu Beginn des Volljahres erstrahlt, eine reiche Flut und eine gute Ernte ankündet (...) 'Deine Liebe ist in meinem Körper wie ein Schilfhalm in den Armen des Windes.'" „Die ägyptische Lyrik", so wird resümiert, „ist diskret in den leidenschaftlichen Gefühlen, anmutig und bildreich. Sie ist wie ein Parfum, das die Sinne anregt und als nachschwingendes Gefühl in uns ausklingt. "

Jetzt tritt die Produktpalette auf und in Aktion: Als ein sich selbst erläuterndes Museumsstück stellt sich der 7,5-ml-Flacon „Parfum Amun" vor: das Motiv, golden-holzschnittartig auf schwarzen Verpackungsfond geprägt, erzählt, wie „Tutanchamun (...) das Leben von den Gottheiten: Re-Harachte, dem Sonnengott und Ptah, dem Ursprung der Schöpfung (empfängt). Der vergoldete Verschluß zeigt die Darstellung einer Sphinx: vielfältiges rätselhaftes Symbol göttlichen Schutzes." Diese Motive finden sich meist in doppelter Form, sowohl für sich auf den Warenkörpern selbst als auch, mit weiteren kulturhistorischen Angaben versehen, auf der Packungshülle. Ihre Vor-Bilder sind die Reliefmotive des Goldenen Statuenschreins, der einst in der Vorkammer des Königsgrabes stand.[1] Der 15-ml-Flacon führt uns Pharao Tutanchamun vor, der „wohlriechendes Öl in die geöffnete Hand seiner Gemahlin Anchesenamun (gießt). Der vergoldete

Verschluß zeigt die Darstellung eines Skarabäus: Symbol für immerwährendes Leben." Aus dem Bildfundus dieses Schreins schöpft auch „Perfumed Soap Amun" ihr Motiv: „Königin Anchesenamun legt Pharao Tutanchamun eine Blumengirlande um den Hals." Ausschnitte des Krönungszeremoniells finden sich auf „Body Lotion Amun" oder „Foam Bath Amun". „Eau de Toilette Spray Amun" 60 ml hingegen führt den Pharao während einer Jagdszene vor, Ausdruck der ordnenden Funktion des Königtums. Die 30-ml-Ausführung rückt ihn mit der Lederkappe ins Zentrum, der „Blaue(n) Krone, Zeichen seiner göttlichen Abstammung".

Die noch aus Friedrich Engels' Puddingfrage: „The proof of the pudding lies in the eating" entwickelte Haugsche Kritik der Warenästhetik als einer Kritik kapitalistischer Gebrauchswertversprechen schlechthin scheint uns zur Analyse solcher Produktlinien nicht mehr auszureichen. Wir haben es heute zunehmend mit komplexen warenästhetischen Phänomenen zu tun, die nicht nur graduell, sondern auch qualitativ mit materialistischem Analyseinstrumentarium nicht mehr zu bewältigen sind. „Das Warenbild", so formulierte Haug noch 1980, „wird zum 'mythischen' Bedeutungsmaterial degradiert; dies geschieht dadurch, daß es mit 'mythischen' Zeichen befriedigender Dinge zusammenmontiert wird (...) zu einem Superzeichen für das, was erstrebenswert im umfassend sozialen Sinn ist."[2] Ist die 'mythische' Fracht, anders herum gefragt, denn immer grundsätzlich „degradierend" – nur Attrappe? „Das Parfum", so der Düftespezialist J. Stephan Jellinek, „ist ein fast immaterielles Gut",[3] paßt also in das von Haug unterstellte Denkraster der Nähr- und Nutzwertbilanzen einer Ware überhaupt nicht hinein. Haugs Meßlatten- und Waagschalenmoral scheint denn auch eher ein Kind seiner eigenen Nachkriegssozialisation zu sein. Abgesehen also davon, daß die klassischen Kategorien 'Warenhaut' und 'Warenkörper' hier nicht mehr greifen, müssen wir zuerst einmal konstatieren: Die Leistungskraft der Serie „Amun" liegt zum geringsten Teil im Verkauf eines realen (Duft-)Stoffes.[4] Im Gegenteil, eine ganz andere Art 'immaterieller' Anteile beherrscht das Marktphänomen „Amun": das anscheinend detailliert ausgebreitete Szenario altägyptischer Welten und Vergangenheiten. Es handelt sich hierbei in erster Linie nicht um das Aufpropfen herkömmlicher Signifikate,[5] die Freiheit, Glück, Jugend oder Sicherheit versprechen, nicht nur um eine Zeichen-Textur altägyptischer Geschichte, sondern um die unverhoffte, aber veritable Präsentation eines Stückes altägyptischer Vergangenheit. Und es ist dieser Geschichtsentwurf, der die Marktkommunikation des Produktes eigentlich steuert und welcher – womöglich – reüssiert. Für diese Produktlinie gilt demnach: Ferdinand Mülhens aus der Kölner Glockengasse hat die Branche gewechselt und ist zum Geschichtsverkäufer geworden.

Der gerade bei diesem Geschichtsprodukt vom Hersteller einkalkulierte „immaterielle Konsum" (so im Marketingkonzept von 4711) eröffnet uns die Möglichkeit, das Marktverhalten der Ägypten-Vergangenheit genauestens zu beobachten.

Die Geschichte der Markenphysiognomie „Amun" hingegen beginnt mit der Entwicklung des Markenprodukts „Tutanchamun" im Jahre 1922.

Als der Engländer Howard Carter im Tal der Könige das Grab eines für die Geschichte Ägyptens eher unbedeutenden Pharaos fand,[6] handelte es sich um eine archäologische Sensation ersten Ranges: Zum erstenmal war es gelungen, ein von Schatzräubern verschontes Grab zu entdecken. Tutanchamun, so der Thronname[7] des in jungen Jahren unter mysteriösen Umständen Verstorbenen, wurde aufgrund der immensen Grabbeigaben aus Gold unter dem Cognomen „Goldener Pharao" für alle Welt ein Begriff.

Die Begleitumstände der Grabungskampagne waren in mehrfacher Hinsicht aufsehenerregend und boten der Weltöffentlichkeit, selbst dem archäologisch unbedarften Zuschauer einen individuellen Anknüpfungspunkt: Da gab es zunächst die spannende Grabungsgeschichte selbst, denn erstmals wurden sämtliche Etappen dokumentarisch festgehalten und das gesamte Fundmaterial durch einen Spezialisten fotografiert. Dann waren da die abenteuerlichen Lebensläufe der beteiligten Personen: Ausgräber Carter wäre für jede Titelstory einer Illustrierten in der Rubrik 'Vom Tellerwäscher zum Millionär' eine Zier gewesen: Als 17jährigen verschlug es ihn nach Ägypten; dort eignete er sich als Grabungshelfer archäologische Techniken und Methoden im Do-it-yourself-Verfahren an, jobbte mehr schlecht als recht im Auftrage der Kairoer Altertümerverwaltung und war gerade arbeitslos, als er von dem reichen Müßiggänger und Hobby-Archäologen Lord Carnarvon als technischer Leiter für die Tutanchamun-Kampagne auserkoren wurde.

Lange Jahre war die Suche eine reine Mißerfolgsgeschichte und Carnarvon sah sich schließlich nicht mehr in der Lage, noch mehr Geld „in den Sand zu setzen". In einer letzten Anstrengung, zu der ihn Carter überredet hatte, wurde Tutanchamuns Grab entdeckt und der hartnäckige Ausgräber war über Nacht ein berühmter Mann. Auch Finanzier Carnarvons Tod gab genug Stoff für einen Kriminalroman her: Bei einem Ausflug zur Grabungsstätte von einem giftigen Insekt gestochen, überlebte der Lord den großen Tag der Graböffnung lediglich um drei Wochen und alsbald wurde über die „Rache der Pharaonen" gemunkelt, da auch andere Ausgräber in Ägypten auf unerklärliche Weise ums Leben gekommen waren. Schließlich war da Tutanchamun selbst, seine geheimnisumwitterte Mumie,[8] sein unversehrter Sarkophag und die beispiellose Häufung goldener Gegenstände in der Grabkammer. Die Goldmaske, welche Gesicht und Brust der Mumie verhüllte, ging als Foto um die ganze Welt und gehört seitdem als semiotisches pars pro toto für die antike Hochkultur vom Nil zum visuellen Inventar jedes Reiseprospekts. Zu guter Letzt: Als Carter zusammen mit Lord Carnarvon in die eigentliche Grabkammer eindrang, geschah dies im Beisein der internationalen Presse: Archäologische Arbeit vollzog sich so unter den Augen der Weltöffentlichkeit zum erstenmal als Medienspektakel. Dies kam nicht von ungefähr. Die signifikanten Zeichenträger „geografischer Fundort" und „märchenhafte Morphologie der Fundobjekte" entsprachen in geradezu idealtypischer Weise dem europäischen Wahrnehmungs-, Vorstellungs- und Aneignungsverständnis des 'Fremden', d. h. der außereuropäischen Welt und Kultur. Der Schlüsselbegriff ist zweifellos 'Ägypten' in einer für den Europäer doppelten semantischen Gestalt: einmal als alte Hochkultur schlechthin, zum anderen als Inbegriff des türkisch gefärbten, Tausendundeine Nacht verkörpernden Orients.[9]

Um die Entwicklung des Markenartikels „Tutanchamun" und seines Nachfahren, des Parfums „Amun", historisch in den Griff zu bekommen, ist ein kurzer Rückblick auf die Traditionslinien der Aneignung des 'Fremden', des 'Orients', der 'nichtgriechischen Antike' angebracht.

Da die Auseinandersetzung Europas mit Ägypten im Grunde so lange währt wie das Abendland besteht, wollen wir hier nur einige markante Knotenpunkte in der Chronologie setzen, die für die Herausbildung unseres modernen Orient- und Ägyptenbildes von essentieller Bedeutung sind. Ein erster Knoten wäre an der Wende zur Neuzeit zu suchen, als die Humanisten begannen, die antiken griechischen und römischen Texte neu zu lesen, zu kommentieren und mit dem Einbringen der Denkvorstellungen eines Aristoteles oder Platon in den öffentlichen Diskurs eine Säkularisierung des christlich-abgeschlossenen Horizonts in die Wege zu leiten. Für unsere Fragestellung sind besonders die Schriften Herodots (um 490/480– 420 v. Chr.) maßgebend, der die Ägypter, da sie „sich Sitten gegeben (haben), die in fast allen Stücken im Gegensatz zu denen der übrigen Menschheit stehen", als dem graecozentrischen Weltbild fremdartig zeichnet; allerdings – und das ist für die weitere Rezeption nicht unwesentlich – versagt der von den heimischen „klassischen" Bauwerken verwöhnte Grieche den Ägyptern seine Hochachtung nicht, denn „im Vergleich zu jedem anderen Land (finden) sich dort unbeschreiblich große Kunstwerke".[10] Mit dieser frühen Formulierung einer „exotischen" Betrachtungsweise (Abgrenzung wie Anerkennung) sind die Grundstrukturen für die Herausbildung des neuzeitlichen Ägyptenbildes vorgegeben: Den Humanisten, homines litterati par excellence, erschloß sich die Antike primär über die schriftlichen Quellen und kaum über die „Feldforschung" an den in Italien noch vorhandenen steinernen Zeugen, von Reisen in entferntere Länder einmal

ganz zu schweigen. Der „ägyptische Diskurs" basierte anfangs auf einer
umfassenden Textexegese und blieb zunächst auf die stillen Studierstuben
und Bibliotheken beschränkt; allerdings wurde 'Ägypten' getreu Herodot
bereits als etwas 'Eigenständiges', als eine vom Abendland (und das ist
zuerst Hellas) unabhängige ehemalige Hochkultur begriffen. Zu der vor
der Renaissance üblichen Dreiteilung der Antike: 'Griechenland', 'Rom',
'Etrurien' trat nun 'Ägypten' als vierte Kraft.[11] Das 15., 16. und 17. Jahrhundert hindurch fand eine sukzessive 'Eroberung' und Aneignung 'Ägyptens' statt: In Italien und speziell in Rom[12] wurden die übriggebliebenen
Denkmäler in Augenschein genommen, in Literatur wie Malerei das 'ägyptische' Motiv eingeführt und ägyptische 'Stücke' für Privatsammlungen
erworben; der zeitliche wie sachliche Ursprung der archäologischen, speziell der ägyptischen Museen ist hier anzusiedeln.[13] Hinsichtlich der 'Ägyp-
tomanie' darf jedoch nicht übersehen werden, daß sie parallel oder im
Rahmen einer allgemeinen Vorliebe für alles Türkische stattfand: Die Beschäftigung mit der türkisch-islamischen Kultur war ein Vexierspiegel der
realen osmanischen Bedrohung des Abendlandes; die dem exotischen[14] Zugriff innewohnenden Komponenten Abwehr und Sehnsucht materialisierten sich in vielerlei Gestalt: man dämonisierte den Türken als Paradeteufel
und trug Hosen und Rock „alla turca", man übernahm Janitscharen-In-
strumente in die eigenen Militärkapellen und zitterte gleichzeitig vor den
Angriffen der Sultansgarde, man verteufelte die Institution Harem[15] als
sittenwidrig, war jedoch gleichwohl bemüht, auf 'Reisen ins Morgenland'
Einblicke ins Serail erhaschen zu können. Wie der Türke zur Metapher des
(modernen) Orientalen gerinnt, so steht Ägypten als Sinnbild für eine
(orientalische) Antike: der 'orientalistische'[16] Blick auf die (nahöstliche)
Fremde ist in ersten Ansätzen umrissen.

Einen weiteren Knotenpunkt finden wir im 18. Jahrhundert. Im Rahmen
der ideengeschichtlichen Auseinandersetzung mit Ägypten und seiner
Kunst sind es J. J. Winckelmann (1717–1768) und J. G. Herder (1744–
1803), in deren Werken der orientalistische Blick weitere Konturen gewinnt: In seiner 1764 erschienenen ›Geschichte der Kunst des Altertums‹
entwickelt Winckelmann in der Gegenüberstellung griechischer und ägyptischer Kunst mittels der Kategorien Ideal und Karikatur, die er als gegensätzliche Steigerungen der Natur versteht, eine Art anthropologische Ästhetik[17]: Die „Klimate" der Erde wirken auf die Künstler und ihre Werke
ein; je ungünstiger die Umwelt, desto „melancholischer" der künstlerische
Zugriff, je günstiger die klimatischen Bedingungen, desto „phlegmatischer"
fallen die künstlerischen Werke aus. Während die Hellenen aufgrund der
klimatischen „Ausgeglichenheit" ihrer Heimat Kunstwerke natürlicher
Schönheit und Harmonie hervorbringen konnten, wäre dies den Ägyptern

aufgrund der schlechten Umweltbedingungen verwehrt geblieben. Sie hätten in ihrer „Melancholie" nicht ohne Despotie leben können und versucht, „sich durch heftige Mittel die Einbildung zu erhitzen und den Geist
zu ermuntern". Durch die Erhitzung der Phantasie seien in den Gehirnen
eher abenteuerliche denn schöne Figuren erzeugt worden, was endlich dazu
führen mußte, daß „ihr Denken das Natürliche vorbei(ging) und (...) sich
mit dem Geheimnisvollen (beschäftigte)".[18] Fest verankert im graecozentrischen Weltbild formuliert hier Winckelmann nicht nur das klassizistische
Kunst- (und notabene Menschen-)Ideal, sondern fixiert auch die Perspektiven in der wertästhetischen Einschätzung anderer Menschen, ihrer Kulturen und Künste: „Die Schönheit ist weiß, rein und griechisch, nicht far-
big, sinnlich und fremd."[19] Je peripherer eine Kultur – in erster Linie
geografisch – zum hellenischen Nabel der Welt situiert ist, desto 'geheim-
nisvoller', 'mystischer', 'verwirrter' („entarteter"?!) geriert sich ihre Kunst:
„Will man die bürgerliche Verachtung der Physiognomien anderer Völker
verstehen, so muß man sich dies Ideal des Klassizismus, das in den kosme-
tischen Vorstellungen der Moderne überdauert, vergegenwärtigen."[20]

Weniger gefangen vom selbstkonstruierten Schönheitsideal, läßt Herders
Bewertung altägyptischer Kunst ein „maßstabsgerechtes Begreifen ge-
schichtlicher Phänomene als solcher" erkennen und so in ersten Ansätzen
eine Überwindung des 'hellenischen' Maßstabes. Im Hinblick auf Winckelmann meint er: „Es ist (...) zu zeigen, daß wie die griechische, so auch die
ägyptische (...) Kunst ganz eigen behandelt werden müßte."[21] Denn, so
seine Erkenntnis, „von diesem Zweck der Kunst (dem griechischen Streben
nach 'idealer Schönheit') hatten (die Ägypter) weder Begriff noch auf ihn
Absicht."[22] Wird so dem antiken Ägypten zwar eine 'Eigenständigkeit'
konzediert und die Nilkultur von der Folie Griechenland gelöst – zumindest unter kunstgeschichtlichen Gesichtspunkten –, so kann auch Herder
seine Verwurzelung im klassizistischen Denken nicht verleugnen: Im Hinblick auf den Erkenntniswert der ägyptischen Hieroglyphen für die moderne Sprach- und Geschichtswissenschaft bemerkt er: „Hieroglyphen sind der
erste rohe Kindesversuch des menschlichen Verstandes, der Zeichen sucht,
um seine Gedanken zu erklären (...). Daß aber die Ägypter so lange bei
dieser unvollkommenen Schrift blieben und sie Jahrhunderte hin (...) auf
Felsen und Wände malten, welche Armut von Ideen, welch ein Stillstand
des Verstandes zeigt dieses! Wie enge mußte der Kreis von Kenntnissen
einer Nation und ihres weitläuftigen gelehrten Ordens (Priesterstandes)
sein (...). Der Weg zur wissenschaftlichen Litteratur war ihnen durch die
Hieroglyphen versperret, und so mußte sich ihre Aufmerksamkeit desto
mehr auf sinnliche Dinge richten."[23]

Mag in diesen Worten die Resignation darüber mitschwingen, daß alle

Entzifferungsversuche der Hieroglyphen seit den Versuchen des Jesuitenpaters Athanasius Kircher (1602–1680) gescheitert waren und auch die Gelehrten des 18. Jahrhunderts ihre Deutungen der ägyptischen Kultur lediglich auf die griechischen und römischen Schriftquellen stützen konnten, ist doch die Art und Weise, in der Herder die alten Ägypter exotisiert, für den im Grunde bis heute andauernden Charakter der europäischen Aneignung Ägyptens bezeichnend: Indem er ihnen vom eurozentrischen Standpunkt aus einen Platz in der 'Kinderstube' der Menschheitsgeschichte anweist, spricht er ihnen sowohl die kulturelle Reife ab (die für ihn als Signet einer ernstzunehmenden Zivilisation selbstverständlich gegeben sein muß) als auch durch die konstatierte Stagnation das für eine Zivilisation westlichen Musters wichtige Moment der „Entwicklung". Ganz im Sinne Herders kann ein moderner Interpret der europäischen Aneignung Ägyptens, S. Morenz, denn auch feststellen: „(...) wir wissen seit längerer Zeit, daß ägyptische Wissenschaft einerseits mit frühen guten Würfen eingesetzt hat, aber dann eher steckenblieb, daß die in 'Hieroglyphen' gewahrte Tradition also den Fortschritt hinderte."[24] Noch ein zweiter Gedanke Herders ist es wert, näher beleuchtet zu werden: Wir hatten schon bei Winckelmann gesehen, daß die von ihm mit „Melancholie" umschriebene künstlerische Befindlichkeit die Nilbewohner zur Beschäftigung mit dem 'Geheimnisvollen', dem Mystischen treiben mußte. Das unterlegte Schema – Grieche als Platzhalter des Europäers schlechthin, mit Kopf und Vernunft ausgerüstet versus Ägypter als Stellvertreter des Orientalen mit Herz und Hang zur Mystik begabt – findet auch bei Herder Anwendung. Während Winckelmann mehr das „Geheimnisvolle" hervorhebt, stellt Herder jedoch die „Sinnlichkeit" der Ägypter in den Vordergrund: Der orientalistische Blick ist um eine entscheidende Komponente bereichert, um die – auch wenn es unausgesprochen bleibt – im weitesten Sinne Transmission sexueller abendländischer Phantasien auf das 'Morgenland'.[25] Wie sich in diesem Zusammenhang der männliche Europäer *die* orientalische Frau vorstellte (und vorstellt), werden wir weiter unten ausführen.

Einen letzten Knotenpunkt schließlich möchten wir mit dem als Expedition bezeichneten ägyptischen Feldzug Napoleons I. im Jahre 1798[26] und seinen weitreichenden Folgen für die nachmalige „Wiederentdeckung" Ägyptens[27] setzen. Mit Napoleon zogen, und das immerhin rechtfertigt die Einordnung des Unternehmens als „Expedition", Wissenschaftler aller Fachgebiete, die sich vor allem der Erforschung der antiken Überreste widmeten.[28] Entscheidendes Ergebnis der wissenschaftlichen Forschung war die Entschlüsselung der Hieroglyphen anhand des in drei Sprachen beschrifteten Steines von Rosette, die J. F. Champollion 1822 gelang. Herders „kindliche" Kultur begann also zu sprechen. Ein ungeheurer Ägyp-

ten-Boom setzte in Europa ein; für das gebildete, über ausreichende Geld-
mittel verfügende Bürgertum gehörte es fast zum „guten Ton", eine Reise
ins Nilland zu unternehmen und natürlich einschlägige Souvenirs den stau-
nenden Daheimgebliebenen zu präsentieren. Wie ambivalent der neuerliche
europäische Zugriff auf Ägypten war, zeigen ein Blick in die erste deutsche
Illustrierte, das ›Pfennig-Magazin‹[29], und eine Sichtung der Fotografien, die
gleich nach Daguerres Erfindung von Ägypten gemacht wurden. Hinsichtlich der Berichterstattung über Ägypten zunächst einem kuriosen Sammel-
surium gleichend, schälen sich in der näheren Betrachtung der Illustrier-
tenberichte zwei Hauptgruppen heraus: Auf der einen Seite haben wir die
Berichte über das antike Ägypten: ›Die Denkmäler des alten Ägyptens‹,
›Die Sphinx‹ oder – damals brandaktuell – ›Der Belzoni-Sarkophag aus
Theben‹; abgerundet werden die Beiträge durch regelmäßige Vorstellungen
bereits bestehender oder neu gegründeter „ägyptischer Museen". Auf der
anderen Seite wird die/der Leser/in mit den Sitten und Gebräuchen des
neuen Ägypten vertraut gemacht: ›Die neuern Ägypter‹, ›Mohammed Ali,
Pascha von Ägypten‹, ›Der Sklavenmarkt in Kairo‹ usw. Natürlich darf
weder ein Bericht über die ›Orientalische Justiz‹ noch einer über ›Die ägyptischen Tänzerinnen‹ fehlen.

Während in den Artikeln über das alte Ägypten meist der nüchterne Ton
eines Konversationslexikons angeschlagen wird, breiten die Autoren der
(Reise-)Berichte über das neue Ägypten das gesammelte Spektrum europäischen Sehnsuchts- und Abwehrverhaltens aus. So urteilt ein Reisender über
den Bazar von Alexandria:

Der Bazar ist auch hier die Wiege der Pest (...). In diesem düstern Helldunkel (...)
drängen sich Tausende von Käufern oder Gaffern in einer Atmosphäre, welche durch
die widerliche Ausdünstung der Araber, durch Staub, Hitze und Unrath mephitische
Zusätze entbinden muß.

Zwei Abschnitte später schlägt der Ekel in Entzücken um:

In den prächtigen Gärten (...) duftet die reiche morgenländische Flora dem Kommenden mit den frischen Wohlgerüchen Arabiens wollüstig entgegen (...). Überall
erblickt das Auge Wasserkünste, Vogelhäuser (...) Bäder und alles, was orientalische
Üppigkeit vom feinsten bis zum stärksten Sinnengenuß zu bieten hat (...). In allen
diesen Gärten strecken Hunderte von Mohren die schwarzen Köpfe da und dort
zwischen den Laubgebinden hervor und vollenden das lebende Bild der Zaubergär-
ten arabischer Märchen.[30]

Das bipolare Bild vom Orient, das in diesem Beispiel gezeichnet wird und
generell als idealtypisches Muster der europäischen Aneignung von 'Exotik' gelten kann, erfährt in der visuellen Aufnahme des alten Ägypten eine
weitere Zuspitzung: Der Zugriff der Fotografen, der Du Camp, Frith, Ver-
net, Béchard, Meissner, entspringt, wie es F. Frith einmal selbst formuliert

hat, der „Suche nach der romantischen und vollkommenen Vergangenheit", das heißt, die Maler und Fotografen kamen in erster Linie nach Ägypten, nicht um Land und Leute kennenzulernen, sondern wegen der antiken Bauwerke.[31] Die Sehnsucht der Epoche nach dem Ursprünglichen und Archaischen in Verbindung mit den strengen victorianischen Sehgewohnheiten produzierte Fotos, auf denen die Relationen von Denkmal und Umgebung aufgehoben zu sein scheinen; die Antike wird sozusagen von der schmutzigen gegenwärtigen Alltagsumgebung 'gecleant': „Die abstrakte Welt altägyptischer Bauformen erscheint gleichsam im Habitus der Antike, mit dem Exotischen als dekorative Kulisse",[32] sofern die Kulisse überhaupt vorhanden ist: sehr oft sind die Bilder nur 'leer', die Fotografien wie ihre Motive zu zeit- und raumloser Perfektion, einer phantastischen Utopie vergleichbar, erstarrt.

Kurz sei hier noch auf das orientalistische Frauenbild eingegangen, insbesondere auf die Vorstellung von der altägyptischen Frau, die sich bei näherem Hinschauen als 'orientalische' entpuppt. Schon bei Winckelmann finden wir erste Anmerkungen: „Ihre weiblichen Figuren, so sagt er von den (alt)ägyptischen Frauenbildern, haben, bei all ihrer Dünnheit, die Brüste mit einem gar zu großen Überflüsse behängt; und da die ägyptischen Künstler nach dem Zeugnisse eines Kirchenvaters die Natur nachgeahmt haben, wie sie dieselbe fanden, so konnte man auch aus ihren Figuren auf das Geschöpf des weiblichen Geschlechts daselbst schließen."[33] Winckelmanns dürre Worte deuten bereits die Richtung an, in die sich gerade im 19. Jahrhundert das Bild der Orientalin entwickeln wird. Am Beispiel der Kleopatra-Rezeption läßt sich die patriarchalische Projektion hervorragend verfolgen: Bereits die römische Propaganda zeichnete ein Bild der ägyptischen Königin, das geradezu prototypisch für die abendländische 'Zweiteilung' der Frau gelten kann, nämlich entweder Hure oder Ehefrau zu sein. Kleopatras Intellekt mußte als Bedrohung des männlichen Primats auf dem Gebiet der Vernunft zur 'Verführungskunst' diminuiert, ihre Beziehungen zu den damals einflußreichen Männern der Welt als 'Hurerei' diffamiert werden, da eine in allen Bereichen den Männern gleichrangige Frau den Rahmen patriarchalischer Gesellschaftsformation gesprengt hätte. War Kleopatra einmal auf rein 'frauliche' Aspekte reduziert, konnte sie für den Mann als Liebesgespielin wieder reizvoll werden. Der Entwurf eines solchen Kleopatra-Bildes zieht sich seitdem als roter Faden durch die entsprechende europäische Rezeption[34] und hat sich in der Literatur und in Gemälden niedergeschlagen – verwiesen sei hier auf H. Makarts 1876 entstandenen schwülstigen Monumentalschinken ›Kleopatras Tod‹, „in dem sich Urteile und Vorurteile von Jahrhunderten zu einem Sittenbild schwüler Erotik und orientalischen Luxus verdichten".[35] Unser heutiges Bild von

Kleopatra ist ein Produkt der Filmbranche, genauer eines einzigen Films, noch besser einer einzigen Schauspielerin: Elizabeth Taylor als Darstellerin der ägyptischen Königin in dem Century-Fox-Monumentalfilm von 1963 ist zur modernen Kleopatra geworden.[36] Wie das Bild der Kleopatra zum stellvertretenden Klischee mit den Attributen: liebestoll, verführerisch, dunkelhaarig-moschusduftend, geheimnisvoll, glutäugig und lasziv sich hinsichtlich altägyptischer Frauengestalten in den westlichen Männerköpfen festsetzte, so manifestierte sich parallel das Bild von der Orientalin und gerann schließlich zu einem. Als Paradebeispiel kann hier Flauberts ›Salammbo‹ gelten, deren reales Vorbild der Schriftsteller in der ägyptischen Kurtisane Kuchuk Hanem fand und die „ein weithin einflußreiches Modell der orientalischen Frau (wurde), denn sie sprach niemals über sich selbst, sie vertrat niemals ihre Gefühle, ihre Präsenz oder ihre Geschichte".[37]

1980 wird der Orient-Ägypten-Mythos in der Bundesrepublik virulent wie nie zuvor: Die Eröffnung der Tutanchamun-Ausstellung in Köln am 21. Juni gerät zu einem Medienspektakel und Staatsakt zugleich; Mohamed Anwar as-Sadat und Karl Carstens, ranghöchste Repräsentanten beider Nationen, nutzen als Schirmherren die Gelegenheit zur großen Freundschaftsgeste. Selten auch erfreut sich eine Ausstellung einer solch großen Resonanz seitens der Bevölkerung. Stundenlang harrt die Menschenschlange geduldig vor dem Eingang des Museums aus, um die 55 Exponate, die in einem einzigen, nur mittelgroßen Raum versammelt sind, zu sehen. In Schüben werden die Besucher eingelassen, um gebannt auf die goldenen Zeugnisse einer anderen, mystischen Welt zu starren. Knapp drei Monate nach der Ausstellungseröffnung meldet der ›Kölner Stadtanzeiger‹: „Das Tut-Fieber scheint in Köln eine Rekordmarke zu erreichen (...). Der goldene Pharao stellt alles bisher Dagewesene in der Museumslandschaft bundesweit in den Schatten. Keine andere Sonderausstellung in den vergangenen dreißig Jahren war (...) so populär. Die Ausstellung ist von morgens bis abends überfüllt. Das heißt, mehr als 600 Personen auf einmal werden nicht in den Ausstellungsraum gelassen (...). Bisher haben sich allein 3500 Besuchergruppen angemeldet. Weitere Anmeldungen werden nicht mehr entgegengenommen."[38] Und, hinsichtlich der Vermarktung: „Alle profitieren von Tut", denn Tut belebt „nicht nur den Geist, sondern auch das Geschäft. Die Nachbildungen von antikem Schmuck, die das Museum anbietet, finden reißenden Absatz."[39] Viele Besucher verließen die Ausstellung und gingen stracks ins nächste Reisebüro, um sich nach Fahrten an den Nil zu erkundigen: Nach der Mediatisierung ist die Materialisierung angesagt, ein jeder möchte das eben Gesehene mit den eigenen Händen greifen und ins heimische Wohnzimmer mitnehmen.

Abb. 24: New Age und Altes Reich: ein Duft so lieblich wie geheimnisvoll . . .

Noch während die Ausstellung in Köln gezeigt wird, legt die Produktgruppenleitung des Hauses 4711 auf ein „Kommunikationsbriefing"[40] hin eine „Konzeptplattform für die Damenserie 'Amun'" vor: Der tote und in den Köpfen der Menschen so lebendige Pharao sollte künftig für eine vierzehn 'Referenten' umfassende Damenserie im 4711-Sortiment Namen und Mythos hergeben. Es galt also, den jugendlichen Gottkönig als Signet einer bundesdeutschen Parfummarke zu destillieren. Schon der Name „Tutanchamun" eignete sich vorzüglich zur prägnanten, markentechnischen Verkürzung: Ganz im Gegensatz zum Umgangskölsch, das den Pharao liebevoll als „unseren Tut" längst eingemeindet hatte, forcieren die Marktstrategen ein anderes Kürzel: „'Amun' klingt geheimnisvoll und steht für das Einzigartige und Unvergängliche der Zeit."[41] Während die Kölner BürgerInnen den Ägypterkönig als einen der ihren depotenzierten, luden die Kölner Parfumhersteller die Mumie magisch auf.

Mit Produkten wie der „Amun"-Serie wird die Idee des klassischen Museumsshops gesprengt. War dieser dem jeweiligen Museum selbst angegliedert und auf den Verkauf von Kunstpostkarten, Katalogen oder Replikaten beschränkt, so ermöglicht ein transmuseales Marketingkonzept wie die „Egyptian Collection" ungeahnte Zugriffsmöglichkeiten auf die Exponate: Im Alltag, in nicht-musealen Räumen – sagen wir im Schlafzimmer auf dem Toilettentisch – baut sich die Ausstellung modellhaft wieder auf. Geschieht dies auch freilich geschichtswissenschaftlich gesehen in reduzierter Form, so entschädigt die erhöhte sinnliche Wahrnehmbarkeit für dieses Manko. Denn die Originale bleiben ja für immer in ihren Glaskäfigen der sinnlichen Inbesitznahme versperrt.[42]

Die Vergangenheitskomposition, bestehend aus der Ansprache des oben entwickelten ägyptisch-orientalischen Bildes einerseits, den erläuternden Sätzen und den kommunikationstechnischen und graphischen Überformungen andererseits ergibt eine zeitgenössische, autonom-künstlerische Schöpfung. So wird beispielsweise das zum Logo verdichtete Bild der Sphinx zum imperativen Signal für die Konsumentin: „Sei rätselhaft, sei geheimnisvoll." Faktisch ist damit das Firmenprodukt zum potentiellen Kultur-Träger geworden.

Wen soll der Kombi-Pack aus Ägypten-Vergangenheit und Orient-Parfum ansprechen? Die „Amun"-Strategen stellten sich als Musterkonsumentin „eine Frau (vor), die Irrationales liebt, aber dennoch Traditionen verhaftet ist. Sie mag Geheimnisse und hat Geheimnisse. Sie möchte viele Facetten besitzen und nicht auf den ersten Blick durchschaubar sein. Sie ist das Gegenteil einer sachlichen Frau. Viel Persönlichkeit zeichnet sie aus. Sie ähnelt Frauentypen wie Judy Winter, Erika Pluhar, Heidelinde Weis. Sie ist ein wenig melancholisch, hängt an alten Sachen und kauft – wird sie vor die Wahl gestellt – lieber eine Antiquität als ein modernes italienisches Möbelstück. Sie ist alterslos – so zwischen 25 und 48." Weiterhin sollte sie eine überdurchschnittliche Schulbildung besitzen, durfte ledig oder auch verheiratet sein, mußte jedoch über ein Haushaltsnettoeinkommen von mindestens 4000 DM verfügen: „Sie hat immer Geld für Ausgefallenes mit Stil übrig." Soweit die Soll-Konsumentin, die mutmaßliche Zeitgeist-Frau des Jahres 1980.

Die Kölner Parfumhersteller nahmen Anfang der achtziger Jahre „Indizien" dafür wahr, daß – mit ihren Worten – „der Trend, mit Geheimnisvollem zu leben, zunimmt". Eine richtige Beobachtung, wenn auch die Beweiskraft des einen oder anderen der angeführten Belege in der hauseigenen Zeitgeistanalyse zu wünschen übrigläßt: 500 000 Menschen hätten die Ägypten-Ausstellung in der Essener Villa Hügel besucht, Bücher wie Vandenbergs ›Das Geheimnisvolle der Orakel‹ und Heyerdahls ›Tigris‹ seien Bestseller. Griechenland „mit seiner Mystik" sei zum beliebtesten Reiseland geworden: „In Heraklion/Kreta ist das berühmte Museum stets überfüllt. Knossos gleicht während des Sommers mit seinem Treiben einem Fußballplatz. Rätselhafte Orte werden zu Reisezielen: Macchu Picchu; Mexiko mit seinen Bauten aus der vorspanischen Zeit; die Pyramiden in Ägypten; die Akropolis; die Königstädte in Marokko; die Alhambra in Granada; das rätselhafte Stonehenge[43] in England; die Osterinseln." In der Tat erfassen mystische Deutungsmuster von Lebenswirklichkeit in den achtziger Jahren weite Teile der Gesellschaft: „Übernatürliches wird akzeptiert, an Magie wird geglaubt, und Religion ist 'in' (...). Aus Yoga und Yoghurt, Waldläufen und Walpurgisnacht, Müsli-Fans und Magiern, philosophierenden Physikern und experimentierenden Spiritisten (...) setzt sich zusammen, was unter dem Etikett New Age firmiert."[44]

„Verwundert mußten viele Theologen und Sozialwissenschaftler, die sich ihrer Prognose eines 'religionslosen Zeitalters' sicher waren, feststellen: Die säkulare Welt produziert aus sich selbst heraus neue religiöse Bedürfnisse. Unsere sich in der Tat entkirchlichende und entchristlichende Welt ist voll von Religion!"[45] Eine ähnliche Erfahrung mußten die professionellen Historiker machen: Die an Geschichte scheinbar desinteressierte Gesellschaft pilgerte plötzlich in goldgewirkte Vergangenheiten – zubereitet diesmal nicht von der zuständigen Zunft, sondern von Stadtvätern, Spielefabrikanten, Modellbauern, Werbeleuten, Parfumherstellern. Allenthalben bei Theologen und Historikern, den berufenen Sinnstiftern also, der entsetzte Aufschrei über den Verlust ihres Produktionsmonopols, denn spätestens in den achtziger Jahren müssen sie feststellen, daß sie im Begriffe sind, die saftigen Pfründe ihrer 'unique selling proposition'[46] am Markt zu verlieren. Mehr noch: in den Augen der neuen Vergangenheitsverwender gelten die alten Geschichts'profis' als bloße Amateure: Wo weht im 500seitigen ägyptologischen Folianten wohl der Hauch der Sinnlichkeit?

Im „Amun"-Parfum greift eines ins andere: In der Zeit antiaufklärerisch geprägter Orientierungslosigkeit[47] offeriert die Ägypten-Vergangenheit – in homöopathischen Dosen freilich – auch die östlich-mystischen Gehalte der Religion des Neuen Zeitalters. Die Markenverbindung von Neuem Reich und New Age[48] verspricht:

- die sinnliche Selbsterfahrung „von Unruhe und Verwirrung, von Sehnsucht und Zärtlichkeit, von Hingabe und dem stillen Glück".
- die religiöse Botschaft: „Es ist der Wind des Lebens, der Nordwind; man hat ihn mir gegeben und ich lebe durch ihn."
- Wärme, Geborgenheit und das Wissen, zur kulturellen Avantgarde zu zählen: „Ich bin Deine Geliebte, die Beste. Ich gehöre Dir wie der Garten, den ich mit (...) allerlei süßduftenden Kräutern (bepflanzt) habe."
- kurz: einen Weg weg von normierter Enge, von leerer Gewöhnlichkeit hin zu neuen Räumen der Selbsterfahrung, zur düfteschwangeren, weihevollen Ich-Feier.[49]

Für peripher-religiöse Animationen, evoziert von solchen Vergangenheitsszenarien, ließe sich auch das Urteil des Religionssoziologen Gottfried Küenzlen anführen, der im unorthodoxen Eklektizismus nur einen billigen Supermarkt der Weltanschauungen zu sehen vermag: „Religion als zu konsumierende Ware, ein sich ausbreitender Weltanschauungskonsumismus überhaupt, ist unübersehbar, wo wir die heutige Szene 'vagabundierender Religiosität' (...) studieren."[50]

Wie stellt sich im Zeitalter vagabundierender Geschichtssüchtigkeit dann der Kern, die Substanz des Historik-Angebotes von „Amun" dar? Zunächst klopften die Produktdesigner den gerade aus 55 Exponaten bestehenden Ausstellungskanon ab: Bilder, Stoffe, Texte, „die später bei der Verpackung der Flasche sowie der Kommunikation wieder erscheinen" sollten, mußten zuerst folgende technische Anforderungen erfüllen: Ihre Besitzer sollten bekannt und ihre Abbildungen beliebig reproduzierbar sein. Sie sollten durchaus „eine belegbare und erkennbare Geschichte" aufweisen, unter Marketingprämissen war aber vor allem ihr „dekorativer Reiz" gefragt. Am wichtigsten war jedoch das Material; es mußte Gold sein: „'Gold' (...) in seiner begrifflichen Ableitung als das göttliche Metall, das in der Geschichte der Menschheit schon immer eine besondere Rolle gespielt hat, insbesondere bei kulturellen Gegenständen (darzustellen), bei dem unterschwellig die Geschichten der Inka, Mexikaner oder Ägypter immer noch vorhanden sind." Die Ägypten-Vergangenheit läßt sich so visuell auf die noble Layout-Opposition von 'gold' und 'schwarz' verkürzen, deren sich schon die Tutanchamun-Ausstellung so erfolgreich bedient hatte: Schwarz versinnbildlicht das fremdartig Undurchschaubar-Geheimnisvolle, Gold steht sowohl für märchenhaften königlichen Reichtum als auch für das Göttlich-Erhabene. Eine perfekte szenische Reduktion, die nicht nur den einzigartigen Charakter der ägyptischen Funde genial herausstellt, sondern auch den kaufmännischen Ambitionen des Hauses 4711 ideal entgegenkommt: diese edle Parfumkostbarkeit muß ihr Geld einfach wert sein!

Genau besehen, haben wir es hier mit einer gleichzeitigen Entkernung und Luxussanierung[51] dieser Vergangenheit zu tun, unbeschadet des enormen Aufwandes an erläuternden, historisch völlig 'richtigen' Textinformationen.

Johannes Grün, Produktgruppenleiter bei 4711, erklärte uns dazu, das Elite-Parfum sei seinerzeit ganz bewußt als „Hochpreisprodukt für eine kleine Verbraucherinnengruppe" konzipiert worden. So gering der Anteil der Duftserie am Gesamtumsatz des Hauses 4711 auch immer gewesen sein mag, eine um so wichtigere Rolle sollte „Amun" aus Sicht des Parfumherstellers als Medium einer dringend benötigten Imageaufwertung spielen. Man erhoffte sich von der „mit Abstand teuerste(n) Serie im Sortiment" den Einbruch in für 4711 bislang verschlossene obere Marktsegmente. Vor allem die exquisiten Parfumerien sollten überzeugt werden, „Amun" – und in seinem Gefolge auch weitere 4711-Produktlinien – zu führen.

Insgesamt, so dürfen wir mit guten Gründen vermuten, hat das Produkt „Amun" das Image des Hauses 4711 auf Dauer nicht entscheidend aufbessern können. J. Stephan Jellinek zufolge haben in der Branche während der Nachkriegszeit Marktentwicklungen stattgefunden, die 4711 in besonderer Weise betrafen und dazu führten, daß die Kölner Produkte heute nur noch beschränkt Zugang zum gehobenen Markt finden. Zwei Tendenzen seien dafür verantwortlich: zum einen die seit Ende der fünfziger, Anfang der sechziger Jahre schnell zunehmende Aufspaltung des Marktes in Exklusivdistribution und Massenverteilung und zum andern das gleichzeitige Auftreten internationaler Anbieter auf dem bundesdeutschen Markt. Es lassen sich denn auch nach Jellineks Einschätzung „überwiegend bürgerlich-konservative Konsumentinnen" von „Amun" ansprechen. Sosehr die magische Zahl 4711 zum allgemeinen Markenwissen gehört, verbunden werden mit ihr in der Regel eben doch nur Erfrischungstücher und Kölnisch Wasser.

Das anvisierte Niveau der Marktkommunikation des Ägypten-Parfums scheint die Verbraucherinnen schon bei der Einführung fast überfordert zu haben. Tutanchamun, der Große Kommunikator der Jahre 1980/81, hatte für „Amun" den Weg bereitet. Je mehr aber heute, Mitte der neunziger

Jahre, die Virulenz der Ausstellung verblaßt ist, desto mehr muß die Parfumserie eigenes (Marken-)Leben entfalten, soll sie überleben. Vor allem junge, nachwachsende Generationen sind über den „Amun"-Appeal kaum mehr an das Produkt heranzuführen oder gar zu binden. Hinzu kommt, daß der Trend zum orientalischen Parfum, der Mitte der siebziger Jahre „mit Opium anfing" (Jellinek), gegen Ende der achtziger Jahre endgültig abflacht. Selbst in den Warenhäusern und Drogeriemärkten verlieren „langanhaltende, orientalisch schwere" Parfums wie „Amun" zunehmend an Boden. Heute zeichnet sich folglich im Produktlebenszyklus der Serie immer deutlicher die Degenerationsphase ab. Auch Versuche, die Idee von „Amun" durch in die Serie eingestreute Sondergrößen wachzuhalten, wobei immer auffälligere Verpackungen wie Papp-Pyramiden oder der eingangs beschriebene Sarkophag gegen das Nachlassen der einstigen Ägypten-Manie anzuarbeiten versuchen, zeitigen kaum mehr Erfolg.

Eine so ambitionierte und komplex umgesetzte Collection-Idee: das Museum auf dem Frisiertisch, scheint also nur unter ganz besonderen Zeitumständen und Marktbedingungen vom Verbraucher überhaupt wahrgenommen, geschweige denn angenommen zu werden. Die Trägheit des „Massengehirns" (Domizlaff) läßt à la longue die erforderliche Sensibilität für das Filigrane einer solch engagiert-aufwendigen Marketingkonzeption vermissen. Die Kommunikation dünnt aus und am Schluß steht für „Amun" einzig noch das Goldmaskengesicht des toten Pharaos. Die Ägypten-Vergangenheit freilich ist zeitlos und wird uns schon morgen wieder in anderer Gestalt begegnen.

Anmerkungen

[1] Goldener Statuenschrein, Fundnummer 108, Ägyptisches Museum Kairo, Inv. Nummer JE 61.481.

[2] W. F. Haug: Warenästhetik und kapitalistische Massenkultur (I), „Werbung" und „Konsum". Systematische Einführung, Berlin 1980, S. 182.

[3] J. S. Jellinek: Eine verbraucherorientierte Klassifizierung des Parfüms, in: Parfümerie und Kosmetik. Internationale Zeitschrift für wissenschaftliche und technische Grundlagen der Parfüm- und Kosmetika-Industrie, 71. Jahrgang 1990, Heft 1/1990, S. 6–17, S. 6.

Dr. J. Stephan Jellinek ist Leiter des Internationalen Marketings bei Dragoco Gerbering und Co. GmbH, Holzminden, einer Firma, die die Parfüm- und Kosmetikindustrie en gros mit Essenzen und ätherischen Ölen beliefert.

[4] „Es ist realistisch, bei Erklärungen und Voraussagen des Verbraucherverhaltens von den Reaktionen auszugehen, die nicht vom Duft allein, sondern von der Gesamtheit von Duft und Kommunikation (Parfümnamen, Werbung usw.) ausgelöst werden." Ebd., S. 8.

[5] Haug (Anm. 2), S. 180 f.

[6] Die Publikationen zur Entdeckungsgeschichte sind mittlerweile Legion; wir verweisen daher nur auf folgende Titel: T. Hoving: Der Goldene Pharao Tutanchamun, New York 1978; M. V. Seton-Williams: Tutanchamun. Der Pharao – Das Grab – Der Goldschatz, Tokio 1978.

[7] Tutanchamun (1332–1323 v. Chr., Neues Reich) aus der 18. Dynastie scheint ein Sohn des „Ketzerkönigs" Amenophis IV. zu sein, der mit seiner Bevorzugung des Gottes Aton (als Form des Sonnengottes Re) den damaligen Pantheon um den Reichsgott Amun revolutionierte und die Priesterschaft brüskierte. Amenophis nannte sich bald nach seiner Inthronisierung Echnaton (nützlich dem Aton) und gab seinen Kindern programmatische Namen: Anchesenpaaton (sie lebt für den Aton), Meritaton (geliebt von Aton) und Maketaton (geschützt von Aton) hießen drei Schwestern Tutanchamuns, er selbst Tutanchaton (lebendes Bild des Aton).

[8] „Mumien gehören zu den faszinierendsten Erscheinungen der Vergangenheit. Die vor der Verwesung geschützten Körper üben auf den Betrachter eine anziehende, oft aber auch beängstigende, ja sogar mystische Wirkung aus." W. Kabisch: Mumien unter dem Röntgenschirm. Strahlen-Diagnose nach 2000 Jahren, in: G. Kirchner (Hg.): Reportagen aus der alten Welt. Neue Methoden und Erkenntnisse der Archäologie, Bd. 2, Frankfurt/M. 1979, S. 91–123, S. 91. Das Wort „Mumie" stammt von dem altpersischen „mummia", was Erdharz oder Bitumen bedeutet. Die ägyptischen Toten waren zur besseren Konservierung in harzgetränkte Binden gewickelt. Mit Bitumen wurden Schnittwunden, Quetschungen etc. behandelt. Da Bitumen im alten Europa nur schlecht zu beschaffen war, setzte seit dem Mittelalter ein schwunghafter Handel mit Mumienteilen als Heilmittel ein, der bis ins 19. Jahrhundert andauerte.

[9] Es ist zu beachten, daß Ägypten seit 1517 zum Osmanischen Reich gehörte. Der „Orient", der den Abendländern, die das Nilland bereisten, hier „entgegentrat", war also von Beginn der Begegnung an türkisch geprägt.

[10] Herodot: Die Bücher der Geschichte I–IV, 2. Buch, Stuttgart 1980, S. 79 ff.

[11] Vgl. in diesem Zusammenhang S. Morenz: Die Begegnung Europas mit Ägypten, Zürich und Stuttgart 1969, insb. S. 116 ff. Am Rande sei noch bemerkt, daß das mittelalterliche Europa von der ehemaligen Hochkultur Ägypten entweder nichts wußte oder die Kenntnisse marginal waren: So verweist E. Iversen: The Myth of Egypt and its Hieroglyphs in European Tradition, Copenhagen 1961, auf das Beispiel des vatikanischen und des capitolinischen Obelisken in Rom: Bis ca. 1500 galten der vatikanische als Grabmahl Caesars und der capitolinische als Denkmal Octavians (S. 59).

[12] Vgl. den bezeichnenden Ausspruch Goethes: „Rom ist der Ort, in dem sich für unsere Ansicht das ganze Altertum in Eins zusammenzieht."

[13] Wir möchten hier auf die vorzügliche wie kurze Studie von K. Pomian: Der Ursprung des Museums. Vom Sammeln, Berlin 1988, hinweisen. Für unseren Zusammenhang siehe insbesondere S. 91 ff.

[14] Vgl. die Definition, die H. Pollig seinem Aufsatz: Exotische Welten – Europäische Phantasien, in: Institut für Auslandsbeziehungen u. Württembergischer Kunstverein (Hg.): Exotische Welten – Europäische Phantasien, Ausstellungskatalog, Stuttgart

1987, S. 16–25, aus der „Encyclopedia of World Art" (New York 1958) voranstellt: „Vom ästhetischen Standpunkt aus kann 'Exotismus' als Nachahmung von Elementen in fremden Kulturen, die sich von der eigenen Tradition unterscheiden, definiert werden. Der Geschmack an Exotischem lebt von Kulturen, die als fern und verschieden erfahren werden, ob sie nun räumlich oder zeitlich fern sind (...)" (S. 16).

[15] Das Wort Harem ist eine Ableitung des arabischen „haram", zu deutsch: „unerlaubt", und trägt eine dreifache Bedeutung. Zunächst ist damit der abgetrennte, geschützte Teil des Hauses gemeint, in dem Frauen, Kinder und die Dienstboten wohnten. Sodann wurde es als Sammelbegriff für die Ehefrauen (oder auch nur eine) verwendet. Zuletzt wurden so die Gemächer bezeichnet, die dem Hausherrn als „Haus des Glücks" für die intimen Beziehungen mit seinen Frauen vorbehalten waren (vgl. A. L. Croutier: Harem. Die Welt hinter dem Schleier, München 1989).

[16] Zum Begriff „Orientalismus" vgl. das Standardwerk von E. W. Said: Orientalismus, Frankfurt/M. u. a. 1981; vgl. auch die Diss. von A. Fuchs-Sumiyoshi: Orientalismus in der deutschen Literatur. Untersuchungen zu Werken des 19. und 20. Jahrhunderts, von Goethes West-östlichem Divan bis Thomas Manns Josephs-Tetralogie, Hildesheim u. a. 1984.

[17] Vgl. hierzu und für das folgende: F. Kramer: Verkehrte Welten. Zur imaginären Ethnographie des 19. Jahrhunderts, Frankfurt/M. 1977.

[18] J. J. Winckelmann: Geschichte der Kunst des Altertums, 1764, Köln 1972, S. 47 f.

[19] F. Kramer (Anm. 17), S. 17.

[20] Ebd., S. 16.

[21] J. G. Herder: Denkmal Johann Winckelmann, abgedruckt in der Phaidonausgabe von Winckelmanns ›Geschichte der Kunst des Altertums‹ von 1934.

[22] J. G. Herder: Ideen zur Philosophie der Geschichte der Menschheit, 1784 ff., III. Teil (1787), XII. 5.

[23] Ebd., X. 4.

[24] S. Morenz (Anm. 11), S. 135.

[25] Wir verweisen hier wiederum auf den Ausstellungskatalog ›Exotische Welten – Europäische Phantasien‹ (1987), dort insb. auf die Beiträge von K.-H. Kohl: Im Gewand des Orients. Sir Richard Francis Burton (1821–1890) – eine biographische Skizze, und R. Wilke-Launer/E. Launer: Sexotik – Biedermann im Paradies. Der letzte Aufsatz beschäftigt sich zwar mit den 'Südseeparadiesen' im Pazifik, doch treffen die Ausführungen ebenso auf den 'Orient' resp. Ägypten zu.

[26] Vgl. hier den Bericht des Expeditionsteilnehmers D. V. Denon: Voyage dans la Basse et la Haute Égypte, I–II, Paris 1802 (dt.: Mit Napoleon in Ägypten, Tübingen und Basel 1978).

[27] Daß es eine Wiederentdeckung Ägyptens war, die eine nachfolgende Renaissance auslöste, verdeutlichen Buchtitel wie P. Claytons: The Rediscovery of Ancient Egypt. Artists and Travellers in the 19th Century, London 1982.

[28] Die Arbeitsergebnisse wurden in voluminösen Folianten veröffentlicht. Das Werk trägt den Titel: Description de l'Egypte ou Recueil des observations et des recherches qui ont été faites en Egypte pendant l'expédition de l'armée française, Paris 1809–1813.

[29] Das ›Pfennig-Magazin der Gesellschaft zur Verbreitung gemeinnütziger Kenntnisse‹ – so der vollständige Titel – erschien in den Jahren 1833–1842 jeden Samstag und wurde in Leipzig von der Zweigniederlassung des französischen Verlegers M. Bossange, dessen französisches „Magasin pittoresque" die Vorlage geliefert hatte, herausgegeben. Die Illustrierte erreichte bereits im ersten Jahr eine Auflage von 35 000, in den späteren Jahren von 100 000 Exemplaren.

[30] Pfennig-Magazin Nr. 312 vom 23. 3. 1839, Artikel ›Ausflug von Alexandrien nach den Pyramiden von Memphis‹, S. 98 f.

[31] Natürlich wurde auch das 'moderne' Ägypten gemalt: Oftmals sind die dargestellten Alltagsthemen als Schäferidylle komponiert, eine in der ersten Hälfte des 19. Jahrhunderts beliebte Darstellungsweise (vgl. die Gemäldebeispiele bei E. Eggebrecht: Ägypten. Faszination und Abenteuer, Katalog der gleichnamigen Ausstellung im Roemer- und Pelizaeusmuseum Hildesheim, Mainz 1981).

[32] A. Grimm: Ägypten. Die photographische Entdeckung im 19. Jahrhundert, München 1980, S. 20.

[33] J. J. Winckelmann, zit. nach F. Kramer (Anm. 17), S. 15

[34] Die moderne Rezeption beginnt mit Boccaccio, der sich 1373 erstmals seit der Antike wieder des Kleopatra-Stoffes bedient.

[35] D. Wildung: Mythos Kleopatra, in: Kleopatra. Ägypten um die Zeitenwende, Katalog der Ausstellung in München, Mainz 1988, S. 15. – Makarts Gemälde ist sozusagen nur die bildliche Eisbergspitze europäischer Männerphantasien: Ein äußerst beliebtes Sujet war im 19. Jahrhundert die Darstellung von „Odalisken" (weiße türkische Haremssklavinnen). Wie Makarts Kleopatra wurden die Odalisken bevorzugt in einer schwül-lasziven Atmosphäre dargestellt, leichtbekleidet auf einem Diwan liegend und – anscheinend – nur dem (sexuellen) Müßiggang ergeben, so z. B. auf den bekannten Gemälden von Ingres „Die große Odaliske" (1814), Manet „Olympia" (1863) oder Lecomte de Nouy „Die weiße Sklavin" (1888).

[36] Wir möchten hier nur auf die Fernseh-Werbespots für die Seife „Kleopatra" hinweisen, in der eine Schauspielerin zwar Kleopatra mimt, aber eigentlich als 'Remake' der Taylor auftritt.

[37] E. W. Said (Anm. 16), S. 13

[38] Kölner Stadtanzeiger vom 25. 9. 1980: „Gold des Pharao lockt eine Million".

[39] Ebd.

[40] Sowohl das „Kommunikationsbriefing für die Damenserie 'Amun'" als auch die darauf erfolgte „Konzeptplattform" vom 7. 10. 1980 wurden uns freundlicherweise von Herrn Johannes Grün im Hause 4711 zur Verfügung gestellt.

[41] Brief von der das Produkt „Amun" betreuenden Werbeagentur McCann-Erickson · Scope, Düsseldorf vom 2. 4. 1990.

[42] Dieses 'Museumskonzept' war die Idee des ägyptenbegeisterten Dr. Schütte von 4711 gewesen.

[43] Auch die Zigarettenmarke Benson & Hedges machte sich New-Age-Inhalte zunutze. Unter dem Slogan „Discover Gold" warb sie mit Stonehenge und mit dem Markenzeichen „Regenbogen".

[44] H. Hemminger (Hg.): Die Rückkehr der Zauberer. New Age – Eine Kritik, Reinbek 1987, S. 8 f.

[45] G. Küenzlen: Das Unbehagen an der Moderne: Der kulturelle und gesellschaftliche Hintergrund der New-Age-Bewegung, in: ebd., S. 187–222, S. 205.

[46] Die Strategie der USP oder unique selling proposition (dt. einzigartiger verkaufender Anspruch) wurde in den frühen vierziger Jahren in der New Yorker Agentur Ted Bates & Co. von Rosser Reeves entwickelt. Vgl. R. Reeves: Werbung ohne Mythos. Reality in Advertising, München 1960, S. 58.

[47] Siehe dazu C. Schorsch: Die Krise der Moderne. Entstehungsbedingungen der New Age-Bewegung, in: Aus Politik und Zeitgeschichte. Beilage zur Wochenzeitung Das Parlament Nr. 40/89 vom 29. 9. 1989, S. 3–10.

[48] Laut „Amun"-Brevier.

[49] C. Schorsch: Die New-age-Bewegung. Utopie und Mythos der Neuen Zeit. Eine kritische Auseinandersetzung, Gütersloh 1988, S. 180.

[50] Küenzlen (Anm. 45), S. 213.

[51] Schon das Vorbild der Parfumserie, die Ausstellung selbst, war von Museumsmitarbeitern als „Juweliergeschäft rein kommerziellen Charakter(s)" kritisiert worden (Badische Neueste Nachrichten, Karlsruhe, 4. 6. 1981).

Perfekte Panne, perfide Performance

„Opel baut auf Eisenach":
Bemerkungen zu einer Einheits-Anzeige

Oktober 1990: In Thüringen wird gefeiert, denn der erste Opel Vectra, „made in Eisenach", läuft vom Band. Die Zukunft des traditionsreichen Automobilwerkes Eisenach (AWE) war lange Zeit ungewiß, doch der ehedem volkseigene Betrieb schien nun sein 'Wendeglück' gemacht zu haben. Im Februar 1991, zur Grundsteinlegung für das neue Opel-Werk, besiegelten die Rüsselsheimer den Auto-Pakt mit dem Slogan: „Opel baut auf Eisenach." Jetzt brauchte es nur noch zwei weitere Monate, bis der allerletzte Wartburg am 10. April 1991 montiert und verabschiedet wurde. Den Eisenacher Automobilwerkern allerdings war nicht zum Feiern zumute. Schon im Januar 1991 hatten sie die Autobahn dichtgemacht, um auf die Wahrheit hinter den glanzvollen Einheits-Fassaden aufmerksam zu machen. Denn das Wartburg-Werk selbst und dessen Altlasten übernahm Opel nicht: Der Westkonzern baute bloß ein neues Montagewerk; von den fast 10 000 AWE-Beschäftigten wird gerade einmal 2000 ausgesuchten Fachkräften eine Chance gegeben. Damit schickte „die Treuhand (...) ausgerechnet die AWE als einen der ersten DDR-Großbetriebe vollends in den Orkus".[1]

Von Anfang Mai 1991 bis in den September hinein schalten die Kommunikationsstrategen von Opel dann eine ganz ungewöhnliche Anzeige. Das Inserat findet sich in der gesamten Printmedienlandschaft. Aus den Media-Daten läßt sich die Zielgruppe dieser extrem breit gestreuten Kampagne grob ermitteln: es ist die Bevölkerung der alten Bundesländer; die Anzeige wendet sich nicht an „unsere neuen Mitbürger" in Ostdeutschland. Die Abteilung Öffentlichkeitsarbeit präzisiert in einem Schreiben an die Verfasser, die Annonce sei Bestandteil einer „Unternehmenswerbekampagne", deren Zielgruppe primär Meinungsführer und Meinungsmultiplikatoren seien. Nicht auf den Kauf eines bestimmten Produktes, sondern auf Veränderung von Einstellungen wird gezielt, beworben wird nicht ein Artikel, sondern eine Haltung: „An dieser Panne sind viele schuld. Aber sicher nicht unsere neuen Mitbürger."

Die Anzeige versucht, im gesellschaftlichen und politischen Diskurs um die deutsche Einheit Stellung zu beziehen. Sie zählt damit zu einer ganzen Gattung von Print-Kommunikationen, die wir als Einheits-Anzeigen bezeichnen möchten. Solche Inserate stellen Themen der Einheit, damit zugleich ein Verständnis von deutsch-deutscher Vergangenheit und ein Bild von gemeinsamer Zukunft in den Dienst vor allem von Imageanzeigen. Wir wollen auf der Ebene der Oberflächenstruktur die Kommunikationsintentionen vorführen und mit der Analyse der Tiefenstruktur deren Einlösung überprüfen: Welche ethisch-moralischen und welche geschichtskulturellen Aussagen offeriert Opel? Wir werden schließlich auch die Frage stellen, inwieweit die Anzeige mentale deutsch-deutsche Realitäten des Sommers 1991 inszeniert.

Das Inserat tritt mit hohem Anspruch an die Öffentlichkeit: Mit starken Reizmitteln – das Wort „Schuld" steht schon in der Headline – schaltet es sich vehement in die laufende gesellschaftspolitische Diskussion ein, versucht, den Leser über eine starke emotionale Ansprache zu bewegen, sich auf einen längeren Text einzulassen und Position zu beziehen. Mustergültig soll vorgeführt werden, wie eine hitzige Atmosphäre entspannt, eine Diskussion versachlicht, eine Lösung wirtschaftlicher wie auch menschlicher Probleme gefunden werden kann. Daß das Inserat eines Automobilherstellers sich damit eine Art Showmasterrolle in der öffentlichen Debatte des Sommers 1991 anmaßt, sprengt den Rahmen klassischer, auf das werbende Unternehmen bezogener Öffentlichkeitsarbeit. Bild- und Textteil sind klar voneinander getrennt, bestechen durch übersichtliches Layout. Auf der linken Seite bewegt sich das Argumentationsmaterial in durch vertikale Striche vorgezeichneten Spalten: ein offenbar kontrollierter, ein 'sauberer' Diskurs. Fast will es auch scheinen, als wollten diese Spalten etwas vom Geist der im redaktionellen Teil einer Zeitung vermuteten Wahrhaftigkeit und Unabhängigkeit in den Binnenraum der Anzeige herüberziehen. Der Eindruck wird verstärkt durch die verschiedenen Schrifttypen und -größen: einer zweizeiligen Überschrift folgt der längere Fließtext, der wie ein Zeitungsbericht aufgemacht ist und durch zwei kleinere, fett gesetzte Abschnitte eingeleitet wird.

Der vertikalen Textbewegung kontrapunktisch entgegengesetzt ist der horizontal ausgelegte Bildteil: ein Arrangement aus zwei sehr ungleichen Teilen. Vor dem Fahrzeug sehen wir ein aufgestelltes Warndreieck, das auf eine „allgemeine Gefahrenstelle" aufmerksam machen will. Zu einer eigenen visuellen Einheit sind der Personenkraftwagen und dessen ausgestiegener Fahrer verschmolzen. Bei dem Wagen handelt es sich um einem Wartburg 353, der, wie Stoßstangenhörner und Weißwandreifen erkennen lassen, noch aus der Produktionsphase Mitte der sechziger Jahre stammen

An dieser Panne sind viele schuld.
Aber sicher nicht
unsere neuen Mitbürger.

Manche Leute im Westen tun so, als seien Freiheit und Wohlstand der letzten Jahrzehnte das Ergebnis ganz besonderer Moral und Tüchtigkeit.

Und die Mißwirtschaft im Osten mit all ihren Folgen, das sei nicht zuletzt die Verantwortung unserer neuen Mitbürger.

Wir von Opel haben dazu eine andere Meinung:

Es ist schließlich Sache der Politik und Sache der Wirtschaft, den Menschen Freiräume zu schaffen, in denen sie ihre Qualitäten entfalten können.

Unsere neuen Mitarbeiter in Eisenach, die derzeit schon 10.000 Vectra jährlich bauen, arbeiten beispielsweise so sorgfältig und verantwortungsbewußt wie unsere Facharbeiter im westlichen Teil Deutschlands.

Die Qualität stimmt. So wie sie schon in den dreißiger Jahren gestimmt hat, als wir noch in Brandenburg Automobile gebaut haben.

Opel hat immmer schon versucht, über Grenzen hinweg zu sehen. Und geht davon aus, daß die Menschen überall in Deutschland und Europa hochwertige Industrie-Produkte bauen können.

Da, wo unsere Märkte sind, sollten wir auch investieren und Arbeitsplätze schaffen.

Diese unternehmerische Einstellung hat dazu geführt, daß Opel zusammen mit seinen verbundenen Gesellschaften mittlerweile in elf europäischen Ländern Automobile und Komponenten fertigt.

Ob Sie unser Zeichen in Spanien sehen oder in der Türkei, in Belgien oder in Österreich, in Ungarn oder in Portugal – die deutsche Adam Opel AG mit ihren mehr als 55.000 Mitarbeitern in Deutschland und ihrem weltweit tätigen Technischen Entwicklungs-Zentrum ist heute Mittelpunkt eines internationalen Produktions-Verbundes.

Der Blitz erhellt die Szene. Opel ist ein deutscher Europäer geworden. Und ein Unternehmen, in dem man tatsächlich etwas unternimmt.

1992 schon werden wir in Eisenach eines der modernsten Automobilwerke der Welt gebaut haben.

Weil wir unseren Mitbürgern im Osten Deutschlands vertrauen. Weil wir dort gute Geschäfte machen wollen. Weil wir wissen, daß man gute Geschäfte nur da machen kann, wo investiert worden ist und wo die Menschen mit guten Arbeitsplätzen gutes Geld verdienen.

Abb. 25

dürfte. Eine imaginäre Diagonale von links unten nach rechts oben über-
lagert, regiert und dynamisiert das Ensemble. An ihren Polen sind die
Opel-Zeichen plaziert, wobei das Firmen-Signet sowohl als kleines, qua-
dratisches Logo neben dem Familienlogo GM = General Motors (unten)
wie auch als freigestelltes, großes Opel-Zeichen (oben) auftritt. Nicht ohne
Grund dürfte in dieser diagonalen Schneise auch das Piktogramm „Allgemeine Gefahrenstelle" liegen, von den Opel-Logos jedoch eingerahmt und
beherrscht. Der rezeptionsstrategisch wertvolle Raum unten rechts, sonst
regelmäßig dem Markenlogo vorbehalten, ist frei gelassen. Die Leerstelle
markiert eine vermeintliche „Leerstelle" – nämlich das Markenzeichen des
Wartburg.

Blitz-Gericht: Moral-Design

Das freigestellte Bildarrangement fungiert zunächst als wirksamer Eye-
Catcher: Der Unterschied zum Design geläufiger Automobilanzeigen mit
ihrer Ästhetik des „blankpolierten Lacks" könnte kaum größer sein. Ist
dort „das spiegelnde Automobil makellos, sauber, was vor dem Hintergrund der kulturhistorischen Tradition der abendländischen Spiegel-Se-
mantik aber heißt: moralisch einwandfrei und folglich unbedenklich im
Gebrauch",[2] so hinterläßt dieses Szenario geradezu den Eindruck einer
Anti-Anzeige, die allerdings ebenso für Verwirrung sorgt wie sie nach Entschlüsselung verlangt.

Doch nicht allein an der Oberfläche des Lacks arbeitet die Anzeige mit
den Mitteln der Irritation; schon sehr bald registriert der Betrachter, daß
es sich um eine gestellte Szene handelt. Gerade deswegen aber kann sie aus
sich heraus auf eine andere, eine symbolische Ebene verweisen, wird sie
zur Chiffre eines objektiv vorhandenen Mißstandes: „An dieser Panne sind
viele schuld. Aber sicher nicht unsere neuen Mitbürger." Schon das Wort
„Panne", das im Wortsinn eine vorübergehende Betriebsstörung meint,
trifft die Sachlage nicht. Was als vermeintliche Ausdrucksschwäche daherkommt, verweist auf das zugrunde liegende Kalkül: der erzwungene Halt
ist die probate Gelegenheit der Selbstvergewisserung, über Weg und Auto,
über Gesellschaft und Staat nachzudenken. Diese Panne ist keine Fahrtun-
terbrechung, sie ist in des davor aufgestellten Zeichens Bedeutung eine
„allgemeine Gefahrenstelle". Denn wäre es den Anzeigengestaltern um die
bildhafte Darstellung einer Panne gegangen, hätte die Motorhaube geöffnet
und der Fahrer gezeigt werden müssen, wie er sich über den Motor beugt
oder einen Reifenwechsel vornimmt. Dies aber geschieht nicht: statt dessen
sinniert der Fahrer 'nur', offensichtlich darüber, ob eine Weiterfahrt überhaupt noch Sinn macht. Zwar scheint das nicht unmöglich, denn nach

Reparatur der Reifen – die Beule in der Beifahrertür wäre ja kein Hinderungsgrund – könnte es weitergehen. Der Fahrer jedoch wird uns als hilflos vorgestellt, gelähmt von perspektivischer Leere.

Da der Staat korrupt, die Wirtschaft marode ist, hilft keine Reparatur, sondern nur ein radikaler Schnitt: also muß auch das durchaus fahrbereite Auto ersetzt werden. Dies scheint dem hier abgebildeten DDR-Bürger, trotz seiner noch depressiven Stimmungslage, gerade aufzugehen. Die 'Beschädigungen' am Fahrzeug tragen ihren Teil zur subtilen Ausformulierung dieser Botschaft bei, wenngleich unklar bleibt, ob es sich hier um die Spuren eines Wutanfalls oder schlichter Sabotage handelt. Nicht nach dem Fehler im System ist also zu suchen, sondern das fehlerhafte System selbst muß abgeschafft werden.

Wo 'Schuld' zum Thema wird, sind die Schuldigen zu benennen. Doch damit hat die Anzeige ihre Schwierigkeiten. „Viele", so heißt es lapidar, seien es gewesen, „unsere neuen Mitbürger" hingegen unschuldige, in ihrer Entfaltung behinderte Opfer. Die „vielen" Unbestimmten im Osten haben ein ebenso unbestimmtes Pendant: „manche Leute", die sich selbst für besonders tüchtig und arbeitsam halten und sich aufgrund dieser vermeintlichen Charakterfähigkeiten den 'Ossis' überlegen fühlen. Gemeint sind die typischen 'Besserwessis'.

Gegen deren Vorurteile macht sich die Anzeige dem Text nach stark: „Wir von Opel haben dazu eine andere Meinung." Was zunächst wie ein bescheidener Diskussionsbeitrag daherkommt, bildet sich im Fortgang des Textes zu einem immer dichteren Assoziationsgeflecht aus, um in der fulminanten Trias: „Gute Geschäfte, gute Arbeitsplätze, gutes Geld" zu enden. Nebenbei hat sich das zunächst singulär auftretende „Wir von Opel" zu einem mächtigen deutschen 'Wir'-Standpunkt mit europäischer Dimension gemausert, vor dem es guten Gewissens kein Entrinnen gibt. Keinem, weder Politikern noch Wettbewerbern, schon gar nicht den Besserwessis steht der Ruhm zu, ein tatkräftiger Wegbereiter der deutschen Verständigung und Vereinigung gewesen zu sein, außer der Firma Opel, dem Unternehmen, „in dem man tatsächlich etwas unternimmt!". Somit ist die noch laufende Diskussion aus Sicht des Rüsselsheimer Konzerns längst überholt. „1992 schon werden wir in Eisenach eines der modernsten Automobilwerke der Welt gebaut haben. Weil wir unseren Mitbürgern im Osten vertrauen." Damit ist die Streitfrage 'schuld/nicht schuld' mit Hilfe des Opel-Diskurses zu einer guten Lösung gekommen. Mit dem Bau ihres neuen Werkes hat die Firma generös den allgemeinen Schuldvorwurf in einen besonderen Vertrauensvorschuß umgemünzt.

„Sicher nicht schuld"? Für Opel mag die Diskussion damit beendet sein, die öffentliche Meinung in Westdeutschland hingegen pflegt nach wie vor jenen breiten Konsens, welcher der Bevölkerung in der DDR sehr wohl die Schuld an ihrer Misere zuspricht. Wie ließe sich Nicht-Schuld denn auch überhaupt wahrnehmen? Kein einziges ihnen bekanntes Kommunikationsmuster verursache so viele Störungen bei der Verständigung wie die Negation, berichten Hypnotherapeuten. „Sie exisitiert nur in der Sprache, nicht aber im Erleben. Zum Beispiel, wie erleben Sie den folgenden Satz: 'Der Hund jagt die Katze nicht?' Teilnehmer: 'Ich sehe einen Hund, der eine Katze jagt, und dann ein großes schwarzes X über dem Bild.' Richtig. Alles was negativ wird, müssen Sie sich erst vergegenwärtigen."[3] Schon Freud hatte sich mit dem Verhältnis von Emotio und Negatio auseinandergesetzt. „Die Verneinung ist eine Art, das Verdrängte zur Kenntnis zu nehmen, eigentlich schon eine Aufhebung der Verdrängung, aber freilich keine Annahme des Verdrängten. Man sieht, wie sich hier die intellektuelle Funktion vom affektiven Vorgang scheidet."[4]

Die Unmöglichkeit, über Nicht-Schuld zu reden, dokumentieren auch zahlreiche, auf die Anzeige eingegangene Leserbriefe. Ein Beispiel von vielen:

Deshalb kann Ihre großangelegte Anzeigenaktion, in der Sie fast schon missionarisch den Ostdeutschen vermitteln, daß, wenn überhaupt, wohl ein imaginärer Dritter Schuld an 40 Jahren Desaster haben muß, nicht unwidersprochen bleiben. 40 Jahre lang endete jede Wahl in der DDR mit 99,99 % für das kommunistische System; selbst die Wahlfälschung kann nicht verdecken, daß die große Mehrzahl der DDR-ler wohl zu bequem und zu träge war, selbst die wenigen Möglichkeiten, auf die Politik Einfluß zu nehmen, wahrzunehmen. Ich habe Hochachtung vor den 10 % Kritischen, aber sicher nicht vor den 90 % Genossen und Wendehälsen, die nun eben doch für diese Panne verantwortlich sind. Und die dadurch, daß sie sich regelrecht kaufgeil nur auf Westprodukte gestürzt haben, sicher auch schuld sind, daß der Wartburg, den alle bis zum 9. November als DAS Auto schlechthin rühmten, solch klägliches Ende nahm. Sie dagegen stellen die Sache so dar, als wär Politik etwas Imaginäres, das ohne Menschen funktioniert. Aber waren da nicht Millionen devoter Staatsdiener, jetzt in der Warteschleife jammernd, nicht Millionen willfähriger Armee-, Polizei- und Stasi-Vollstrecker? Waren und sind das etwa nicht Bürger der DDR? Haben die wirklich keine Schuld?[5]

Dieser Westleser hat die Anzeige in einer ihrer Tiefendimensionen erfaßt. Die Überschrift müßte nämlich entschlüsselt lauten: „Die Ossis sind an ihrer Misere selbst schuld!"

Die wenigen zustimmenden Leserbriefe setzten dagegen immer eine hohe Abstraktionsleistung voraus: „Mein Kompliment. Ich meine, daß diejenigen Firmen, die aktiv durch Investitionen in Ostdeutschland die dortige Arbeitslosigkeit abbauen helfen und damit einen Beitrag zu einem schnelleren, reibungsloseren Zusammenwachsen der beiden Teile Deutschlands leisten, solche Aktivitäten durchaus auch werbewirksam einer breiteren Öffentlichkeit zur Kenntnis bringen sollten."

Abb. 26: Im Zeichen der Burg: Cabriolet mit Reformator.

Die Schuldfrage ist nicht zu lösen, sie kann im Rahmen dieser Anzeige nur als emotionales Stimulans dienen. Danach muß sie außer Kraft gesetzt werden. Dies vollbringt ein Satz, der zum emotionalen Regisseur des Textes wird. Er ist zugleich der poetischste: „Der Blitz erhellt die Szene." Als finge das Opel-Logo plötzlich an zu leben, personalisiert sich das Signet, um eine Schicksalsmacht mit fast metaphysischen Qualitäten zu werden. In seiner genuinen Bedeutung hingegen war der Blitz nichts mehr als die emblematisch-reduzierte Darstellung des Zündfunkens im Verbrennungsmotor. Doch 'der zündende Funke' setzt ja nicht nur realiter einen Motor in Bewegung, im poetisch-metaphorischen Sprachgebrauch bezeichnet er auch den Funken der Erkenntnis, den Ideenblitz, den Geniestreich. Und als renaturalisiertes Symbol erhellt er die Szene, erstrahlt über Eisenach und weist den noch in Dunkelheit befangenen Ostlern den richtigen Weg: ex occidente lux(us).

Unweit von Eisenach erhellte schon einmal ein Blitz die Szene. Dies geschah im Juli 1505. Seinerzeit sprach durch ihn Gott selbst. Betroffen war Martin Luther, der die Himmelserscheinung sogleich zum Anlaß nahm, sein Gewissen zu prüfen und das Mönchsgelübde abzulegen. Im Gewitterblitz, so der Historiker und Philosoph Heinz D. Kittsteiner heute, ereigne sich das Gewissen, „Gott mahnt im Wetter zur Buße".[6] Es scheint, daß die Anzeigengestalter ein sehr gutes Gewissen gehabt haben, so daß sie diese latente Facette der Blitz-Metaphorik leicht ausblenden, ja verdrängen konnten. Dem hier dargestellten Ostbürger dürfte dies ungleich schwerer fallen. Stellvertretend für seine Landsleute leistet er – freilich in der modernen Form melancholischer Introvertiertheit – das protestantische Wettergebet ab. Der Opel-Blitz kann sich ihm als ehemaligen DDR-Bürger ja durchaus noch mit seinen strafenden Attributen zeigen und ihn – wie die Mehrzahl der einstigen AWE-Mitarbeiter – mit Arbeitslosigkeit schlagen. Wirksamen Schutz vor Blitzeinwirkung könnte ihm da nur der Innenraum seiner Wartburg-Limousine gewähren. Doch gerade diese Zuflucht soll es ja nicht mehr geben.

In der Ausblendung des in der Blitzmetaphorik angelegten Gewissensdiskurses zeigt sich, daß das Schuld-Thema den Rahmen der Anzeige sprengt. Es ist – analog zum Eye-Catcher auf der Bild-Ebene – kaum mehr als der Moral-Catcher auf der Diskursebene. An dem grundlegenden Meinungskonsens der Westdeutschen, daß die „DDR-ler" selbst schuld an der Mißwirtschaft seien, wird im Grunde nicht gerüttelt. Sowohl der hier eingangs plakativ formulierte Schuldvorwurf als auch die lau und halbherzig bekundete Schuldentlastung der Ostdeutschen sind kaum mehr als dramaturgische Elemente in einer selbstherrlichen Opel-Nabelschau, der es letztlich weder um die behauptete Versachlichung der Diskussion noch um das

Einbringen der „anderen Meinung" ging, sondern um den Aufbau eines stabilen Marken-Glaubens und die Landnahme in deutschen Köpfen östlich und westlich der Werra. Die ernsthafte Umsetzung einer ethisch gebotenen Sollvorstellung, die zu einem fairen Exkulpierungsdiskurs der ostdeutschen Mitbürger hätte führen können, war nicht intendiert. Zudem war sie auf der primären Ebene des emotionalen Erlebens nicht einmal den Kompositeuren der Anzeige möglich gewesen. Zu sehr waren diese selbst in die westliche Sichtweise eingebunden. Und unbewußt haben sie genau jene Vorurteile und Negativ-Assoziationen reproduziert und ins Bild gesetzt, von denen sie den deutsch-deutschen Dialog doch eigentlich hätten befreien können. War mit diesem Auto wirklich kein Staat mehr zu machen?

Auto-Apokalypse: Geschichts-Design

Die Anzeige kommentiert nicht nur die Gegenwart, sondern sie inszeniert zugleich „Geschichte", führt ein bestimmtes Verständnis von Vergangenheiten vor. Sie wird damit dem Alltags- und Mentalitätshistoriker zu einem erstrangigen Dokument deutsch-deutscher Geschichtskultur im Vereinigungsprozeß: „Die Gesamtheit der Formen, in denen Geschichtswissen in einer Gesellschaft präsent ist, läßt sich in dem Begriff der Geschichtskultur zusammenfassen. Geschichtskultur – das ist eine Sammelbezeichnung für höchst unterschiedliche, sich ergänzende oder überlagernde, jedenfalls direkt oder indirekt aufeinander bezogene Formen der Präsentation von Vergangenheit in einer Gegenwart."[7] Ganz im Sinne dieser mit Recht weitgefaßten Definition gilt es, das hier entworfene „Geschichtsbild" und dessen geschichtsdidaktische Leistungen zu analysieren und im gesellschaftlichen und politischen Kontext des deutsch-deutschen Sommers 1991 zu verorten. Diese geschichtskulturellen Intentionen werden nicht so sehr über den Text als vielmehr über die zum Bild geronnene szenische Darstellung vermittelt.

Im Zentrum der Darstellung steht ein Ostprodukt. Zwar wird auf Anhieb deutlich, daß es sich bei dem havarierten Fahrzeug um ein Auto aus DDR-Produktion handelt, jedoch bleibt dessen Name unerwähnt. Das Gefährt aus dem Osten bleibt gesichtslos und – nach dem Willen der Werbeleute – geschichtslos. Das Sujet der Szene, die simulierte „Panne", setzt diesen Ansatz visuell um. Opel präsentiert uns ein trauriges Gespann am Ende der Wegstrecke: der Fahrer ratlos, das Fahrzeug nutz- und wertlos.

Den Westdeutschen im Jahre 1 der Einheit kann man ein solch anonymes Bild vorsetzen. Nicht so den Ostdeutschen. Wer den Versuch unternimmt, Produktgeschichte als ein Stück Gesellschaftsgeschichte zu verstehen, wird unschwer feststellen, daß die Geschichte des Wartburg zu einem Stück Geschichte der DDR gerinnt. Die kognitive Produkttopographie der DDR kannte nur wenige Erzeugnisse, deren Physiognomien mit dem unverwechselbaren Profil des Wartburg mithalten konnten. Die Fahrzeugfabrik Eisenach A. G. war Ende 1896 gegründet worden, drei Jahre später fuhren die ersten Eisenacher Automobile unter der Markenbezeichnung Wartburg-Motorwagen. Schon 1904 verschwand das Wartburg-Signet wieder, um 1930/31 noch einmal kurzzeitig wiederaufzuleben: Die Bayerischen Motorenwerke AG (BMW), die 1928 das Eisenacher Werk übernommen hatten, gaben dem ersten BMW-Sportwagen den Namen der Burg. Nach dem Zweiten Weltkrieg nahmen die Sowjets die Automobilproduktion in ihre Regie, die Eisenacher firmierten nunmehr als Betriebsteil der sowjetischen Aktiengesellschaft „Awtowelo". Im Jahr 1952 wurde das Werk „zurückgegeben" und unter der Bezeichnung „IFA Automobilfabrik EMW (Eisenacher Motorenwerk)" volkseigener Betrieb.

Auf Anweisung der Hauptdirektion der Vereinigung volkseigener Betriebe (VVB) Automobilbau mußte zunächst der Kleinwagen IFA F9 produziert werden. Bei dieser DKW-Vorkriegsentwicklung wollten die Eisenacher Automobilbauer jedoch nicht stehenbleiben.

Die Techniker entwickelten sofort unter Leitung des damaligen dynamischen Werkleiters Martin Zimmermann (...) vorerst einmal 'schwarz' das Baumuster 311 – den dritten Wartburg –, denn 'ein richtiges Auto' aus Eisenach mußte mindestens vier Türen, viel Platz und einen großen Kofferraum haben. Da die Schwarzentwicklung auf Anhieb selbst die 'ganz oben' überzeugte und nicht mehr zu stoppen war, wurden auf den nationalen und internationalen Messen 1956/57/58 nicht nur die neuen Baumuster vorgestellt, sondern darüberhinaus ein komplettes Typenprogramm angeboten: Vom Cabriolet und Coupé über Kombi, Camping-Limousine und Pick-up bis zum rassigen Sportwagen, der auch international Schönheitspreise erringen konnte.[8]

Der Wartburg 311, also die erste eigenständige Eisenacher Entwicklung zu Zeiten der DDR, befand sich auf der Höhe seiner Zeit. Für den stattlichen Preis von rund 16 000 Ost- oder 5600 Westmark bekam man einen 'ausgewachsenen' und ansprechenden Wagen mit vier bequemen Türen und fünf Sitzen. Beachtlich sei, vermerkte eine westdeutsche Fachzeitschrift, die in diesem Preis enthaltene großzügige Ausstattung, zu der u. a. Radio, Schlafsitze, Zweifarbenlackierung und viel Chrom gehörten. Die ostdeutsche Luxus-Limousine könne durchaus verlocken, denn der Nachteil des Wagens gegenüber seinen westlichen Mitkonkurrenten liege nicht so sehr im Produkt selbst als im spärlichen Kundendienstnetz und den sehr schlechten Wiederverkaufspreisen. Trotz der überdies zunehmend monier-

Abb. 27: Formschön und elegant: Mit zwei Vergasern auf 50 PS.

ten Verarbeitungsmängel gelang dem Fahrzeug der Durchbruch auf den Weltmarkt. Die Modelle der ersten Wartburgfamilie der DDR entwickelten sich rasch zum Exportschlager und fanden bereits 1958 Liebhaber in 27 Ländern.

Der Wartburg sei auch ein Wagen für all jene, so der Werbeprospekt aus dem Jahre 1958 für das neu aufgelegte schicke Sportwagen-Coupé, die „nicht nur auf äußere Qualitäten Wert legt(en)".[9] Welches mögen die „inneren", die mentalen Werte der ersten Wartburg-Generation nach dem Kriege gewesen sein? Welch enorme semiotische und psychohygienische Leistungen allein der in geringer Anzahl ausgelieferte Wartburg-'Sport' zu entwickeln vermochte, konnte der Historiker Lutz Niethammer vor Ort persönlich erfahren. Auf der Suche nach Manifestationen individuellen und kollektiven Gedächtnisses der DDR begegnete ihm die Reliquie eines jener flotten Zweisitzer: „Schließlich gehen wir in die Garage, wo ein 28 Jahre altes weißes Cabriolet (...) aufgebockt ist und vor sich hin rostet. Es war einmal Bruno Horns ganzer Stolz, aber seit Jahren kann er trotz all seiner Beziehungen nicht mehr die nötigen Ersatzteile auftreiben."[10] Das weiße Wartburg-Coupé, 1958 mit einer Sonderzuteilung der Partei erworben, geriet seinem Besitzer über alle Zeiten zur vornehmsten Quelle von Respektabilität. Damit repräsentierte diese Wartburg-Modellvariante, der Star des DDR-Automobilbaus, eine Produktaura, die sonst nur Westwaren vorbehalten war: strahlendes Requisit des Respekts in der dumpfen Tristesse der Industrieprovinz der DDR zu sein.

Nicht nur die Wartburg-Sportversion, sondern auch die Luxus-Limousine wurden zum Inbegriff einer sich in der zweiten Hälfte der fünfziger Jahre zusehends konsolidierenden und modernisierenden Leistungsgesellschaft. Diesen Aufwärtstrend konnten die DDR-Bürgerinnen und -Bürger ganz existentiell wahrnehmen, denn ihr Lebensstandard hatte sich deutlich verbessert; im Frühjahr 1958 schließlich konnten die letzten Zeugen vergangener Armut, die Lebensmittelkarten, abgeschafft werden. Die wirtschaftlichen Indices schienen günstig. Selbstsicher wies Walter Ulbricht auf dem ebenfalls im Jahr 1958 stattfindenden V. Parteitag der SED „den Weg des entfalteten Aufbaus des Sozialismus" und proklamierte die „ökonomische Hauptaufgabe". Danach war „die Volkswirtschaft der DDR innerhalb weniger Jahre so zu entwickeln, daß die Überlegenheit der sozialistischen Gesellschaftsordnung (...) gegenüber der Herrschaft der imperialistischen Kräfte im Bonner Staat eindeutig bewiesen wird". Es waren keineswegs nur die Parteioberen, die in dieser Phase der DDR-Geschichte den für 1965 prophezeiten „Sieg des Sozialismus" durchaus für möglich hielten. Hoffnungsvoll nahm man die Herausforderung zum Wettlauf mit dem Westen an, der populäre Slogan lautete: „Überholen ohne einzuholen!"

Zu den Vehikeln dieser Vision wurden der 'Trabant' P 50, dessen Produktion in jenem Wendejahr 1958 angelaufen war und der in erster Linie die Massenmotorisierung „nach innen" repräsentieren sollte, und die vorzeigbare Wartburg-Produktpalette, deren Semiotik weit über die engen Grenzen der DDR ausstrahlen sollte. Natürlich stand der gediegene Mittelklassewagen primär für sozialen Aufstieg und den möglichen „Sieg des Sozialismus" auf den Straßen der DDR. Der Wartburg war jedoch überdies dazu bestimmt, den Weg nach Westen zu ebnen, dort zum bewunderten Künder der Leistungskraft des Sozialismus zu werden und, so ein zeitgenössischer Werbefilm, den bundesdeutschen Volkswagen zu „überholen". Das Ensemble der gesamtdeutschen Konnotationen war es, welches den ersten volkseigenen Wartburg im Gegensatz zum 'Trabant' auszeichnete.

Nach dem Willen der ostdeutschen Produktstrategen sollte dieser Wagen aus der Grenzstadt Eisenach künftig das stets repetierte Postulat der Einheit transportieren. Das Symbol bescheidenen individuellen wie kollektiven Aufstiegs im Sozialismus sollte auf westdeutschen Straßen Vertrauen schaffen, durch seine solide, „deutsche" Qualität und mit seinem guten Namen – den die Opel-Anzeige des Jahres 1991 tunlichst verschweigt.

Der Gedanke der Einheit Deutschlands sei anhand von zentralen Symbolen zum Ausdruck zu bringen. Es gebe in der DDR zwei solcher Sym-

bole, die alle Welt kenne und jeder Deutsche anerkenne, dozierte die DDR-
Fachzeitschrift ›Neue Werbung‹ im Jahr 1957: Weimar, das klassische Zentrum deutschen Geistesschaffens, und die Wartburg „als sichtbares Wahr-
zeichen deutscher Kultur und nationaler Gesinnung". Die Burg habe drei-
mal, mit jeweils drei Jahrhunderten Abstand, in der Geschichte der
deutschen Einheitsbestrebungen eine Rolle gespielt, und zwar um 1200,
um 1500 und um 1800. Das „Einheitsthema Wartburg", so der Werbe-
theoretiker damals, erinnere an das deutsche Mittelalter mit Walther von
der Vogelweide und Wolfram von Eschenbach. Drei Jahrhunderte später
habe der Reformator Martin Luther auf der Wartburg einen Teil der Bibel
übersetzt und damit die Grundlage für eine einheitliche, volkstümliche
deutsche Sprache geschaffen. Und 1817 hätten sich auf dem Wartburgfest,
nach der umwälzenden Epoche der Freiheitskriege, Studenten und Profes-
soren der Jenaer Universität „zu dem uns heute wieder so bewegenden
Gedanken der Einheit Deutschlands" bekannt.[11] Der geschichtsmächtige
Name der Wartburg bot sich nicht nur wie von selbst an, sondern wurde
zweifellos mit politischem Bedacht für dieses neue und hochqualitative
Ostprodukt gewählt. Die anvisierte Binnenkommunikation gelang auch,
Name und Produkt verschmolzen Ende der fünfziger Jahre zunächst zu
einer glaubwürdigen Synthese. Jedoch, mit der seit 1960 sich beschleuni-
genden Krise des Systems verblaßte auch dessen automobiler Stern mehr
und mehr. Nach dem Mauerbau brach zudem die sorgsam gepflegte Au-
ßenkommunikation gen Westen zusammen, denn „unverdrossene Wart-
burg-Kunden in Hamburg, Essen oder Ulm mußten fortan um ihren guten
Ruf als verfassungstreue Bürger fürchten".[12]
    Mit der Serienfertigung des Wartburg 1000 begann im Sommer 1966
die zweite und letzte Wartburg-Ära. Gleich seinem Vorgänger avancierte
auch der Wartburg 353 – so die Modellbezeichnung – zum Stolz der Republik: Eine Ostberliner Publikumszeitschrift hieß das Flaggschiff ostdeutscher Automobilproduktion als den „lang erwarteten, viel betuschelten
Eisenacher 'Wartburg'-Sprößling" herzlich willkommen: „Mit ihm stellt
sich ein völlig neues Gesicht auf unseren Straßen vor. Beibehalten wurde
eigentlich nur die Grundkonzeption des Antriebsaggregats. Einige der vielen Verbesserungen: vergrößerter Innenraum bei weniger Parkflächenbe-
darf, mehr innere Sicherheit, imponierend großer Kofferraum (525 l), hö-
heres Ausstattungsniveau, neu entwickelte Frischluft-Heizungsanlage
(...)."[13] Ein Werbefilm nannte ihn einen „Volltreffer", vollendet in Form
und Konstruktion, lobte hohe Wirtschaftlichkeit und großen Fahrkomfort:
„Der neue Wartburg 1000, eines der modernsten Automobile – aus der
Wartburg-Stadt Eisenach mit siebzigjähriger Tradition im Fahrzeugbau."
    Diese Prädikate schienen durchaus nicht übertrieben. Selbst die west-

deutsche Motorpresse beurteilte die nüchterne und zweckmäßige Karosseriegestaltung als „gut für die nächsten zehn Jahre und länger". Mit dem Wartburg 353 habe der VEB Eisenach endlich wieder einen Typ, mit dem er auf verschiedenen Exportmärkten vollwertig auftreten könne. Freilich würden in Westdeutschland die Chancen durch politische Vorurteile, vor allem aber durch den Motor von vornherein begrenzt sein: Zweitakt sei nicht gefragt.[14] Das Zweitakt-Manko war den Eisenachern wohl bewußt. Ihre Initiativen, das neue Modell Zug um Zug weiterzuentwickeln und mit einer auch auf westlichen Märkten konkurrenzfähigen Viertaktmaschine auszustatten, scheiterten jedoch an den konservativen Vorstellungen der Produktpolitiker der Partei. Natürlich blieb auch der neue Wartburg von Unkenrufen aus dem Westen nicht verschont. „Baute Porsche für die DDR den Prototyp eines neuen 'Wartburg'?" feixte der ›Spiegel‹ im Stil des Kalten Krieges und insinuierte, die gelungene ostdeutsche Neukonstruktion stamme ja womöglich aus dem Westen. Die Stuttgarter wiederum vermieden es – mit dem nötigen Gespür für politische Spitzen –, diese wohlfeile Unterstellung richtigzustellen.[15]

In der DDR galt der Wartburg zuerst als das gute, handwerklich solide Mittelklasseauto aus deutscher Produktion. „Es war ein gewisses Aufstiegssymbol. Alle fuhren vorher Trabi. Ich auch und dann wollte man nicht mehr. Die Fahrt nach Mecklenburg wurde unerträglich. Im Wartburg wie auf dem Sofa und so viele überholt" (Matthias M., Weimar). Noch bis in die siebziger Jahre hinein war der Neue zuweilen gar als „Mercedes des Ostens" tituliert worden, sicher ein zu hochgegriffener Vergleich mit dem automobilen Flaggschiff des Westens. Gleichwohl verbindet sich mit dieser Anrede eine innen- und eine außenpolitische Entwicklung: In der zweiten Hälfte der sechziger Jahre war es der DDR gelungen, das Einkommen der Bevölkerung spürbar anzuheben und den Lebensstandard nochmals deutlich zu verbessern. Erneut wird also ein Wartburg in eine Phase auflebender sozialer und konsumtiver Hoffnungen hineingeboren. Ende der sechziger Jahre bescheinigte das westdeutsche Nachrichtenmagazin dem anderen deutschen Staat denn auch anerkennend, „die deutsche Habenichts-Republik des Jahres 1949 präsentier(e) sich heute, 1969, als ein nach innen wie außen gefestigtes Staatswesen – mit steigendem Lebensstandard und wachsender internationaler Reputation".[16] Die zunehmende politische Akzeptanz der DDR spiegelte sich in der Akzeptanz des DDR-Markenproduktes Wartburg wider: Von den in Eisenach produzierten 1,2 Millionen Fahrzeugen gingen bis zu fünfzig Prozent in den Export, unter anderem nach England, Belgien, Dänemark, Finnland und nach Griechenland.

Der Wartburg 1000 läßt sich als die Inkarnation der in den sechziger Jahren gültigen Modernisierungsphilosophie in der DDR beschreiben:

Zweckmäßigkeit und Funktionalität, Sachlichkeit und Wissenschaftlichkeit waren die parteiverordneten Paten des Produktes. Gleich dem 57er stand auch der 66er Wartburg für die real existierenden Möglichkeiten bescheidenen, aber vorzeigbaren, sicht- und (er)fahrbaren sozialen Aufstiegs in einer prosperierenden DDR-Gesellschaft. Der geschichtskulturelle Gehalt gerade der visuellen Anzeigenkomposition gipfelt damit voller Verachtung in der Aussage: Auch die besten Produkte und die hoffnungsvollsten Perioden der DDR-Geschichte sind bestenfalls Pannen, nichts als Makulatur – schlicht: Vergangenheits-Müll.

Der Tritt in die Seite, jener mutwillige Faustschlag der Westwerber, trifft freilich nicht nur das Antlitz des Fahrzeuges, sondern ist zugleich ein Schlag ins Gesicht seiner einst stolzen Besitzer und Produzenten. So ist es nur zu verständlich, wenn ein langjähriger Mitarbeiter des Wartburgwerkes beim Anblick dieses Vergangenheitsdesigns „enttäuscht und verbittert" in Rage gerät. Anfang Juli 1991 schreibt daher Karl-Heinz R. aus Eisenach dem Opel-Vorstandsvorsitzenden Louis R. Hughes, daß er zwischen Überschrift und bildlicher Darstellung des fabrikneuen Wartburg 353 keine kausalen Zusammenhänge erblicken könne; die Anzeige empfinde er „als eine Diffamierung und Beleidigung all der Menschen, die dieses Fahrzeug entwickelt, gebaut und betreut haben (...)". Es treffe ihn sehr, „daß Sie ein Fahrzeug, welches Anfang der 60er Jahre konstruiert und 1966 erstmals vom Band lief, als Panne bezeichnen". Würde Opel einen Modellvergleich mit Fahrzeugen zulassen, die damals ebenfalls auf den Markt gekommen seien, würden „Sie leicht feststellen, daß der Wartburg zu diesem Zeitpunkt ein Fahrzeug mit hoher Gebrauchsfähigkeit und Wertigkeit war". In einer Zeit, in der Ossis und Wessis ständig vermarktet würden, so der Mann aus Eisenach, sei gerade Sensibilität gefragt.

„Neue Mitbürger": Ossi-Design

Die Opel-Anzeige entwirft ein Mentalbild vom „neuen Mitbürger" aus Westsicht, dessen Mosaiksteinchen der Verlaufskurve der Aneignung bis zum Frühjahr 1991 entnommen sein dürften. Abschließend wollen wir den Versuch wagen, die Anzeige innerhalb eines Entwicklungsrasters dieser Adaption zu verorten.

Den Bausteinen des „sozialen Gedächtnisses"[17] nachzuspüren, erweist sich in unserem Fall als diffizil: Der Aneignungsprozeß ist weder abgeschlossen, noch sind die Bestandteile der mentalen Zugriffsmuster in ein abgeschlossenes Gedächtnis-Tableau überführt. Wir sind nicht nur teilnehmende Beobachter, sondern als Zeitgenossen selbst betroffen.

Kehren wir an den Ausgangspunkt des Aneignungsprozesses zurück, die DDR im November 1989. Welches „Image"[18] hatte der durchschnittliche Bundesdeutsche vom zweiten deutschen Staat und seinen Bewohnern? Uns der eigenen Stereotypenprojektion bewußt, entwerfen wir ein Ostprofil: Ein abgeschottetes Exotistan liegt da vor der Haustür, von martialischen Wächtern und dem Eisernen Vorhang in ein großes Gefängnis verwandelt, grau und zerbrochen wie die Fassaden ihrer Häuser scheinen die Menschen. Bonjour tristesse – dorthin reisen? Gott bewahre, zum Glück habe ich da nichts zu suchen. Spätestens seit Mitte der sechziger Jahre ist eine terra incognita an das blühende Deutschland angepappt, gespeichert und gesteuert von den dichotomen Regeln der Kalten-Kriegs-Metaphorik. Hier das geknechtete Volk 'die da drüben', dort die satanischen Statthalter von Moskaus Gnaden: eine profane Inkarnation der alttestamentarischen Totalität von 'Gut' und 'Böse'. Das „stereotype System" (Reinhold Bergler), vierzig Jahre wohlfunktionierend, war von bestechender Einfachheit. Zwischenmenschliche 'Beziehungen' waren mit Hilfe eines gestanzten Vokabulars – die 'armen Brüder und Schwestern' – und wohlfeiler Verhaltenstopoi – das 'Päckchenpacken' – standardisiert und ritualisiert. Als alter ego fungierte der DDR-Deutsche im mentalen Inventar seines bundesdeutschen Bruders als feste Größe mit einer klar umrissenen Rollenaufgabe: Indizien wirtschaftlicher wie gesellschaftlicher Erfolglosigkeit seines kommunistischen Systems waren dazu bestimmt, tagtäglich die Richtigkeit des eigenen marktwirtschaftlichen Weges zu beglaubigen: „Der bequeme Hinweis auf den Osten, wo doch alles viel schlimmer sei, hat uns in der Vergangenheit etliche Identitäten gratis beschert", urteilte folgerichtig Mathias Schreiber bereits 1989 in der Frankfurter Allgemeinen Zeitung.[19] Das Attribut „gut" für den DDR-Bürger, seine scheinbar klaglose Akzeptanz der ihm zugewiesenen Märtyrer-Rolle sowie eine selbstverleugnende Adaption der Wertmaßstäbe des West-Bruders wiesen ihn über Jahrzehnte als potentiellen Sympathieträger aus – solange er hinter der Mauer blieb. Hinzu trat ein weiterer Aspekt: Die aus Bequemlichkeit und Schuldabwehr eingerichtete Stereotypkomponente der 'Unerreichbarkeit' des östlichen Bruders bei gleichzeitiger räumlicher Nähe barg die Exotik des 'Kralnegers' in sich, war doch der Ostler ein bemitleidenswerter Mensch, ein Ratsuchender, der durch die Umstände in seiner Selbstfindung behindert wurde, zugleich ein das eigene Selbstbewußtsein stärkender Bewunderer des westlichen way of life.

Folgen wir den Fernsehbildern: Radikal bricht der Wendeherbst in die deutsch-deutsche mentale Statik ein, bricht sie auf. Der Mut zur Tat der sich selbst befreienden Leipziger und Berliner Kerzenrevolutionäre setzt ungeahnte Emotionen frei, Umarmung und Sektdusche verleihen der Euphorie überschwenglich-wortlosen Ausdruck: Die 'weißen Neger' waren zu

Mitmenschen geworden. Es schien, als ob alle traditionellen Aneignungsmuster auf der Folie des sozialen Gedächtnisses gelöscht und eine neue
Image-Tradition beiderseitigen Respekts begründet worden wäre. Die schönen Bilder täuschen: in der Bundesrepublik gab es eine stillschweigende
Übereinkunft von Regierung und 'Volk', wonach das Einheitspostulat zwar
rhetorischer Bestandteil jeder Sonntagsrede sein mußte, in Wirklichkeit die
Einheit von niemandem ernstlich angestrebt wurde.

Die in jenen Tagen des Einheits-Rausches als sozialhygienische Hand-
lungsanweisung verbreitete Parole „Wir sind glücklich", von Fernsehrepor-
tern bei ostdeutschen „Gesprächspartnern" ständig abgefragt und von Politikern zur Kaschierung ihrer Konzeptionslosigkeit vollmundig verbreitet,
führt denn auch keineswegs zu einer echten Annäherung an die Menschen
der Ex-DDR. Den Alltag als permanenten Nationalfeiertag zu zelebrieren,
vermochte die in vierzig Jahren eingeübte und willkommene Ab- und Aus-
grenzung der Ostdeutschen nur kurzfristig vergessen machen: „Ich bin gar
nicht mehr so sicher, daß die Leute die Autos (der DDR-Bürger) gestreichelt
haben. Man könnte genausogut auch sagen – jetzt mit Abstand –, die
haben da wirklich draufgehauen", äußert sich ein Berliner ahnungsvoll im
Rückblick.[20] Das bipolar ausgerichtete stereotype System strukturierte erfolgreich den Alltag der Trennung und strukturiert ebenso 'erfolgreich' den
Alltag der Einheit.

Die Rekonstruktion der Aneignungskurve seit 1989 ergab folgerichtig
nicht nur eine kontinuierlich zunehmende Eintrübung des ursprünglich
lupenreinen Bildes vom östlichen Bruder, sondern – und das war das
eigentlich Überraschende – einen sehr frühen Umschwung. Typisch für die
anfängliche Grundstimmung ist – ganz im Sinne des kolonialen Zugriffs
und des westlichen Verwertungsgedankens – eine Einschätzung wie diese:
Die DDR-Bürger „wissen, was sie wert sind. Nicht nur mit einer soliden
deutschen Ausbildung, oft sogar in zwei Berufssparten, sondern auch mit
den hierzulande absichtvoll in Verruf gebrachten sogenannten 'Sekundärtugenden': Disziplin, Zuverlässigkeit, Arbeitswille, Anpassungsfähigkeit.
(Sie sind willkommen), nicht nur, weil sie etwas können oder es nötigenfalls
im Handumdrehen lernen werden, sondern weil sie darüber hinaus ein
Sauerteig sind, der hier gebraucht wird."[21] Bereits im Januar 1990, nur
zwei Monate nach Öffnung der Mauer, bringen Westjournalisten von ihren
Ausflügen in das Deutschlandmuseum der fünfziger Jahre ein anderes Bild
in ihre Redaktionsstuben mit: „Ein oftmals prüder Biedersinn, eine alt-
väterische Autoritäts- und Harmoniegläubigkeit, eine böse und verbohrte
Fremdenfeindlichkeit, vor allem gegenüber den 'Pollacken', paart sich mit
gedankenvoll 'tiefen' humanistischen Idealvorstellungen, mit – in unserem
Sinn – oft extrem linken und antifaschistischen Überzeugungen."[22]

Das Bild vom lernfähigen Nachwuchsdeutschen, der in den schlaffen Westladen frischen Wind bringen könnte, ist jetzt vollends verblaßt. Beim näheren Hinsehen entpuppt sich der arme Bruder als zunehmend widerborstiges Fossil längst abgelegter und abgelebter Epochen. Als stete und konkret zu besichtigende Verkörperung seiner Forderungen, die aus der deutschen Teilung resultierende Bringschuld endlich einzulösen, wird er zum lästigen Mahnmal. Eine im ›Spiegel‹-Zitat noch angelegte Differenzierung wird rasch aufgegeben zugunsten des Kalte-Kriegs-Klischees, das die neuen Mitbürger sozusagen im nachhinein zu Vertretern des Ostblocks stempelt. Die Versatzstücke dieses mentalen Tableaus schimmern in Umfragen und Einschätzungen durch, so in den für die Bezeichnung der Ex-DDR vorgeschlagenen Namen wie 'FOB = Faß ohne Boden' oder 'Trans-Elbien' – die Assoziation zum Transkaukasus oder Transsylvanien liegt nicht fern. Lassen sich derlei Wortplänkeleien noch dem Reich des Witzes zuordnen – „archaische Gegenden reizen zu Witzelei" (Lutz Röhrich), eskaliert die Bildmetaphorik auf der Aneignungsskala von 'armer Bruder', 'weißer Neger', 'depperter Russe' zu einem vollendeten Feindbild. So antworteten die Wessis auf die Frage des Emnid-Instituts nach ihrem 'negativsten Eindruck' von Ostdeutschen im Juli 1991: 'unberechenbar', 'man kann ihnen nicht trauen', 'verdrückt', 'häßliche Sprache (sächsisch)', 'schlechte Kleidung', 'könnten sauberer sein', 'nur Ansprüche', 'passiv', 'scheiß Leute'.[23] Aus der kurzlebigen Sympathiefigur war binnen Jahresfrist ein häßlicher Konkurrent geworden, dessen spezielle Bösartigkeit darin besteht, nicht nur die alte Rolle abgestreift und damit das bisherige Mental-Gefüge gesprengt, sondern darüber hinaus auch einen konkreten Angriff auf die eigene materielle Sicherheit unternommen zu haben.

Vierzig Jahre lang schuf der tägliche Vergleich mühelos westdeutsche Identität über das wirtschaftliche Leistungsvermögen. Als der vermeintliche Verlierer an Wohlstand und Identität teilhaben will, fühlt sich der vermeintliche Sieger bedroht. Der Rückgriff der so Attackierten auf atavistische Versatzstücke des sozialen Gedächtnisses muß wohl unausweichlich sein, wie eine im ›Spiegel‹ bereits 1990 inszenierte Vorführung von Ostdeutschen vor einem Aldi-Supermarkt illustriert: „Bleiches Gesicht, fettiges Haar, Blick nach unten, geduckte Haltung, kurze Steppjacken, verwaschene, formlose Jeans, beigegraue Schuhe, verknitterte Plaste-Tüten in der Hand. Wenn sie sprechen, dann in merkwürdigem Idiom. Manche riechen, und manche klauen wie die Raben. Bloß ihre Frauen kriegen öfter einen Orgasmus."[24] Ist der Sündenbock als identitätsstabilisierender Gegenpart ausgemacht, kann ein mentaler Horizont mit entsprechenden verbalen Signalements wie den hier benutzten aktiviert werden, der eine spezifisch deutsche Aneignungstradition des Fremden wachruft: die seit den kaiserzeitlichen Chauvinismusexerzitien dumpf grummelnde und im Nationalsozialismus zur Staatsdoktrin erhobene Verachtung des deutschen Herrenmenschen gegenüber den als Untermenschen gebrandmarkten Völkern Osteuropas.

Genauso steht er im Sommer 1991 da: der Muster-Ossi von Opel, einst stolzer Wartburg-Fahrer, die Stirn jetzt in Falten gelegt, den Blick voller Scham auf den Boden gerichtet, den Mund durch die Faust verschlossen, in sich selbst versunken und auf sich selbst zurückgeworfen. Die Figur des 'ausgestiegenen' Anzeigen-Ostlers ist ein konzentriertes Abbild des soeben entwickelten mentalen Inventars. Während das Auto seine abgewickelte Vergangenheiten symbolisiert, steht er für die ihm zugeteilte Gegenwart. Welch honorigen Anspruch auch immer die Annonce in ihrer Oberflächenstruktur transportieren möchte, er wird in der Tiefenstruktur der Text- und Bildkomposition ad absurdum geführt und in sein Gegenteil verkehrt. Opel leistet damit keinen Diskussions-, sondern eher einen Diffamierungsbeitrag zur deutsch-deutschen Vereinigung. Insofern läßt sich die Anzeige auch als Quelle dafür lesen, wie im Sommer des ersten 'Einigungsjahres' mit den Bürgern der ehemaligen DDR und mit ihrer Geschichte verfahren wurde.

Anmerkungen

[1] Harakiri auf ostdeutsch, in: Der Spiegel, 45. Jg., Nr. 7 vom 11. 2. 1991, S. 85.

[2] R. Haubl: Zivile Mobilmachung. Zur Psycho(patho)logie des Automobilmißbrauchs, in: psychosozial, 14 (3), 1991, S. 73–85.

[3] J. Grinder/R. Bandler: Therapie in Trance. Hypnose: Kommunikation mit dem Unbewußten, Stuttgart 1987, S. 95.

[4] S. Freud: Die Verneinung, in: S. Freud: Studienausgabe, Bd. 3, Frankfurt/M. 1982, S. 371–377.

[5] Schreiben der Firma Adam Opel AG an die Verfasser vom 5. 12. 1991 mit „einigen Auszügen aus Zuschriften auf unsere Anzeige".

[6] H. D. Kittsteiner: Die Entstehung des modernen Gewissens, Frankfurt/M. und Leipzig 1991, S. 31.

[7] W. Hardtwig: Geschichtskultur und Wissenschaft, München 1990, S. 8 f.

[8] H. Ihling: 1898–1991. Wartburg Motorwagen. Wartburg 1.3. Automobilwerk Eisenach GmbH, Eisenach 1991, S. 16.

[9] U. Kubisch (Hg.): „Wartburg" – Sportwagen-Coupé. Faksimile. Braunschweig 1989.

[10] L. Niethammer/A. von Plato/D. Wierling: Die volkseigene Erfahrung. Eine Archäologie des Lebens in der Industrieprovinz der DDR, Berlin 1991, S. 81.

[11] Die Wartburg auf der Leipziger Messe, in: Neue Werbung, 3. Jg., Ausgabe 6, S. 20–22, Berlin (Ost) 1957, S. 20 f.

[12] Kubisch (Anm. 9).

[13] Katze aus dem Sack. Der neue 'Wartburg', in: Wochenpost vom 15.7.1966.

[14] Wartburg 353, in: mot Ausgabe 16/1966, S.15.

[15] Baute Porsche für die DDR den Prototyp eines neuen 'Wartburg'?, in: Der Spiegel, 20. Jg., Nr.51 vom 12. 12. 1966, S.26.

[16] DDR-Jubiläum. Du, unsere Liebe, in: Der Spiegel, 23. Jg., Nr.41 vom 6. 10. 1969, S.54–81.

[17] P. Burke: Geschichte als soziales Gedächtnis. in: A. Assmann/D. Harth (Hg.): Mnemosyne. Formen und Funktionen der kulturellen Erinnerung, Frankfurt/M. 1991, S.289–305.

[18] H. Nicklas/Ä. Ostermann: Die Rolle von Images in der Politik. Die Ideologie und ihre Bedeutung für die Imagebildung am Beispiel des Ost-West-Konflikts, in: Bundeszentrale für politische Bildung (Hg.): Völker und Nationen im Spiegel der Medien, Schriftenreihe Bd. 269, Bonn 1989, S.24 f.

[19] M. Schreiber: Nichts wird wieder so, wie es war. Als die Berliner Mauer brach – Nachdenken, umdenken, neu denken, in: Frankfurter Allgemeine Zeitung vom 18.11.1989.

[20] „Das bleibt viele Jahre noch". Spiegel-Reporter Jürgen Leinemann über zwei Familien im vereinten Berlin, in: Der Spiegel, 45. Jg., Nr.10 vom 4. 3. 1991, S.64.

[21] E.-O. Maetzke: Sauerteig und Sekundärtugenden. in: Frankfurter Allgemeine Zeitung vom 2.10.1989.

[22] „Verkrüppelt und gezeichnet". Spiegel-Reporter Jürgen Leinemann über Stimmungsumbrüche in der DDR, in: Der Spiegel, 44. Jg., Nr.4 vom 22. 1. 1990, S.73.

[23] Zehn Jahre bis zum Wohlstand? Spiegel-Umfrage über die Einstellung der Ost- und Westdeutschen zueinander (II), in: Der Spiegel, 45. Jg., Nr.31 vom 29. 7. 1991, S.48.

[24] „Es ist ein anderes Leben", in: Der Spiegel, 44. Jg., Nr.39 vom 24. 9. 1990, S.34.

Der Geschmack der Heimat

„Hurra, ich lebe noch!": Bausteine zu einer Mentalitätsgeschichte der Ostprodukte nach der Wende

Wenn ihm „irgendwo in der entferntesten Ecke Deutschlands" ein 'Stollwerck'-Automat begegnete, fühlte sich Heinrich Böll sogleich wie zu Hause. Dem Kölner Kaffeegenießer bedeutete die Schokolade aus seiner Geburtsstadt ein Stück Heimat.[1] Die schmackhafte, schwarzbraune Kakaotafel, überzogen von hauchdünner Silberfolie, verpackt in zartrosa Papier, versehen mit dem umständlichen, seit der Jahrhundertwende unveränderten Schriftzug der rheinischen Schokoladefabrik – Heimat für Heinrich Böll, das „Gewissen der Nation"? Entdecken wir den Widerschein einer nahezu asketischen Moral gar in einem glänzenden Spiegel aus Schokolade und Kaffee?

Noch immer scheint es eine Provokation, den Menschen des Geistes, der Kultur und der Moral mit solch profanen Dingen wie Produkten in einem Atemzug zu nennen; nicht minder provokativ scheint es, das industriell gefertigte Massenerzeugnis mit einem Begriff von „Heimat" in Verbindung zu bringen. Und noch immer fristet die Geschichte der Konsumgesellschaft als Geschichte ihrer Produkte ein Schattendasein im Kontext der geschichtswissenschaftlichen Disziplinen. Insbesondere aber die Geschichte der Anmutungsleistungen von Produkten, worunter hier die Geschichte der individuellen und sozialen Konnotationen verstanden werden soll, war bislang nur vereinzelt und am Rande Gegenstand geschichtswissenschaftlicher Forschung.[2] Das dürfte einerseits einer an Hochkultur und an Politikgeschichte orientierten Wissenschaftstradition, andererseits einer 'Kritik der Warenästhetik' geschuldet sein, welche nur die materielle Basis als das Eigentliche des Produktphänomens anerkannte, immaterielle Aufladungen dagegen als bloßen Schein oder Gaukelei abtat und damit die Hintanstellung einer detailliert-kritischen Aufarbeitung begünstigte.[3]

Ein Markenprodukt besitzt also nicht nur „Persönlichkeit", sondern gewinnt diese im Austausch, in wechselseitiger Kommunikation mit der Gesellschaft. Im Rahmen des Kommunikationssystems Produkt/Gesellschaft beanspruchen Produkte und deren Konnotationsfelder nicht nur, Verhal tensmuster und Lebensstile vorzugeben, sondern artikulieren zugleich Ist-Bewußtseinszustände, die als Zeitgeist-Repliken gesellschaftliche Erscheinungen und Strukturen wiederzuspiegeln vermögen.[4] Im Umkehrschluß dürfen wir als Historiker daher annehmen, daß die Physiognomie der Produktlandschaft, also die Textur der Anmutungsqualitäten signifikanter Produkte, zur Quelle für das soziale und mentale Antlitz von gesellschaftlichen Teilmilieus oder gar einer Gesellschaft insgesamt avancieren kann: Produkt- und Werbegeschichte formulieren somit einen Beitrag zur Sozial- und Mentalitätsgeschichte.[5]

Ein solcher Ansatz, der den Versuch unternimmt, wirtschaftsgeschichtliche Gegenstände mit mentalitätsgeschichtlichen Fragestellungen zu verbinden, soll hier am Beispiel der Geschichte der Ostprodukte nach der Wende vorgeführt werden. In ihrer Akzeptanz, in ihren Marketing- und Werbekonzepten und in ihren Sympathiefiguren verdichtet sich augenfällig die Kommunikationsgeschichte des Einheitsprozesses. Im Anschluß an einen chronologischen Abriß, der auf quantitatives, sozialstatistisches Material zurückgreift, sollen mit vorwiegend qualitativen Methoden zunächst die Geschmacksattribute herausgearbeitet, sodann die Heimatqualitäten der Ostprodukte mitsamt dem Nostalgievorwurf diskutiert werden.

Geschichte der Produktwende

Die Kennzeichnung „Ostprodukte" ist zunächst schlicht eine Herkunftsbezeichnung und meint die Tatsache, daß die betreffenden Konsumgüter nach der Wende in den fünf neuen Bundesländern hergestellt werden. Hinzu muß allerdings kommen, daß die Produkte ihre Herkunft nicht verleugnen, sondern ihre Abstammung in die Marketingstrategien einbezogen wird: es soll hier ausschließlich um bekennende Ostmarken gehen.[6] Diese Erzeugnisse sind von denjenigen DDR-Produkten zu unterscheiden, die noch aus *DDR-Produktion* stammen und in eigenen Läden vermarktet werden. Meist haben die Ostprodukte eine veritable Produktgeschichte in der DDR vorzuweisen oder zählten womöglich schon vor 1989 zu den wenigen DDR-eigenen Markenartikeln. In das deutsch-deutsche Fernseh-Gedächtnis sind die Wendeereignisse als Bilder vor allem von Massenphänomenen eingezeichnet.

„Wir sind das Volk": indem sie sich Stück für Stück den Leipziger Ring eroberten, erlebten und erkannten sich allwöchentlich Hunderttausende als Volk der DDR und für eine kurze Zeitspanne als politischer Souverän dieses Staates. „Die halbe DDR kommt rüber" titelte ein westdeutsches Boulevardblatt wenige Tage nach Öffnung der innerdeutschen Grenze.[7]

Zum Bersten gefüllte Züge, „Trabi-Staus" in einer Gesamtlänge von über eintausend Kilometern: Nach dem 9. November 1989 waren die Bürger der DDR unversehens in den Stand versetzt, das andere Deutschland zu besuchen und dessen Waren und Produkte käuflich zu erwerben. Millionen Ostdeutsche machten an den folgenden Wochenenden ihre ersten Erfahrungen als Besucher *und* als Käufer im Westen. Unter der Last des Andranges mußten Kaufhäuser im Zonenrandgebiet und Discountmärkte in West-Berlin vorübergehend schließen. Mit einhundert Westmark 'Begrüßungsgeld' pro Person im Portemonnaie eroberten die DDR-Bürger nunmehr die Regale des Westens und erfuhren eine weitere Facette von Souveränität: das Erlebnis[8] entgrenzter Konsumchancen. In den Geschäften waren neben Obst und „Lebensmitteln technische Artikel und Jeans die größten Verkaufsschlager (...) Gleiches galt für Computerzubehör und -software. Nicht weniger zu tun gab es in den Parfümerie- und Spielzeug-Abteilungen, wo sich das Interesse auf technisches Spielzeug konzentrierte. Ein Bekleidungshaus meldete bei Jeans den fast totalen Ausverkauf. In den Sportabteilungen waren in erster Linie Turnschuhe gefragt." Es zeigte sich, so der Kommentator des Kaufverhaltens, „daß die Besucher aus der DDR sich zunächst offenbar nur ihre ersten kleinen Wünsche erfüllen".[9] Der massenweise und ungehemmte Zugriff auf die 'Westwaren' gehörte zu den ersten Bildern der Geschichte des deutsch-deutschen Einigungsprozesses und zu den prägenden Erfahrungen der Ostdeutschen im Wendegeschehen. Diese Warenwelten standen für die Noch-DDR-Bürger nicht etwa nur stellvertretend für den Westen – die neu zu erobernde Produktlandschaft *war* gleichsam der Westen.

„Schluß mit Ex und Delikat, reelle Preise sind gefragt!": Zustimmung und Beifall von den Montagsdemonstranten erhielten denn auch junge Leute, die am Montag nach dem zweiten 'offenen Wochenende' vor einem Feinkostgeschäft am Leipziger Ring unter dieser Devise Posten bezogen hatten.[10] Erstmals ist jetzt auch der Ruf „Deutschland, einig Vaterland!" auf den Leipziger Straßen zu hören, und auf Transparenten beginnt die Diskussion um die Einheit: „Warum kein geeintes Deutschland?" Gleichfalls neu ist die Forderung: „Soziale Marktwirtschaft muß her!", denn: „Aus eigener Kraft, da wird's geschafft."[11] Eine geschichtswissenschaftliche Analyse des Wendegeschehens darf das Erlebnis bundesdeutscher Alltagsästhetik als kollektive Erfahrung der Wochenenden nach der Öffnung der Grenze nicht unterbewerten. Die Epiphanie des bundesdeutschen Systems ereignete sich an bestimmten signifikanten Örtlichkeiten, zu denen vor allem auch die Ladengeschäfte und die Supermärkte zählen.[12] In der perfekten Aura westlicher Warenwelten manifestierte sich nicht nur die Leistungskraft der 'Sozialen Marktwirtschaft', sondern formierten sich zu-

gleich Visionen ostdeutscher Zukunft. Eine desolate Verfassung der Produkte und die miserable Ästhetik des Alltags standen Ende der achtziger
Jahre synonym für eine abgewirtschaftete DDR, deren Geschichte jetzt
vielfach nur mehr als „Betrugsgeschichte" bezeichnet wurde. Möglichst
rasch, so der Tenor in Interviews, sollten nun die vierzig Jahre Geschichte
der DDR gegen die sinnlich so greifbare Erfolgsgeschichte der Bundesrepublik eingetauscht werden. Die „Wende in der Wende", das Bestreben zur
„nationalen Revolution" und damit der Beginn der zweiten Phase des Wendegeschehens, muß vor dem Hintergrund dieser ersten Erfahrungen westdeutscher Alltags- und Warenästhetik interpretiert werden.[13]

Für Stefan Heym, den Intellektuellen und Anwalt eines Dritten Weges,
also einer Reformation des DDR-Systems, waren die „großen, die erheben-
den Momente" der Wende mit Öffnung der innerdeutschen Grenze vorbei.
Angewidert sah er das DDR-Volk nun in die Kathedralen bundesdeutschen
Konsums pilgern: „Danach, Aschermittwoch. Aus dem Volk, das nach
Jahrzehnten Unterwürfigkeit und Flucht sich aufgerafft und sein Schicksal
in die eigenen Hände genommen hatte und das soeben noch, edlen Blicks,
einer verheißungsvollen Zukunft zuzustreben schien, wurde eine Horde
von Wütigen, die, Rücken an Bauch gedrängt, Hertie und Bilka zustrebten
auf der Jagd nach dem glitzernden Tinnef. Welche Gesichter, da sie, mit
kannibalischer Lust, in den Grabbeltischen, von den westlichen Krämern
ihnen absichtsvoll in den Weg plaziert, wühlten (...)" Heym konnte die
Abscheu vor seinen ostdeutschen Landsleuten, „diesen Vergierten", „ent-
würdigten" Warenfetischisten nicht verbergen.[14] Mit der zweiten Phase
wird die tiefe soziale Kluft und der politische – und mit beidem verbunden:
der konsumpolitische – Dissens der Träger des Wendegeschehens offenbar.
„An die Stelle einer Mehrheit von DDR-Verbesserern trat eine Vereini-
gungs- bzw. Wiedervereinigungsmehrheit. Die Dialektik zwischen Freiheit
und Konsum begann die übergroße Mehrheit der Menschen, deren Grund-
erfahrung Mangel war, zu bewegen; man war entschlossen, die Mangelgesellschaft hinter sich zu lassen."[15]

Nach der Währungsunion im Juli 1990 übernahmen die Westwaren für
etwa ein halbes Jahr uneingeschränkt und unangefochten das Regiment in
den Regalen des Ostens. Mit dem Einzug der Deutschen Mark (DM) brach
sich in Ostdeutschland ein jahrzehntelang aufgebauter Produktstau Bahn:
Der schiere Hunger der Ostdeutschen nach Westprodukten war einerseits
hausgemacht, denn seit den sechziger Jahren hatten die Produktpolitiker
in der DDR geglaubt, auf ansprechende Produktgestaltung, auf kontinu-
ierliche Marktpräsenz, auf unbestechliche Qualität, kurz auf die sorgsame
Pflege der Produktlandschaft verzichten zu können oder zu müssen. Sogar
Markenprodukte des Sozialismus wie die beiden Autotypen 'Trabant' und

'Wartburg', die einst zu Zeichen und Kündern des technischen und sozialen Fortschritts in der DDR bestimmt gewesen waren, ließen die Berliner Parteioberen verkommen. Im ersten Jahr nach Öffnung des antikonsumtiven Schutzwalles hatten die Ostprodukte bei ihren Konsumentinnen und Konsumenten keine Chance mehr.

Votum für westdeutsche Produktverfassung erfuhr herbe Enttäuschung

Der Tristesse der Ostprodukte stand 1990 eine noch ungebrochene Leuchtkraft der 'Westwaren' entgegen: Das Bild vom Westen und von seinen Waren war bis zur Wende vom bundesdeutschen Werbefernsehen, vom gelegentlichen Gang durch die Oasen der Intershops und von den gehaltvollen Weihnachts- und Oster-Päckchen gezeichnet worden. Das Vertrauen in die Qualität westdeutscher Markenprodukte und in die Bonität des westlichen Systems, das sie repräsentierten, schien zunächst – im doppelten Sinne des Wortes – grenzenlos. Das Volk der DDR hatte sich die Freiheit genommen zu wählen. Und die Bürgerinnen und Bürger der DDR votierten keineswegs nur für das Grundgesetz, die politische, wirtschaftliche und gesellschaftliche Verfassung der Bundesrepublik Deutschland. Es wird vielfach übersehen, daß die Verbraucherinnen und Verbraucher der DDR sich zugleich voller Zuversicht für die Produktverfassung der Bundesrepublik entschieden.

Die in der Folgezeit gemachten Erfahrungen wurden vielfach als Enttäuschungen erlebt.[16] Fliegende Händler überfluteten die ostdeutschen Marktplätze, verkauften von den Ladeflächen ihrer Lastwagen, warfen mindere Qualitäten zu übeteuerten Preisen unter ein jetzt passives, staunend-hilfloses Volk. Ambulante Händler kassierten zum Beispiel in Leipzig für ein Kilogramm ersehnter Bananen fünf Mark – den alten DDR-Preis in freilich neuer DM-Währung.[17] Ostprodukte wurden im ersten Halbjahr nach der Einführung der Westmark in den Supermärkten kaum mehr angeboten; selbst Frischwaren aus den fünf neuen Bundesländern wurden von den jetzt privatisierten, überwiegend westdeutschen Handelsketten nicht mehr gelistet. Wer noch Ostprodukte am Lager hatte, beeilte sich, die Artikel der Vergangenheit schnellstmöglich zu verramschen. Die ersten Monate der Einheit waren geprägt von der erwartungsvollen Offenheit für das Neue, von den zahllosen Versuchen, die nun zugänglichen Produkte auszuprobieren. Die Neugier auf die Westwaren regierte. Es war jedoch zugleich die Zeit negativer Erfahrungen mit bestimmten Produkten und ihren Protagonisten. Allzu flinke Händler, unseriöse Autoverkäufer, Kredithaie und findige Versicherungsvertreter vermittelten vielen ein Marktverständnis, welches der Idee der „Sozialen Marktwirtschaft" alles andere als zur Ehre gereichte. Es fand eine wüste Marktsozialisation statt, die sich in das kollektive Gedächtnis der Ostdeutschen eingeschrieben hat und auf welche ein erfolgreiches Marketing für Ostprodukte später geschickt zurückkam.

Die Produkt-Wende setzte sich 1991 durch; erste Anzeichen für einen Gesinnungswandel waren schon in der zweiten Hälfte des Jahres 1990 erkennbar geworden. Auf die Frage der Markt- und Meinungsforscher, ob sie Ostprodukte „bewußt bevorzugen" würden, antwortete von einhundert ostdeutschen Haushalten im Dezember des ersten Jahres der Einheit knapp die Hälfte mit Ja. Ein halbes Jahr später, Mitte 1991, sind es 65 von hundert, und im Dezember 1991 nahezu drei Viertel, die sich im Sinne der Fragestellung positiv äußern. In diesem Jahr kommt verstärkt die öffentliche Produkt-Diskussion in Gang und „die westlichen Verbund- und Handelsgruppen (werden) vor allem von politischer Seite dazu aufgefordert, mehr Ostprodukte in die Warenangebote aufzunehmen und sich stärker für die Vermarktung dieser Produkte einzusetzen".[18] Dieser Trend setzt sich ungebrochen über das Jahr 1992 fort.[19] Im Februar 1993 antworten auf die Frage, ob sie sich beim Einkauf von Waren des täglichen Bedarfs „oft" für Ostprodukte entscheiden würden, 65 von hundert; „manchmal" votieren 31 Prozent und nur drei von hundert geben „selten" oder „nie" an.[20]

Eine Gegenprobe zu diesen Umfrageergebnissen, in welche freilich das Wissen der befragten Ostdeutschen um die politische Erwünschtheit bestimmter Antworten eingeflossen ist, stellt die Frage nach der „Kennzeichnung einheimischer Produkte" dar. Denn wer diese Erzeugnisse bewußt bevorzugen und damit ein glaubwürdiges Votum abgeben möchte, muß folgerichtig diese Produkte auch als solche am Markt erkennen können. Der Anteil derjenigen Respondenten, die einer Kennzeichnung der Ostprodukte gleichgültig oder verneinend gegenüberstanden, blieb konstant gering bei rund 15 Prozent. Deutlich über achtzig Prozent der befragten Haushalte antworten jedoch seit 1991 auf die Frage, ob einheimische Produkte gekennzeichnet werden sollten, mit „ja, unbedingt" oder mit „ja, teilweise".[21] Allerdings scheint die von 65 Prozent der im Jahr 1991 Befragten geäußerte Zuversicht, daß diese Kennzeichnung lediglich „ein zeitweiliges Erfordernis" darstellen könnte, parallel mit einer positiven Einschätzung des Fortganges des Einigungsprozesses im Schwinden begriffen zu sein. An eine zeitlich absehbare Interimslösung wollen Ende 1992 nur noch 53 von hundert glauben; jeder Vierte plädiert dafür, die jederzeit nachvollziehbare Unterscheidung in West- und Ostprodukte als „dauerhaft von Bedeutung" anzusehen.[22] Daß sich das Produktmarketing mittlerweile auf dieses mutmaßlich absatzfördernde Markierungsverlangen eingestellt hat, war im Jahr 1993 in den Regalen der Supermärkte in den fünf neuen

Abb. 28: Länderwappen als Werbeträger: Terrain der Ostprodukte.

Ländern unschwer zu erkennen. Da ruft nicht nur das Goldmännchen potentiellen Teegenießern zu: „Hergestellt in Thüringen", „1688", das Steinofenbrot eines westdeutschen Brotkonzerns, versichert: „Bei uns gebacken", und auffällige Vierfarb-Sticker mit Aufdrucken wie „Aus unserer Heimat", versehen mit den Wappen der neuen Länder, machen auf die Territorien in den Regalen aufmerksam, die der Präsentation von bekennenden Ostmarken vorbehalten sind.[23]

Frischwaren, also Brot und Brötchen, Fleisch und Wurst, dicht gefolgt von Milch und Butter sowie von Kuchen und Gebäck, waren nach Einschätzung der Befragten im Jahr 1991 diejenigen Warengruppen, die sie „relativ häufig" von ostdeutschen Herstellern kauften. Käse und Margarine, aber auch Wasch- und Geschirrspülmittel, erreichten auf einer Skala von „relativ selten" bis „relativ häufig" jedoch nur Mittelwerte. Weit unter dem Durchschnitt rangierten ostdeutsche Spirituosen, Hautcremes, Pralinen und Schokolade. Abgeschlagenes Schlußlicht bildete in dieser Hierarchie der Produktpräferenzen der ostdeutsche Kaffee.[24]

Einheimischen Frischwaren blieben die ostdeutschen Konsumenten und Konsumentinnen weiterhin treu. Mehr noch: Bis zu 73 Prozent der befragten sächsischen Kunden erklärten sich gar bereit, für Back- oder Fleischwaren aus ihrer Heimat Sachsen womöglich „einen höheren Preis zu zahlen".[25] Am sächsischen Beispiel sei die Crux und die Chance einheimischer Produkte dargestellt: Untersuchungen zur Marktpräsenz sächsischer Produkte vom Herbst 1993 zeigen, daß der durchschnittliche Anteil sächsischer Frischwaren im Sortiment des Lebensmitteleinzelhandels in jedem zweiten Geschäft mittlerweile bis zu 40 Prozent erreichen kann. Drei Jahre nach der Einheit haben einheimische Produkte „bei der Plazierung im Regal keine generellen Benachteiligungen" mehr zu gewärtigen. Als eines der grundlegendsten Probleme der Produkte stellt die Studie allerdings fest, daß die Anzahl der angebotenen Marken und Sorten deutlich geringer als bei Westprodukten sei, so daß die geforderte Angebotsbreite und -tiefe nur mit Hilfe von Marken aus den alten Bundesländern gewährleistet werden kann. Einer artikulierten, nach wie vor hohen Nachfrage nach Produkten aus heimischen Regionen stehe ein leicht im Steigen begriffener, jedoch weiter ausbaufähiger Marktanteil gegenüber.[26]

Heruntergekommene Produktgattungen wie Kaffee und Tafelschokolade aus ostdeutscher Produktion erhielten im Gegensatz zu einheimischen Frischwaren und regionaltypischen Erzeugnissen wie Bier von ihren bisherigen Konsumenten dagegen keine Überlebenschance eingeräumt. Ostdeutsche Schokolade mit Erbsmehl als Kakaoersatz war vollends desavouiert. Und den ostdeutschen Kaffeemarkt hatten die westdeutschen Marken bereits vor der Wende fest im Griff: rein rechnerisch bedienten sie via Päckchen und Intershops schon zu DDR-Zeiten rund 15 Prozent des gesamten DDR-Kaffee-Verbrauchs.[27] Ebenfalls nicht vom Ostprodukte-Bonus zehren konnten anfangs langlebige Konsumgüter: bei elektrischen und elektronischen Geräten, selbst im Bereich klassischer Haushaltgeräte wie bei Kühlschränken und Waschmaschinen, dominierten die Westmarken das ostdeutsche Marktgeschehen. Eine vorsichtige Ausgabepolitik der privaten Haushalte versuchte bei preisintensiven Investitionen jedes Risiko zu meiden. Ein erstarkendes Vertrauen in technische Güter aus den neuen Ländern ist erst seit 1992/93 auszumachen.[28]

Nicht nur die Einstellung zu den Produkten, sondern die Beschaffenheit der Ostprodukte selbst erzählt Wendegeschichte. Vielfach noch vor dem Engagement bundesdeutscher Kooperationspartner und vor der Übernahme durch westliche Konzerne war die Zeit der Improvisationen abgelaufen. Denn schon die Einführung der starken Westwährung hatte es ambitionierten Betrieben ermöglicht, gute Rohstoffe aufzukaufen und erste Investitionen zu tätigen. In der zweiten Hälfte des Jahres 1990 bereits kam ein Sog in Gang, der Produkt- und Verpackungsqualität im Osten auf Westniveau heben sollte. Relativ rasch ging dieser Wandel in der Nahrungs- und Genußmittelbranche vonstatten.

Die ostdeutschen Verbraucher nahmen diese Anstrengungen wahr und honorierten sie. Hinzu kam eine Veränderung, welche das wichtigste politische Produktattribut aus DDR-Zeiten in sein Gegenteil verkehrte: Der Markenname blieb, die Verpackung wurde zusehends ansprechender und die Qualität verbesserte sich stetig, das gesellschaftliche Fundament dieser Produkte jedoch, die sozialistischen Produktionsverhältnisse, wurde hinfällig. Damit war der Kern sozialistischer Produktagitation und Produktionspropaganda ausgehöhlt. Die DDR-Produkte hatten sich zu Ostprodukten gemausert.

Mit den Partnern und neuen Herren hielt westliches Produktions- und Marketing-Know-how in den ostdeutschen Betrieben Einzug. Diejenigen Werbestrategen freilich, welche blindlings auf bewährte westdeutsche Kommunikationsstrategien setzten, mußten bald feststellen, daß die Absatzziffern ihrer Produkte stagnierten oder sanken.[29] Die Werbebotschaften des Westens, ihre Emblematik, ihre Sprache und ihre Bilder, verfingen nach der Wende im Osten nicht mehr. Westmanager, die mit ihren Produkten am Markt reüssieren wollten, waren gezwungen, die mentale Befindlichkeit der Ostdeutschen zu erkunden und in ihre Marketingkonzepte als Konstante einzubauen. Die Erfolgsgeschichte der nachfolgend skizzierten Produktbeispiele verdeutlicht dies.

Welche Schubkraft die Besinnung auf die einheimischen Erzeugnisse seit 1991 gewonnen hatte, spiegelte sich augenfällig im ostdeutschen Konsumklima Ende 1992 wider: Auf die Frage, welche Marken im Haushalt „hauptsächlich" verwendet würden, gaben bei Margarine zwar 46 von hundert die westdeutsche 'Rama' an, zugleich erzielten die traditionellen DDR-Marken 'Sahna', 'Sonja' und 'Marina' aus Sachsen insgesamt 40 Prozent der Nennungen. Im stark segmentierten Spirituosen-Markt stand jeder Vierte zu altbekannten DDR-Labels wie 'Wilthen', 'Nordhäuser' und 'Goldkrone'. Im Sektor Geschirrspülmittel vereinigte der Marktführer in Ostdeutschland, die frühere DDR-Marke 'Fit', 41 Prozent der Nennungen auf sich,[30] während die Westprodukte 'Pril' und 'Palmolive' sich mit jeweils rund 26 Prozent zufriedengeben mußten. Bei den Waschmitteln dominierte unangefochten die 1968 als sogenannte Spezial-Entwicklung eingeführte DDR-Marke 'Spee', die für sich den Titel 'Waschmittel der deutschen Einheit' reklamierte. Das profilierte 'Spee' zog 62 Prozent der Nennungen auf sich; weit abgeschlagen blieben dagegen das deutsche Markenprodukt schlechthin, 'Persil', gleichfalls aus der Henkel-Familie, und 'Ariel' mit jeweils rund 20 Prozent der Markennennungen.[31] Als Vorreiter dieser sich seit 1991 verstärkenden Entwicklung erwies sich der ostdeutsche Zigarettenmarkt. Die Probierphase, getreu dem Werbemotto „Test the West", war bei den geschmacks- und anmutungsintensiven Tabakprodukten bereits im Laufe des Jahres 1990 weitgehend abgeschlossen. Die ostdeutschen Traditionsmarken erreichten infolgedessen in den ersten Monaten nach der Währungsunion einen Marktanteil von rund sechzig Prozent in den neuen Ländern.[32]

Zwar wird aus absatz- und marktpolitischer Sicht ein weiterer, dritter Abschnitt der Entwicklung postuliert, denn seit Mitte 1992 sei es gelungen, die „ersten Absatzerfolge zu stabilisieren und teilweise auch auszubauen".[33] Aus produkt- und mentalitätsgeschichtlicher Sicht scheint eine solche Zäsur jedoch vorerst nicht gerechtfertigt. Ein vorsichtiger Versuch der Periodisierung kann unter Einbeziehung des sozialstatistischen Datenmaterials grob zwei Phasen unterscheiden: eine erste Zeit der Neugier und des Ausprobierens der 'Westwaren' seit Öffnung der Grenze und insbesondere seit der Wirtschafts-, Währungs- und Sozialunion 1990 und eine Phase zunehmender Besinnung auf die Werte der Ostprodukte mit dem Jahr 1991. An einigen wenigen Beispielen sollen nun diese 'Werte' und mentalen Gehalte der Ostprodukte erörtert werden.

Geschmack und Eigensinn

„Der Geschmack bleibt." Dieser Werbeslogan repräsentiert ein produktpolitisches Erfolgsprogramm. Die von den Vereinigten Zigarettenfabriken Dresden (VeZiFa) hergestellte Zigarette 'f6' war bereits am DDR-Markt die

Abb. 29: Ostdeutscher local hero: die 'f6' aus Dresden.

Nummer zwei gewesen. Die Geschichte dieser Marke läßt sich bis in die dreißiger Jahre zurückverfolgen, als in der Tabakstadt Dresden die deutsche Filterzigarette ihre Premiere feierte. Nach dem Krieg wurde die Zigarette in der DDR zunächst unter dem Namen 'f58' vertrieben. Nach weiteren Produktverbesserungen kam schließlich im Jahr 1962 die erste moderne Filterzigarette aus Dresden unter dem Namen 'f6' auf den Markt. Das Markenkürzel 'f6'[34], in Westdeutschland fast unbekannt, repräsentiert gleichwohl eine der erfolgreichsten Produktgeschichten in Deutschland.

Noch im Juli 1990 lag die 'f6' mit 15,3 Prozent Marktanteil hinter 'Cabinet', die mit 27,7 Prozent Marktführer war. Im Jahr 1991 rückte die

Ostzigarette zum unangefochtenen Marktführer in den neuen Ländern auf. Entscheidend für den Erfolg der traditionellen DDR-Marke war ein Marketingkonzept, das eine äußerst behutsame und einfühlsame Renovierung vorsah. Im September 1990 hatte der in München beheimatete Tabakkonzern Philip Morris GmbH die Dresdener Tabakfabriken und damit die einstigen DDR-Marken 'f6', 'Juwel' und 'Karo' übernommen. Die Westdeutschen hatten den richtigen Riecher und, so der Leiter der Marketing-Abteilung: „Wir haben eigentlich erstmal hingehört."[35] Das Layout der 'f6'-Packung wurde nur unwesentlich verändert und vor allem: am „unverwechselbar kräftigen und würzigen Geschmack" wurde nicht experimentiert. „Die ostdeutschen Konsumenten waren glücklich", so der Konzern, „daß man sich mit ihren Produkten so liebevoll befaßt." Die 'f6' sei eben „ein Stück Ostdeutschland, ein 'local hero' (...)".[36] Ihre Dresdener Schwester, die 'Juwel', rief die Sympathiefigur eines ostdeutschen Rauchers in den deutsch-deutschen Zeugenstand, der trotzig behauptete: „Ich rauche 'Juwel', weil ich den Westen schon getestet hab'. Eine für uns."[37]

Solche Reklame verdichtete kollektive Erfahrungen der neuen Bundesbürger, welche die mentale und damit auch die wirtschaftliche Renaissance mancher Ostprodukte im Laufe des Jahres 1991 ermöglichten. Der Westen und seine Produkte, so eine der grundlegenden Lektionen der Einheit aus der Sicht der ehemaligen DDR-Bürger, hatte mehr versprochen als er zu halten vermochte. Wohlgemerkt: dies ist eine Einschätzung aus dezidiert ostdeutscher Perspektive. Denn in diesem Zusammenhang soll nicht unerwähnt bleiben, daß das demonstrative Abrücken von bestimmten Westprodukten auch als Folge von weit überzogenen Erwartungshorizonten seitens der ehemaligen DDR-Bürger interpretiert werden kann. Der Anmutungskomplex von Glauben und Hoffnungen, mit welchem manches Westprodukt hinter dem antikonsumtiven Schutzwall seit Jahrzehnten aufgeladen war, mußte zwangsläufig mit den Produktrealitäten kollidieren und ließ sich im Alltagsgeschehen der Einheit nicht einlösen. Insofern können wir nicht nur von einem Produktstau, sondern auch von einem Anmutungsstau und dessen Folgen sprechen.[38] Hinzu kam, daß die ehrgeizige politische Vision von künftig „blühenden deutschen Landschaften"[39] wie selbstverständlich mit der unmittelbaren Präsenz einer florierenden Produktlandschaft verknüpft wurde. Mangelnde konsumtive Kompetenz der ehemaligen DDR-Verbraucher führte jedoch zu eklatanten Fehleinschätzungen des Leistungsvermögens der Waren des Westens.

Im Geschmack, so stellte sich denn auch alsbald heraus, würde es so schnell keine Einheit zu feiern geben. Erhebungen des Instituts für Marktforschung in Leipzig zeigen, daß sich die ostdeutschen Verbraucher nach Abschluß der Probier- und Neugierphase auf ihren Geschmack zurückbesannen. Die befragten Verbraucherinnen und Verbraucher in den neuen Ländern beharren darauf, daß Brot und Brötchen, Wurst und Fleisch, Butter und Milch aus einheimischer Produktion, aber auch Bier und Zigaretten, geschmacklich besser als konkurrierende Westprodukte seien. Erzeugnisse aus diesen Sortimenten des täglichen Bedarfs werden deshalb von der großen Mehrzahl der Befragten „oft" gekauft.[40]

Die Zigarette 'f6' wolle keineswegs von einem „falsch verstandenen Konservatismus" in Dienst genommen werden, erläutert der Tabakkonzern die Konnotationsgeschichte des Markenkerns, „vielmehr wird durch diese Zigarette ein Stück ostdeutscher Kulturgeschichte repräsentiert, die inzwischen wieder einen bedeutenden Teil der Identitätsbildung der Bürger in den neuen Bundesländern ausmacht. Das offene und demonstrative Bekenntnis zum eigenen Geschmack als Ausdruck eines sich neu entwickelnden Ost-Bewußtseins schlägt sich deshalb auch im Rauchverhalten der Ex-DDR-Bürger nieder: f6 als Symbol für gewachsene Tradition und erfolgreiche Selbstbehauptung."[41]

Nicht subtil wie die 'f6', sondern plakativ brachte dies 'Karo', die Dritte im Bunde der Dresdener Zigaretten, zum Ausdruck. 'Karo', Kultzigarette und Kind der fünfziger Jahre, gewissermaßen die 'Gauloise' des Ostens, lag ganz richtig, als sie sich selbst während der zweiten Hälfte des Jahres 1991 in provokativen Anzeigen zum „Anschlag auf den Einheitsgeschmack" erklärte. Die Zigarette konnte sich die entschiedene Opposition gegen den Geschmack der Einheit und gegen den Bei-Geschmack der Einheit leisten. Schon zu DDR-Zeiten galt sie als „nicht gesellschaftsfähig".[42] Allgemein als Außenseiter anerkannt, nahm sich 'Karo' die Freiheit, den virulenten Unmut ihrer damals wie heute kritischen Klientel unmißverständlich zum Ausdruck zu bringen. Zur Zielgruppe der 'Karo' zählen auch die intellektuellen Akteure der Wende, die Bürgerrechtler und Verfechter der Vision einer reformierten DDR – eine Gruppe, die sich mehr und mehr in die Rolle des gesellschaftlichen und politischen Außenseiters gedrängt sah. Insofern die Zigarette aber ein entschlossenes, geradezu aggressives Bekenntnis zum eigenen Geschmack ablegte, formulierte 'Karo' überdies stellvertretend für eine schweigende Mehrheit der in der DDR sozialisierten Verbraucherinnen und Verbraucher eine zunehmend zurückhaltende Einstellung zu manchen Westprodukten: die Besinnung auf den gewachsenen Geschmack birgt eine Rationalität ostdeutschen Eigensinnes in sich.

Nehmen wir noch einmal den Slogan einer Zigarettenmarke zu Hilfe, um uns dem ostdeutschen Geschmacksverständnis anzunähern. „Unparfümiert und unverfälscht" behauptete die Zigarette 'Cabinet' zu sein und reklamierte das Bild rauher Rügener Landschaften für sich: kräftig und

Abb. 30: Opposition gegen den Bei-Geschmack der Einheit: 'Karo'.

stark muß nicht nur die Zigarette, sondern auch der Kaffee sein; das Brötchen soll nicht aufgeblasen, sondern handfest daherkommen und Wurst
wünscht man sich mit Würze; kurz, nicht „light" und Lifestyle sind gefragt,
sondern ostdeutsche Bodenständigkeit: eben unparfümiert und unverfälscht. „Parfümiert" und „verfälscht" dagegen stehen für das andere und
die anderen; es sind Etiketten, welche im Osten Deutschlands manchen

Westprodukten anhängen, und es sind Attribute, mit denen Ostdeutsche ihre Einheits-Erfahrungen mit Westbürgern charakterisieren. Die Stereotypen, die einst vor der Wende wie selbstverständlich den Westprodukten zugeordnet wurden, haben nunmehr die Produktfront gewechselt. Die Echten, die Eigentlichen sind jetzt nicht mehr die Waren aus dem Westen, sondern diejenigen aus „unserer Heimat". Ihr hoher Anmutungsanspruch, moralische Wertkomplexe wie gute Qualität, anständiges Verhältnis von Preis und Leistung, Vertrauen und Zuversicht, Redlichkeit und Ehrlichkeit zu vertreten, wird vollauf akzeptiert. – Eine geradezu revolutionäre Entwicklung der Produktbeziehung, die zu DDR-Zeiten undenkbar gewesen wäre.

Produkte als Heimatspender

„Was macht unser Wernesgrüner so gut?" Die vogtländischen Bierbrauer antworteten auf diese rhetorische Frage mit einer dreiteiligen Anzeigenstaffel. Bilder und Texte entführten den ostdeutschen Betrachter im Jahre 1990/91 zu loci amoeni des sächsischen Berglandes, jeweils untertitelt mit der beziehungsreichen Sentenz „Wie es uns gefällt". Gezeigt wurden kraftvoll-idyllische Ansichten einheimischer Naturschönheiten: „Der Wald vom Vogtland" und „Der Bergquell vom Vogtland". „Bei uns ist die Natur zu Hause. Unser weiches, klares Bergwasser aus dem Vogtland und die sorgfältige Pflege edler Braukunst in der Tradition seit 1436 machen den Genuß von Wernesgrüner Pils immer wieder zu einem großen Erlebnis." Die Summe dieses Bilderlebens zog jene Anzeige, die bündig postulierte: „Unsere Heimat, das Vogtland."

Die Produkt- und Unternehmensgeschichte, die hier nur grob skizziert werden kann, reicht in der Tat über fünfhundert Jahre zurück, denn im mythischen Gründungsjahr 1436 war den Gebrüdern Schor(er) aus der 1411 erstmals urkundlich erwähnten Siedlung Wernesgrün das Braurecht verliehen worden. In der zweiten Hälfte des 18. Jahrhunderts waren dann zwei Brauereibetriebe in dem kleinen Ort bei Plauen entstanden, die bis zum Jahr 1974 Bestand hatten. Im 25. Jahr des Bestehens der DDR war durch Verschmelzung des Volkseigenen Betriebes (VEB) Exportbierbrauerei, der nach der Verstaatlichung im Jahr 1949 zunächst als VEB Grenzquell-Brauerei Wernesgrün firmiert hatte, und der seit 1958 halbstaatlichen Wernesgrüner Brauerei KG, die wiederum aus der Ersten Wernesgrüner Aktienbrauerei (vormals C. G. Männel) AG hervorgegangen war, der Vereinigte VEB Exportbierbrauerei gebildet worden. 1990 reprivatisierte die Treuhand den sozialistischen Braukonzern mit einem Ausstoß von 614 000

Hektolitern Bier im Jahr 1980 als Wernesgrüner Brauerei AG, die 1993 bereits wieder 480 000 Hektoliter des Gerstensaftes umsetzte.[43]

Das Qualitätserzeugnis aus dem sächsischen Vogtland gehörte, wie das 'Ur-Krostitzer' oder das 'Radeberger' Pilsener, bereits vor der Wende zu den qualitativ besseren, begehrten Biersorten der DDR. Der Tauschwert der DDR-Premiummarke lag so hoch, daß das Bier zuweilen gar als „Vogtland-Dollar", also wie ein Zahlungsmittel, gehandelt wurde. Daß die politische Wende zugleich als Preis- und als produktpolitische Revolution aufgefaßt werden konnte, zeigt die Kommunikation zwischen Konsumenten und Produzenten. „Ich weiß selbst, daß wir vor wenigen Jahren noch nur ein Minimalangebot hatten und gerade in diesem Bereich von einer Auswahl kaum gesprochen werden konnte, wenn es überhaupt etwas gab", schreibt ein Bierfreund aus Bad Freienwalde 1992 an die Brauerei. „Und wann gab es schon mal Wernesgrüner?? (...) Inzwischen kam die Wende und man wurde hier regelrecht überflutet." Gleich geblieben freilich sei die „hervorragende Qualität" des Produktes, für die er seinen Dank abstatten möchte.[44]

Während 'Wernesgrüner' Bier wie manch andere Biermarke und wie manche Wurst- und Senfsorten primär ein regional geprägtes Geschmacks- und Heimatverständnis vergegenwärtigt, steht ein Getreideerzeugnis aus Sachsen-Anhalt nicht so sehr für seine Heimatregion, sondern durchaus für einen DDR-eigenen Geschmackshorizont, der sich nach der Wende auch in den fünf neuen Bundesländern glänzend zu behaupten wußte. Knäckebrot aus der Stadt Burg bei Magdeburg dominierte im Jahr 1993 unangefochten den Ostknäckemarkt mit geradezu sagenhaften 65 Prozent; in den alten Bundesländern erreichten die Burger Bäcker einen Anteil von immerhin 15 Prozent.

Der Ernährungsforscher Dr. Wilhelm Kraft hatte den Betrieb 1931 in der Magdeburger Börde, einer der Kornkammern Deutschlands und verkehrstechnisch günstig gelegen, gegründet; die Firma gilt als älteste und somit erste deutsche Knäckebrotfabrik. Der VEB Burger Knäckewerke war Alleinhersteller von Knäckebrot in der DDR und produzierte zuletzt vierzig Tonnen pro Tag; im Wendejahr 1989 erreichte der Betrieb einen Ausstoß von insgesamt 10 300 Tonnen und einen Gesamtumsatz von knapp einhundert Millionen Mark der DDR. Anfang 1993 wurde der ehemalige Knäckemonopolist von der Berliner Unternehmensgruppe Geschi-Brot Schiesser & Sohn GmbH übernommen.[45]

Wie sehr das ehedem blasse, weißgelb gestreifte DDR-Knäcke, das seit 1991 mit dem eingängigen Slogan „Ein knackiges Stück Heimat" wirbt, zu den mentalen Grundbeständen eines veritablen Heimat-Bewußtseins gehören kann, führt uns der Brief eines 75jährigen Rentners vor Augen, der sich in Baden im Exil wähnt. „Jahrelang habe ich das Burger Knäckebrot 'Urtyp' zu meinen Mahlzeiten verwendet. Nun bin ich aber von Böhlitz-Ehrenberg/Leipzig (...) nach dem Schwarzwald umgezogen. Und hier vermisse ich das 'knackige Stück Heimat'. Kurz vor dem Umzug beschaffte ich mir noch eine 24iger Packung, die aber nun inzwischen aufgebraucht ist." Mit seinem Schreiben orderte der Mann einen weiteren Karton seines geliebten Trockenbrotes.[46]

Die Beispiele sind Legion und es scheint unübersehbar: Produkte erheben den Anspruch, 'Heimat' zu sein, und Konsumenten erheben den Anspruch, mit Hilfe von Produkten 'Heimat' zu erleben.

Weder Produktpolitiker von der betriebswirtschaftlichen Disziplin noch Heimattheoretiker aus den geisteswissenschaftlichen Fakultäten haben sich bislang mit dem alltagsästhetischen Phänomen 'Produkt als Heimat' auseinandergesetzt.[47] Durchaus gegensätzliche Optionen heimattheoretischer Begrifflichkeit sollen hier auf die Heimatleistung von Ostprodukten nach der Wende angewandt werden. Zunächst der eher klassisch zu nennende Begriff von Heimat, der sich auf sinnlich wahrnehmbare Lokalitäten bezieht und in Erfahrungen des 19. Jahrhunderts wurzelt, sodann ein vorwiegend sozial und utopisch motivierter Begriff von Heimat, wie er seit den siebziger Jahren unseres Jahrhunderts im Westen diskutiert und entwickelt wurde. Schließlich stellt sich die Frage, ob das Besinnen auf die Ostprodukte womöglich auf die Renaissance einer „sozialistischen Heimat DDR" verweist und als Nostalgiephänomen abzutun ist.

Das bürgerliche Heimatbild in der Tradition des vergangenen Jahrhunderts entwirft freundliche Ansichten schöner und unberührter Naturlandschaften: Motive wie 'das stille Tal', 'der vertraute Fluß', 'das verträumte Bächlein' und 'unser Vaterhaus' gehören zum klassischen Bilderkanon dieser Heimatanmutung. Nicht die städtische Lebenswelt wird dargestellt, sondern ländliche Umgebungen werden idyllisiert, nicht aktive Gestaltung, sondern passive Aneignung von Räumen, aufgeladen mit Werten wie 'Gemütlichkeit' und 'Innerlichkeit', dominiert. Der in weiten Kreisen des Bürgertums spürbare enorme Modernisierungsdruck, verbunden mit mangelhaften gesellschaftlichen Partizipationsmöglichkeiten, fand bilderschwangere Aus-Wege. Heimat kann in diesem Zusammenhang als solche erst empfunden werden, weil sie als verloren erlebt wird. „Heimat ist hier Kompensationsraum, in dem die Versagungen und Unsicherheiten des eigenen Lebens ausgeglichen werden, in dem aber auch die Annehmlichkeiten des eigenen Lebens überhöht erscheinen: Heimat als ausgeglichene, schöne Spazierwelt. In den Bildern und Sprachbildern mendeln sich damals die festen Formeln des Pittoresken heraus, die bis heute für diese Vorstellung von Heimat maßgebend sind – Heimat als Besänftigungslandschaft, in der scheinbar die Spannungen der Wirklichkeit ausgeglichen sind."[48]

Es kann kein Zweifel daran bestehen, daß das Bildprogramm der Ost-produkte idyllische Topoi in der Tradition des bürgerlichen Heimatver-ständnisses bevorzugt: Unser kleiner Bilderreigen begann an der Ostsee, wo sich die Zigarette 'Cabinet' als „unverfälscht und unparfümiert" aus-wies. Wir durchwanderten die satten Wälder des Vogtlandes, folgten dem reinen Quellwasser, um nach Wernesgrün und damit zum Premium-Pilsener zu gelangen. Jetzt überblicken wir die in sanfte Frühnebel gehüllten Berg-landschaften des Erzgebirges: Unter dem Motto „Mehr Sachsen" geht die Sonne auf und wir hören den Mitteldeutschen Rundfunk, der sich hier als unser „Heimatsender" offenbart. Die Basteibrücke im Elbsandsteingebirge, von der Abendsonne romantisch illuminiert, soll das unendliche Bilder-band ostdeutscher Heimatansichten vorerst abschließen. Die Interpreta-mente des bürgerlichen Heimatbegriffes dürfen deshalb auch für die hier vorgeführte Topographie der Ostprodukte gelten: Heimaterfahrung nach der Wende ist in den neuen Ländern von kollektiven Verlusterfahrungen und Verlustängsten geprägt: Arbeitsplatz und Sozialstatus, Bezüge und Be-ziehungen sind ständiger Bedrohung ausgesetzt. Es drohen Abwicklung und Deindustrialisierung, Sicherheiten schwinden und die Zukunft ist mehr als ungewiß. Die Bildanmutungen der Ostprodukte präsentieren in dieser prekären Situation eine plausible und probate Kompensationsstrategie, die Produktlandschaft gerät zur „Besänftigungslandschaft".

„Gutes neu erleben!" ist die Botschaft der Zigarette 'Club', die sie den ehemaligen Bürgerinnen und Bürgern der DDR im Angesicht der Bastei-brücke zuruft. Der Slogan verbalisiert treffend, wovon der Bilderkanon der Heimat lebt. „Das Image der Club verdeutlicht eine Zigarette für Men-schen mit höherer Bildung, besser Verdienende mit gehobenem Lebensstil", schreibt die Marketingabteilung des Kölner Tabakherstellers, „die ein Stück Vertrautheit, Sicherheit und die Emotionalität des Lebens vor der Wende verinnerlichen aber trotzdem aufgeschlossen sind gegenüber Neu-em." 'Club' wolle „Vertrautes vermitteln ohne dabei im Gestrigen stecken-zubleiben".[49] Die Produkte und ihre Topographie stellen für Betrachter und Konsumenten in ihrer Tiefenstruktur ein Angebot dar, die übermächtigen Folgen des Umbruchs kollektiver Werte und Symbole zu bewältigen und die unentrinnbaren Spannungen zwischen Altem, Vergangenem und Neu-em, Gegenwärtigem aufzuheben: Die Gegensätze lassen sich im Bild der Landschaften versöhnen, denn nur belassene, unberührte Natur kann die begehrte Qualität „Zeitlosigkeit" aufrufen.[50] In den Landschaftsbildnissen können Vergangenheit und Gegenwart schadlos verschmelzen. Und die Ba-steibrücke überspannt das schier Unüberbrückbare, gerät somit zur Zeit-

Brücke, indem sie eine für jedermann gangbare, völlig unverfängliche Verbindung zwischen den Zeiten dar- und herstellt.[51]

Es wäre freilich gänzlich verfehlt, den ostdeutschen Heimatprodukten ausschließlich die psychosoziale Funktion von Remedien, gar von Tranquilizern zuzuweisen. Sie leisten mehr.

Votum für ostdeutsche Produkte ist keine Nostalgie

Der reformerische Heimatbegriff lebte in der gesellschaftlichen Aufbruchsphase der siebziger Jahre in der Bundesrepublik auf. Heimat, bislang mit Borniertheit, Begrenztheit, ja Miefigkeit verbunden, wurde als Kategorie neu entdeckt und geradezu euphorisch ins Positive, Aktive und Utopische gewendet. „Heimat ist nicht 'Welt', sondern eine spezifische Umwelt, in der der Mensch sich auskennt, erkannt und anerkannt wird und sich selbst als ein tätiges, mitgestaltendes Mitglied erkennt."[52] Dieses anspruchsvolle Konzept von Heimat will nicht vergangenheitsbezogen, sondern zukunftsorientiert sein; Heimaterfahrung wird als eine bestimmte Form sozialer Kompetenz verstanden: Heimat'pflege' wird nicht nur als Chance, sondern vielmehr als Appell verstanden, politisch und gesellschaftlich tätig zu werden.[53] Man spricht vom bewußten „Umbau der Welt zur Heimat".[54]

„Viele unserer Bürger kaufen Waren von überall, nur nicht aus einheimischer Produktion. Wen wundert es da, wenn sich die Lage unserer Unternehmen nur langsam bessert?" Wohl wissend, daß der Solidaritätsbonus für langlebige, preisintensive Konsumgüter keine Gültigkeit hatte, stellten die Fernsehgerätehersteller ihren Landsleuten im Osten diese Gewissensfrage. In einer Printkampagne postulierten sie trotzig gegen den Trend: „Ostdeutsch, daher gut." Auf einem Fond im bekannten Rotton einstiger Parteipropaganda erklärte RFT Staßfurt[55] weiter, es seien „gerade hochwertige ostdeutsche Waren", die es „mit jeder Konkurrenz" aufzunehmen vermöchten.[56] Ein roter Hintergrund als Vertrauen erweckende Grundlage von Massenkommunikation mit der Ansprache ostdeutscher Zielgruppen war damit in der zweiten Hälfte des Jahres 1992 wieder möglich geworden – ein bemerkenswertes Phänomen, wenn man bedenkt, wie sehr die Farbe Rot bei den Leipziger Montagsdemonstrationen verpönt war.[57]

Diese Kampagne zählt zu einer ganzen Gattung von Einheits-Kommunikationen, die das Sujet der Einheit thematisieren, indem sie ostdeutsche Trotz-Mentalität verstärken. Hierzu zählt zum Beispiel auch der prägnante Slogan der Ende der sechziger Jahre eingeführten DDR-Colamarke 'Club', die nach der Wende von Spreequell Mineralbrunnen GmbH, Berlin, mit gewissem Erfolg wieder in den Softdrinkmarkt in Berlin und Brandenburg integriert werden konnte: „Hurra ich lebe noch!"[58] Solche Trotz-Anzeigen sind Appelle an ein lädiertes Selbstbewußtsein, das sich über „die Arbeit" definiert, und zugleich Zu-Spruch, der ein wenig Mut macht, die zahllosen Wirren und Unsicherheiten des Einheitsgeschehens „überleben" zu können und zu wollen.

Die anfangs geschmacksgesteuerte Wendung der Ostdeutschen zu „ihren" Produkten müssen wir seit 1992 als einen bewußten Akt der Selbsterhaltung verstehen – im individuellen wie im gesellschaftlichen Sinne. Auf die Frage, welche Gründe sie beim Einkauf von Waren des täglichen Bedarfes leiten würden, ergibt sich Anfang 1993 folgendes Meinungsbild: Daß man an „ostdeutsche Firmen und Marken gewöhnt" sei, spielt für ein Viertel der Befragten eine Rolle, 54 von hundert beharren auf dem besseren Geschmackserlebnis und 80 von hundert Befragten bestätigen, daß die „Qualiät ja ebenso gut sei". Drei Viertel aller Befragten erklärt überdies ausdrücklich, man wolle „hiesigen Firmen eine Chance geben", und 81 von hundert geben ihrer Hoffnung Ausdruck, auf diese Weise zur Sicherung von Arbeitsplätzen in den ostdeutschen Regionen beizutragen.[59] Das Ja zu den heimischen Erzeugnissen kommt damit einer regelrechten Abstimmung mit dem Einkaufskorb gleich: In den Supermärkten und Warenhäusern der fünf neuen Länder findet tagtäglich ein produktpolitisches Plebiszit statt, das Partei ergreift für die eigene Geschichte und für die Zukunft einer scheinbar abgeschriebenen Region. Mit dem alltäglichen Votum für das Ostprodukt ist damit ein sehr rationales, engagiertes Plädoyer für die soziale Umwelt verbunden; die Produktwahl wird zu einem Beitrag zur verantworteten Mitgestaltung von Heimat.

„Auch ich bevorzuge Ostprodukte, wenn ich die Wahl habe", bekennt eine Leserin. „Irgendwelches 'DDR-Heimatgefühl' empfinde ich nicht, sondern allein der Verstand rät mir, dazu beizutragen, daß Arbeitsplätze gesichert werden."[60] Die Auffassung dieser Leipzigerin dürfte für die Mehrzahl derjenigen, die für Ostprodukte votieren, repräsentativ sein. Ein Gefühl von und für Heimat im Sinne der beiden soeben vorgestellten Konzepte ist sicher anzunehmen. Ein Votum für eine „sozialistische Heimat DDR", wie sie seit dem dreißigsten Jahr des Bestehens propagiert wurde, dürfte, wenn überhaupt, nur eine nachgeordnete Rolle spielen.

Noch einmal sei auf die enge Verwobenheit von Produktbiographie und persönlicher Biographie, von Produktgeschichten und Geschichten der Menschen hingewiesen. Das Ja zum Ostprodukt muß geradezu zwangsläufig zum Bekenntnis zur eigenen Sozialisation und zur eigenen Vergangenheit geraten. Wir haben es mit Biographien und Geschichten zu tun, die sich selbstverständlich nur im Kontext einer Geschichte der DDR erzählen

Abb. 31: Allen Abwicklungen getrotzt: 'Club Colas' Revival.

und aufarbeiten lassen. „Heimat bedeutet auch Beständigkeit der Dingwelt, ohne daß der Mensch die Bedrohung durch Vergänglichkeit vergessen könnte. Gerade deshalb hat das Verhalten des Menschen zu den Dingen etwas mit Heimat zu tun. Und beides hat mit Treue zu tun. Damit wird eine Beständigkeit der Welt gewonnen, die Voraussetzung von Heimat ist. Von Treue gegenüber den Dingen zu sprechen, hat deshalb einen Sinn, weil es Treue gegenüber den Menschen ist, die diese Dinge geschaffen haben, und gegenüber sich selbst, der lange mit diesen Dingen umgegangen ist, und gegenüber der Zeit, die wir im Guten und Schlechten mit ihnen verbracht haben."[61] Die resolute Produkttreue ist keineswegs als allzu späte Einlösung des zu den Staatsfeiertagen der DDR abverlangten Treuegelöbnisses zum Sozialismus zu verstehen.

„Nicht zufällig blüht im Osten eine merkwürdige DDR-Nostalgie. Ich meine damit nicht die Besinnung auf das Eigene – auf die Wurst aus Eberswalde, das Knäckebrot aus Burg, den Urlaub an der Ostsee, die Filme der Defa, die Rocklieder made in GDR, die Freunde in Warschau und Prag. Diese Besinnung auf das, was im eigentlichen Heimat war, ist heilsam", kommentiert der Bürgerrechtler Konrad Weiß.[62] Produkte als Balsam für die Seele: Spätestens jetzt machen Ostlabels, insbesondere aber Bier-, Genußmittel- und Zigarettenmarken, dem Titel „Markenprodukt" alle Ehre: die Ostprodukte produzieren ein Erlebnis von Sicherheit über alle Zeiten hinweg. Sie gewähren, für jedermann zugänglich und erschwinglich, ostdeutsche Kontinuität und Identität. „Auch stirbt bei mir mit jeder alten Weinsorte, jeder Zigarettenmarke, die hier verschwindet, ein Stück meiner Identität. So seltsam das auch klingen mag, aber es hat einen realen Hintergrund: Durch die Art und Weise des Beitrittes wurde nicht nur das zerrüttete System der DDR beseitigt, sondern wurden auch Biographien, Identitäten und Hoffnungen ausgelöscht", erklärt der Student Jens Behrens, einer der Leipziger Montagsdemonstranten.[63]

Freilich läßt sich kritisch anmerken, daß die Konstitution von Heimat via Produkt eine allzu oberflächliche und sanfte Form einer „Vergangenheitsbewältigung" und „Identitätsstiftung" sein kann. „Die gute Ostnudelsuppe als Hort der Geborgenheit, Nostalgie als Versuch, die eigene Anpassung an das System vor sich selbst zu verbergen: Denn wenn es so übel nicht war, war auch die Anpassung nur halb so schlimm."[64] Dieser Einwand entbehrt nicht seiner Berechtigung; jedoch sollten wir die Besinnung auf Ostprodukte nicht eilfertig als nostalgisches Verfahren der Aneignung von Vergangenheiten abtun. Bloße Nostalgie ist es, wenn Westdeutsche in eigens eingerichtete Shops im DDR-Design strömen, um dort mit verklärten Augen unter dem Namenspatronat Augusts des Starken, des sächsischen Kurfürsten, DDR- und Ostprodukte zu erwerben. Für diejenigen, die sie nicht erlebt haben, können die so aufgekauften Vergangenheiten natürlich nur musealen Charakter tragen.[65] Auch in den fünf neuen Ländern gibt es zweifellos nostalgische Erscheinungen.

Die Zuwendung zu den Ostprodukten zählt überwiegend nicht dazu. Ganz im Gegenteil, der rationale Kern dieser Bewegung zielt nicht darauf, eine Vergangenheit in toto zu renovieren, sondern darauf, Gegenwart und Zukunft zu gewinnen: die Bewegung vom Geschmack der Heimat hin zur Gestaltung der Heimat ist deutlich zu verspüren.

Anmerkungen

[1] H. Böll: Heimat und keine, in: ders.: Essayistische Schriften und Reden, Bd. 2, Köln 1980, S. 113.

[2] Vgl. die Beiträge des Faches Produktmarketing zum Thema Anmutungsqualitäten: Anmutungsdifferentiale entwickeln zum Beispiel die bei Udo Koppelmann erstellten Dissertationen von A. Friedrich-Liebenberg: Anmutungsleistungen von Produkten. Zur Katalogisierung, Strukturierung und Stratifikation anmutungshafter Produktleistungen, Köln 1976, und C. Schmitz: Die Entwicklung eines Imagery-Instrumentariums zur Erhebung von Anmutungsansprüchen, Köln 1990.

[3] In der Diktion des Philosophen Wolfgang Fritz Haug: „Schein wird für den Vollzug des Kaufakts so wichtig – und faktisch wichtiger – als Sein. Was nur etwas ist, aber nicht nach Sein aussieht, wird nicht gekauft." Den Terminus „Gebrauchswertversprechen" stellt Haug dem „Gebrauchswert" entgegen. Das Gebrauchswertversprechen definiert Haug als einen vom Tauschwert der Ware gesteuerten Komplex „ästhetischen Scheins"; wohingegen der Gebrauchswert cum grano salis die materielle Basis des Produktganzen darstellt.
W. F. Haug: Kritik der Warenästhetik. Mit einer Nachbemerkung zur achten Auflage, Frankfurt am Main [10]1990, S. 17; siehe auch ders.: Warenästhetik und kapitalistische Massenkultur (I). „Werbung" und „Konsum". Systematische Einführung in die Warenästhetik, Berlin 1980.

[4] Diese Auffassung vertritt insoweit auch Reinhold Bergler: Werbung – Spiegelbild der Gesellschaft, in: Frankfurter Allgemeine Zeitung, Nr. 136 vom 15. 6. 1991.

[5] Ausführlich dazu siehe R. Gries/G. Diesener: Nachkriegsgeschichte als Kommunikationsgeschichte. Deutsch-deutsche Projekte zu Produktwerbung und Politikpropaganda, in: Deutschland Archiv, Jg. 26, 1993, Heft 1, S. 21–30.

[6] Wir wählen damit einen eng gefaßten und damit präziseren Begriff, der auch den nachfolgend zitierten Befragungen des Institutes für Marktforschung GmbH Leipzig zugrunde liegt. In der Alltagssprache des Handels werden unter „Ostprodukten meist auch westliche Markenwaren (subsumiert), die in den neuen Bundesländern hergestellt worden sind"; T. Nassua: Absatzprobleme von Konsumgütern aus den neuen Bundesländern. Darstellung von sich wandelnden Konsumentenpräferenzen und der Beschaffungs- und Absatzpolitik des Handels unter besonderer Berücksichtigung des Produktdesign (zugl. ifo-Studien zu Handels- und Dienstleistungsfragen 43), München 1993, S. 4.

[7] Aufmacher von ›Bild‹ am 17. 11. 1989, als Faksimile dokumentiert in: Guten Morgen, Deutschland. Das Tagebuch der Freiheit, Hamburg 1989, S. 163.

[8] Der in diesem Beitrag wiederholt benutzte Terminus „Erlebnis" folgt der von G. Schulze: Die Erlebnisgesellschaft. Kultursoziologie der Gegenwart, Frankfurt/Main 1992, S. 43 ff., geprägten Begrifflichkeit: „Erlebnisse werden nicht vom Subjekt empfangen, sondern von ihm gemacht. Was von außen kommt, wird erst durch Verarbeitung zum Erlebnis. Die Vorstellung der Aufnahme von Eindrücken muß ersetzt werden durch die Vorstellung von Assimilation, Metamorphose, gestaltender Aneignung."

[9] Es gibt kein Obst mehr in Berlin. Massenandrang in der geteilten Stadt und den grenznahen Orten, in: FAZ Extrablatt vom 12.11.1989.

[10] Leipzig erlebte erneut Montagsdemonstration, in: Leipziger Volkszeitung (LVZ) vom 14.11.1989, dokumentiert in R. Bohse et al. (Hg.): Jetzt oder nie – Demokratie! Leipziger Herbst '89, Leipzig [2]1989, S. 240.

[11] Leipziger Demontagebuch, Leipzig und Weimar 1990, S. 104 f.

[12] Vom Tage der Öffnung der Grenze am 9.11.1989 bis zum Herbst 1990 „nutzte praktisch die gesamte Jugend der ehemaligen DDR die neuen Reisemöglichkeiten zu mindestens einem, meist aber zu mehreren Aufenthalten in Westdeutschland bzw. in West-Berlin. Stärker noch als alle Berichte in den Medien und aus sonstigen Informationsquellen bestimmen diese Aufenthalte heute das Bild der ostdeutschen Jugendlichen von den alten Bundesländern." R. Hilmer/A. Köhler: Jugend und die deutsche Einheit, in: W. Weidenfeld/K.-R. Korte (Hg.): Handwörterbuch zur deutschen Einheit, Frankfurt am Main [2]1992, S. 413–423, S. 416.

[13] Dieses alltags- und mentalitätsgeschichtliche Interpretament bedarf noch weiterer Forschungen, verdient aber sicherlich eine weit deutlichere Akzentuierung als zuletzt bei H. Zwahr: Ende einer Selbstzerstörung. Leipzig und die Revolution in der DDR, Göttingen 1993, S. 136 ff., insbesondere S. 146, und bei G. Korff: Rote Fahnen und Bananen. Notizen zur politischen Symbolik im Prozess der Vereinigung von DDR und BRD, in: Schweizerisches Archiv für Volkskunde, Jg. 86, 1990, Nr. 3/4, S. 130–160.

[14] S. Heym: Aschermittwoch in der DDR, Essay in: Der Spiegel, 43. Jg., Nr. 49 vom 4.12.1989, S. 55–58, S. 55.

[15] Zwahr (Anm. 13), S. 142. Zur politischen und mentalen Verfaßtheit der „Mangelgesellschaft" siehe R. Gries: Die Rationen-Gesellschaft. Versorgungskampf und Vergleichsmentalität. Leipzig, München und Köln nach dem Kriege, Münster 1991.

[16] Die folgende Darstellung beruht auf zahlreichen Zeitzeugenberichten, die den Verfassern in mündlicher und schriftlicher Form zugänglich gemacht wurden. Zu besonderem Dank sind wir überdies Herrn Horst Randow vom Institut für Marktforschung GmbH Leipzig (IM) verpflichtet, der uns freundlicherweise die neuesten Ergebnisse der Markt- und Meinungsforschung des Institutes zur weiteren Auswertung zur Verfügung gestellt hat. Das Institut für Marktforschung ist 1957 gegründet worden und zählte mit dem Zentralinstitut für Jugendfragen Leipzig zu den wenigen Institutionen in der DDR, die kontinuierlich Sozialforschung durchführen konnten. Die Leipziger Sozialforscher waren dem Ministerium für Handel und Versorgung der DDR unmittelbar unterstellt und verfügten bereits seit Anfang der sechziger Jahre über ein flächendeckendes Interviewernetz. Die Erhebungen des Institutes für Marktforschung basieren heute auf der Befragung von 1250 Haushalten aus einer repräsentativen Stichprobe von 2500 Haushalten insgesamt allein in Ostdeutschland.

[17] Zur Semiotik des Produktes 'Banane' in der Wende siehe Korff (Anm. 13).

[18] Nassua (Anm. 6), S. 10. Vgl. die Artikel: Ostprodukte gewinnen wieder an Boden, in: Süddeutsche Zeitung vom 24.12.1991 und: Ostdeutsche Produkte wieder beliebt, in: Frankfurter Allgemeine Zeitung vom 18.1.1992.

[19] Institut für Marktforschung Leipzig: Verbrauch und Verbrauchsverhalten in den

fünf neuen Bundesländern. Berichtsreihe Konsumklima-Forschung, Bd. IV/1992, unveröffentlicht.

[20] Institut für Marktforschung Leipzig: Verbrauch und Verbrauchsverhalten in den fünf neuen Bundesländern. Berichtsreihe Konsumklima-Forschung, Bd. I/1993, unveröffentlicht.

[21] Im Dezember 1991 sind es insgesamt 84 Prozent und im November 1992 83 Prozent, die mit 'Ja' antworten; „ja, teilweise" gaben Ende 1991 16 von hundert und 1992 24 von hundert an, „ja, unbedingt" forderten 1991 noch 68 von hundert und 1992 59 von hundert; Institut für Marktforschung: Konsumklima-Forschung IV/1992.

[22] Ebd.

[23] Staatliche Hoheitszeichen wie die Landeswappen der neuen Bundesländer werden so unmittelbar zu Trägern von Werbebotschaften. Seit Beginn der politisch unterstützten Ostprodukte-Kampagnen im Jahr 1991 steht beispielsweise das sächsische Landeswappen als Logo im Dienst der Absatzförderung für Agrarprodukte aus Sachsen; vgl. H.-P. Riedlberger: „Spezialitäten aus Sachsen – Qualität aus Tradition", in: Sächsisches Staatsministerium für Landwirtschaft, Ernährung und Forsten (Hg.): Agrarmarketing im Freistaat Sachsen, Dresden 1993, S. 70–74.

[24] Institut für Marktforschung Leipzig: Erhebung im Auftrag des ifo-Instituts München 1991, abgedr. in Nassua (Anm. 6), S. 18.

[25] C. Wunderlich/P. Zimm: Qualitätsprogramme im Freistaat Sachsen, in: Sächsisches Staatsministerium für Landwirtschaft, Ernährung und Forsten (Anm. 23), S. 60–65, S. 61.

[26] Der Marktanteil ostdeutscher Erzeugnisse der Ernährungswirtschaft am Markt in den fünf neuen Ländern wird im Jahr 1993 auf bis zu 40 Prozent geschätzt. Institut für Marktforschung Leipzig: Präsenz von Produkten der sächsischen Ernährungswirtschaft im Sortiment des Lebensmitteleinzelhandels im Freistaat Sachsen – September 1993, angefertigt im Auftrag des Staatsministeriums für Landwirtschaft, Ernährung und Forsten, S. 1, 8 und 18, unveröffentlicht.

[27] Schätzung der Autoren, die auf Angaben des Deutschen Kaffee-Verbandes e.V., Hamburg, beruht; Kaffee-Text Nr. 1/1991, S. 6.

[28] Aufschlußreich und spannend ist beispielsweise die Geschichte des Haushaltgeräteproduzenten Foron GmbH aus dem sächsischen Niederschmiedeberg, der in Zusammenarbeit mit Greenpeace einen sogenannten Öko-Kühlschrank als Vorreiter auf den Markt brachte. Siehe dazu: Der Spiegel, 47. Jg., Nr. 52 vom 27. 12. 1993, S. 101 f.

[29] Die Reemtsma-Produktstrategen erlitten anfangs mit ihrer Ost-Marke 'Cabinet' ein Kommunikations- und Absatzdebakel, weil man bei der Modernisierung und Verwestlichung des Produktauftritts allzu forsch vorgeprescht war.

[30] Das ostdeutsche Spülmittel ist ein Produkt der fit Chemische Produkte GmbH in Hirschfelde, Sachsen. „Fit" kann auf ein Vierteljahrhundert Produktgeschichte zurückschauen und erreichte 1993 einen Marktanteil von dreißig Prozent in den neuen Bundesländern; Lebensmittel Praxis Nr. 19/1993, S. 23.

[31] Es handelt sich bei diesen Ziffernangaben nicht um Marktanteile, sondern um

subjektive Angaben zur Markenpräferenz. Institut für Marktforschung: Konsumklima-Forschung IV/1992.

[32] Das Ausmaß dieses auch in der Branche unerwarteten Erfolges ist auch dem günstigeren Preisniveau der Ostmarken zuzuschreiben.

[33] Nassua (Anm. 6), S. 11.

[34] Der Buchstabe stand für 'Filter' und die Ziffer für 'sechziger Jahre'.

[35] S. Kusch: „Die Marke ist ein Stück Ostdeutschland", in: Horizont. Zeitung für Marketing, Werbung und Medien, Nr. 44 vom 1. 11. 1991, S. 32.

[36] Ebd.

[37] Diese visuelle wie verbale Argumentationsfigur greift durchaus humorvoll auf die seit den siebziger Jahren in der Bundesrepublik im besten Sinne 'populäre' Kampagne des Kräuterlikörproduzenten W. Mast KG zurück: Authentische Repräsentanten des „Volkes" formulierten ihre individuelle Beziehung zum Produkt und ließen sich als Werbefiguren mit der grünen Flasche abbilden: „Ich trinke Jägermeister, weil ich (...) Jägermeister. Einer für alle." Aufschlußreich dabei ist, daß ein im Westen seit Mitte der achtziger Jahre aufgebrauchtes Kommunikationskonzept auf diese Weise im Osten zu neuer Aktualität und Akzeptanz auferstehen konnte.

[38] Die Termini 'Produktstau' und 'Anmutungsstau' lehnen sich den Hauptgedanken der Abhandlung von H.-J. Maaz an: Der Gefühlsstau. Ein Psychogramm der DDR, Berlin 1990. Der Psychotherapeut zeigt die Symptomatik des Gefühlsstaus als eine Folge des Zusammenspiels von Repressionsmechanismen und Mangelsyndromen in der DDR. Die deprimierenden Defizite einer Ästhetik des Alltags in der DDR, wozu die Anmutungen einer ansprechenden Produktkultur zählen, beschreibt der Schweizer Kunsthistoriker Beat Wyss als das „Fegefeuer eines bilderlosen Wartesaals": „So gibt es nicht nur ökonomische, sondern auch ästhetische Gründe für das Scheitern des Sozialismus." B. Wyss: In der Kathedrale des Kapitalismus, in: Alles Design, Kursbuch, Heft 106 vom Dezember 1991, S. 19–31, S. 19.

[39] So Bundeskanzler Helmut Kohl auf dem „Vereinigungsparteitag" von Ost-CDU und West-CDU in Hamburg am 1. 10. 1990. Der Kanzler hatte die Formel von den „blühenden deutschen Landschaften" bereits am 18. 5. 1990 anläßlich der Unterzeichnung des Vertrages über die Schaffung einer Währungs-, Wirtschafts- und Sozialunion zwischen der Bundesrepublik Deutschland und der Deutschen Demokratischen Republik öffentlich vertreten, stets verbunden mit einem Rekurs auf die Aufbauleistungen nach dem Krieg in Westdeutschland; Union in Deutschland, Jg. 1990, Nr. 18 vom 31. 5. 1990, S. 2 ff.

[40] Institut für Marktforschung Leipzig: Erhebung im Auftrag des ifo-Instituts München, 1991.

[41] Schreiben von Philip Morris GmbH, Stephan Becker-Sonnenschein, vom 8. 12. 1993 (im Besitz der Verfasser).

[42] H. Partschefeld: Mehr Produktinformation, weniger Lifestyle. Werbung signalisiert kulturelle Differenzen zwischen Ost und West, in: Unsere Medien – Unsere Republik (Teil 2), Nr. 8, Januar 1994, S. 24–26, S. 26.

[43] Der Getränkekonzern Brau und Brunnen wollte die Ost-Brauerei Wernesgrüner schlucken. Die Alteigentümer wehrten sich erfolgreich. Siehe dazu: Der Spiegel, 48. Jg., Nr. 4 vom 24. Januar 1994, S. 88 f.

[44] Schreiben von Herrn Rolf R. an die Firma vom 7.10.1992.

[45] Schreiben von Burger Knäcke GmbH, Siegfried Schulz, vom 1. und 16.12.1993 (im Besitz der Verfasser).

[46] Schreiben von Herrn Werner Sch. an die Firma vom 4.5.1993.

[47] Eine ganze Zeitepoche, die fünfziger Jahre, als Projektionsraum von Heimaterlebnissen in den achtziger Jahren stellen R. Gries/V. Ilgen/D. Schindelbeck: Gestylte Geschichte. Vom alltäglichen Umgang mit Geschichtsbildern, Münster 1989, insbes. S. 129–146, vor.

[48] H. Bausinger: Heimat in einer offenen Gesellschaft. Begriffsgeschichte als Problemgeschichte, in: Heimat. Analysen, Themen, Perspektiven. Schriftenreihe der Bundeszentrale für politische Bildung, Bd. 294/I, Bonn 1990, S. 76–90, S. 80.

[49] Schreiben von R. J. Reynolds Tobacco GmbH, Marion Gaisbauer, vom 1.12. 1993 (im Besitz der Verfasser).

[50] Zu Kategorisierung und Differenzierung von Zeitanmutungen aus produktpolitischer Perspektive siehe Friedrich-Liebenberg (Anm. 2), S. 218 ff., und Schmitz (Anm. 2), S. 108–111.

[51] Der Frage nach den geschichtskulturellen Gehalten der Ostprodukte ausführlich nachzugehen, würde im Rahmen dieses Beitrages zu weit führen; siehe dazu auch R. Gries: „Aus dem Osten. Daher gut!" Überraschendes Revival der Ostprodukte – Spiegel einer Alltagsgeschichte der Einheit, in: Das Parlament, Nr. 4–5/1994 vom 28.1./4.2.1994, S. 17.

[52] I.-M. Greverus: Auf der Suche nach Heimat, München 1979, S. 255.

[53] Elemente dieses Verständnisses von Heimat gehören ebenfalls in den siebziger Jahren zur Definition einer „sozialistischen Heimat" in der DDR: „Wem die Heimat teuer ist, der muß unablässig an sich selbst arbeiten, damit er sie in immer größerer Vollendung zu gestalten vermag. So gesehen ist auch die sozialistische Heimat in ihrer einmal gegebenen Gestalt kein für alle Zeiten verwirklichtes Ideal, kein Endzustand." G. Lange: Heimat – Realität und Aufgabe. Zur marxistischen Auffassung des Heimatbegriffs, Berlin (Ost) [2]1975, S. 80.

[54] H. Bausinger: Heimat und Identität, in: K. Köstlin/H. Bausinger: Heimat und Identität. Probleme regionaler Kultur, Neumünster 1980, S. 9–24, S. 23.

[55] Unter dem Logo 'RFT' waren zu DDR-Zeiten die Mitglieder des Warenverbandes Rundfunk- und Fernmeldetechnik vereint; die VEB Fernsehgerätewerke (FSGW) „Friedrich Engels" Staßfurt, Träger des Karl-Marx-Ordens, zählten als Stammbetrieb zum VEB Kombinat Rundfunk und Fernsehen (KRF). Seit der Wende firmiert allein das ehemalige Fernsehgerätewerk als RFT Staßfurt; das eingeführte Logo wird weitergeführt, die Firma wurde in 'Rundfunk-, Fernseh- und Telekommunikations-AG' umbenannt.

[56] Anzeige dokumentiert in Horizont Nr. 45 vom 6.11.1992.

[57] Zwahr (Anm. 13), S. 129.

[58] Dazu ausführlicher Gries (Anm. 53)

[59] Institut für Marktforschung: Konsumklima-Forschung, I/1993

[60] Dr. Annelies P., abgedruckt in: Der Spiegel, 48. Jg., Nr. 3 vom 17. 1. 1994, S. 12. Der Leserbrief bezog sich auf den Beitrag: „Wehre dich täglich". Dietmar

Pieper über den neuen Stolz der Ostler '93, in: Der Spiegel, 47. Jg., Nr. 52 vom 27. 12. 1993, S. 46–49.

[61] R. Piepmeier: Philosophische Aspekte des Heimatbegriffs, in: Heimat. Analysen, Themen, Perspektiven, Schriftenreihe der Bundeszentrale für politische Bildung, Bd. 294/I, Bonn 1990, S. 91–108, S. 99.

[62] K. Weiß: Verlorene Hoffnung der Einheit, Essay in: Der Spiegel, 47. Jg., Nr. 46 vom 15. 11. 1993, S. 41–44, S. 41.

[63] B. Lindner/R. Grüneberger (Hg.): Demonteure. Biographien des Leipziger Herbst, Bielefeld 1992, S. 241.

[64] T. Rosenlöcher: Die Heimat hat sich schön gemacht, in: T. Rietzschel (Hg.): Über Deutschland. Schriftsteller geben Auskunft, Leipzig 1993, S. 96.

[65] Zur Distribution und Akzeptanz von Ostprodukten in Westdeutschland siehe M. Riepe: War August der Starke ein kalifornischer Hippie?, in: tageszeitung vom 10. 7. 1993, und T. Hoffmann: Sächsische Spezialitäten im Südwesten, in: Horizont Nr. 43 vom 29. 10. 1993, S. 99. Zur Rezeptionsgeschichte des sächsischen „National"symbols siehe K. Keller: Von der Gegenwärtigkeit der Geschichte – August der Starke als sächsischer Mythos, in: Sächsische Heimatblätter, Jg. 40, 1994, H. 1, S. 9–15; und K. Keller/R. Gries: „Wir haben gehört, wir werden wieder gebraucht (...)" August der Starke – sächsischer Mythos und ostdeutsche Sympathiefigur, in: Das Parlament, Nr. 24/1994 vom 17. Juni 1994, S. 17.

Textnachweise

Rainer Gries/Volker Ilgen/Dirk Schindelbeck: Die Ära Adenauer: Zeitgeschichte im Werbeslogan „Mach mal Pause" „Keine Experimente!", in: Journal Geschichte, Nr. 3/1989, S. 9–15, Julius Beltz Verlag GmbH & Co KG, Weinheim 1989.

Dirk Schindelbeck: Konsumsünden. Alltag und Mentalität der Nachkriegszeit im Spiegel der Lyrik, in: Der Deutschunterricht, 42. Jahrgang, Heft 4/1990, S. 56–70, Erhard Friedrich Verlag GmbH & Co. KG, Seelze/Hannover 1990.

Rainer Gries/Volker Ilgen/Dirk Schindelbeck: „Amun": Das Museum auf dem Frisiertisch. Ein Markenartikel als Geschichts- und Kulturträger, in: Rainer Gries/Volker Ilgen/Dirk Schindelbeck/Gert Zang (Hg.): Vergangenheiten als Markenprodukte (= Geschichtswerkstatt, Heft 21, 1990), S. 15–30, ergebnisse Verlag, Hamburg 1990.

Rainer Gries/Volker Ilgen/Dirk Schindelbeck: Perfekte Panne, perfide Performance. Mentalitätsgeschichtliche Anmerkungen zu einer Einheitsanzeige, in: Hans A. Hartmann/Rolf Haubl (Hg.): Bilderflut und Sprachmagie. Fallstudien zur Kultur der Werbung, S. 33–50, Westdeutscher Verlag GmbH, Opladen 1992.

Dirk Schindelbeck: Hans Domizlaff oder die Ästhetik der Macht. Eines Werbeberaters Geschichte, in: Rainer Gries/Volker Ilgen/Dirk Schindelbeck (Hg.): Werbung als Geschichte (= Geschichtswerkstatt, Heft 25, 1992), S. 13–30, Calenberg Press/edition Zeitlupe, Garbsen und Bonn 1992.

Volker Ilgen: „Über alle Zeiten: Deutschland ist schön." Die Shell AG, das Dritte Reich und die Straßenkarte, in: Rainer Gries/Volker Ilgen/Dirk Schindelbeck (Hg.): Werbung als Geschichte (= Geschichtswerkstatt, Heft 25, 1992), S. 39–50, Calenberg Press/edition Zeitlupe, Garbsen und Bonn 1992

Dirk Schindelbeck: „Kinder, ist das eine Freude, unser Kühlschrank wird gebracht …" Erhards Soziale Marktwirtschaft als Zeitgedicht, in: Universitas, Zeitschrift für interdisziplinäre Wissenschaft, 49. Jahrgang, Heft 4/1994, Wissenschaftliche Verlagsgesellschaft mbH, Stuttgart 1994.

Volker Ilgen: „Wachsamkeit ist der Preis der Freiheit." Wie die Bundesregierung 1959 ihren Bürgern die NATO nahebrachte, in: Monika Gibas/Dirk Schindelbeck (Hg.): „Die Heimat hat sich schön gemacht …"

1959: Fallstudien zur deutsch-deutschen Propagandageschichte (= Comparativ. Leipziger Beiträge zur Universalgeschichte und vergleichenden Gesellschaftsforschung) 4. Jahrgang, Heft 3/1994, S. 69–95, Leipziger Universitätsverlag GmbH 1994.

Rainer Gries: Der Geschmack der Heimat. Bausteine zu einer Mentalitätsgeschichte der Ostprodukte nach der Wende, in: Deutschland Archiv. Zeitschrift für das vereinigte Deutschland, 27. Jahrgang, Heft 10/1994, S. 1041–1058, Verlag Wissenschaft und Politik Claus-Peter von Nottbeck, Köln 1994.

Dirk Schindelbeck: Sieger Marke Deutschland, in: Dirk Schindelbeck/Andreas Weber (Hg.): „Elf Freunde sollt ihr sein ..." Anstöße und Einwürfe zur deutschen Fußballgeschichte (= Geschichtswerkstatt, Heft 28, 1995), Joachim Haug Verlag, Freiburg 1995.

Abbildungsnachweise

Die Autoren

Rainer Gries, geb. 1958, Dr. phil., Historiker, wissenschaftlicher Assistent am Historischen Institut der Friedrich-Schiller-Universität Jena; Freiburger Leiter des DFG-Projekts ›Propagandageschichte Freiburg & Leipzig‹; arbeitet an einer vergleichenden Studie zur politischen und sozialen Semiotik der Produktlandschaften in beiden deutschen Nachkriegsgesellschaften. Veröffentlichungen zur Geschichte des Konsums und der Kommunikation.

Volker Ilgen, geb. 1954, Historiker und Publizist; DFG-Projekt ›Propagandageschichte Freiburg‹; Kultur- und werbegeschichtliches Archiv Freiburg (KWAF); arbeitet an einer Studie über ›Reklame-Sammelbilder des 20. Jahrhunderts als Zeitspiegel‹. Veröffentlichungen zur Mentalitätsgeschichte von Kriegs- und Nachkriegszeit.

Dirk Schindelbeck, geb. 1952, Dr. phil., Philosoph, Literatur- und Kulturwissenschaftler, Marketingfachmann; DFG-Projekt ›Propagandageschichte Freiburg‹; Mitherausgeber von 'Material Culture' London; arbeitet mit Leipziger Kollegen an einer deutsch-deutschen Propagandageschichte der Nachkriegszeit. Veröffentlichungen zur Kulturgeschichte der Werbung.